BEATE WAGNER

Moritz und Franz Wagner: Glanz in ihren Augen

BEATE WAGNER

MORITZ & FRANZ WAGNER

GLANZ IN IHREN AUGEN

Große Träume, ihr Weg in die NBA
und zum Weltmeistertitel

ARISTON

MIX
Papier | Fördert gute Waldnutzung
FSC® C014496

Penguin Random House Verlagsgruppe FSC® N001967

7. Auflage

Neumarkter Straße 28, 81673 München
produktsicherheit@penguinrandomhouse.de
(Vorstehende Angaben sind zugleich
Pflichtinformationen nach GPSR.)

Redaktion: Evelyn Boos-Körner
Umschlaggestaltung: wilhelm typo grafisch, Zürich
unter Verwendung von Fotos von
PhilippReinhard.com (Umschlagvorderseite) und
© picture alliance (Tilo Wiedensohler/camera4 | Tilo Wiedensohler)
(Umschlagrückseite) sowie der typografischen Vorlage
von Jana Kiewitt, Konzept & Gestaltung, Berlin
Satz: Satzwerk Huber, Germering
Druck und Bindung: GGP Media GmbH, Pößneck
Printed in Germany

ISBN: 978-3-424-20290-8

Für meine drei Jungs: Axel, Moritz und Franz

»Even when it's not pretty or perfect. Even when it's more real than you want it to be. Your story is what you have, what you will always have. It is something to own.«

Michelle Obama

Inhalt

Prolog

Überall stehen Koffer herum. Auf dem Tisch liegen Avocado-Schiffchen und andere Frühstücksreste, dazwischen Hunderte unterschriebene Autogrammkarten und ein Stift. Die Wohnung sieht aus wie eine Rumpelbude. Auf dem Sofa ein Turnier-Trikot, riesige Schuhe und ein brauner Lederball. Sonst ist die Bühne leer. Der Vorhang zu. Das WM-Sommertheater abgedreht. Die Jungs sind weg. Über alle Berge. Zurück zum Flughafen und in die USA.

Kein Türknallen, kein Lachen mehr aus den hinteren Gemächern. Kein Hip-Hop mehr aus dem Bad. Nur noch ein hohles Plastik-Schlurfen aus der Küche. Axel macht Kaffee. Er ist mein Mann. Ich habe ihn am ersten Tag unseres Medizinstudiums an der Berliner Charité kennengelernt. Seitdem teilen wir unser Leben. Uns verbinden starke Gefühle, viele wunderbare Erlebnisse, schwierige Erfahrungen. Und unsere Söhne Moritz und Franz. Statt die Füße anzuheben, zieht er jetzt seine Hausschuhe über das Parkett – das mir so vertraute Axel-Geräusch. Ich liege ermattet auf dem Bett. Warte auf meinen zweiten Kaffee heute Morgen. Starre in den Herbst vor dem Fenster und versuche, zu verstehen, was passiert ist. Es ist verrückt, denke ich. Crazy! Aber es ist wahr: Moritz und Franz sind Weltmeister.

Das »Wunder von Manila« stand in allen Zeitungen. Es ist das Happy End von fünf Wochen Ausnahmezustand, das Endergebnis der Basketball-Weltmeisterschaft 2023. Unsere Söhne haben gehörig mitgemischt, und auch wir Eltern waren mittendrin. Wir sind mit nach Japan und auf die Philippinen gereist. Haben angefeuert, mitgefiebert, geschwitzt, gezittert, unterstützt, vor Aufregung nicht geschlafen. Am Ende geheult vor Freude. Wir waren im WM-Tunnel. Eine Zeit voller Superlative (acht Spiele, acht Siege) und Gegensätze (Luxushotel inmitten der Slums von Manila). Am letzten Abend ist ein Traum wahr geworden: Das deutsche Nationalteam hat die Goldmedaille geholt, die Welt mit seinem Teamspirit verzaubert, hierzulande einen Basketball-Hype ausgelöst. Deutschland ist Basketball-Weltmeister! Zum ersten Mal überhaupt in der Sportgeschichte.

Ich liege also da, mein Gehirn hat einen Sprung in der Platte. Immer wieder führt es mich auf den Basketballcourt der Mall of Asia Arena in Manila. Zu dem Moment, als hier die deutsche Nationalmannschaft im Finale Serbien mit 83:77 besiegt hat. Nach dem Abpfiff rasten die Jungs aus, springen in die Höhe, fallen zu Boden und übereinander her. Ein Knäuel glücklicher Basketballer. Auch auf den Rängen gibt es kein Halten mehr. Menschen springen von ihren Plätzen. Weinen, schreien, umarmen sich. Die geschlagenen, serbischen Spieler ziehen vom Feld. Dann die Siegerehrung. Die Jungs zählen »eins, zwei, drei«. Dennis Schröder reckt den Pokal in die Höhe. Es regnet goldene Konfetti. Laut ertönt »We are the Champions«. Die ganze Halle grölt.

Danach wird es unübersichtlich. Nun stürmen auch Kinder, Fotografen, Ehefrauen auf den Court. Es ist ein wildes Fest. In der Menge sehe ich Moritz, der auf mich zuläuft. Ich stehe immer noch hinter der Bande, seit Minuten wie angewurzelt, wie gelähmt durch das Unfassbare vor mir. »Jetzt hör mal auf zu heulen und komm her«, schreit er in meine Richtung und streckt seinen Arm aus. Der ganze Moritz ist ein einziges Strahlen.

Ich klettere über die Bande. Plötzlich stehe ich auch auf dem Feld. Schaue an meinem roten Kleid hinab (ab sofort mein Weltmeisterkleid), sehe meine Turnschuhe auf dem goldübersäten Parkett, die Leute, die um mich herum tanzen, sich in den Armen halten. Ich höre die Kameras klicken und wie noch immer die Siegerhymne durch die Arena schallt. Ich spüre, wie Tränen über meine Wangen fließen, auf der Haut kitzeln und meine Schminke läuft.

Irgendjemand drückt mir den Pokal in die Arme. Er ist krass schwer. Dann schließen mich Moritz und Franz und auch Axel in ihre langen Arme. Wir halten uns für ein paar Momente ganz fest. Alles fühlt sich warm, fließend und stimmig an. Es fällt eine riesige Anspannung von mir ab. Ich spüre pure Freude, unendliche Dankbarkeit, ein wirklich – für diesen Moment – ungetrübtes Glück! Euer, unser Weltmeister-Moment. Ich werde ihn von jetzt an in mir tragen. Ich werde mich immer daran erinnern. *I feel blessed.* Ich fühle mich gesegnet. Große Worte, aber sie sind absolut angemessen.

Hier auf dem Bett kann ich mich, wie auf Knopfdruck, immer wieder in dieses Gefühl zurückbeamen. Ein fantastischer Flashback, willentlich abrufbar. Ich greife zum Handy, um mich von der Realität der Bilder in meinem Kopf zu überzeugen. Es ploppen Videos, SMS, Fotos auf. Es stimmt alles. Moritz und Franz sind World Champions.

Franz und Moritz sind tatsächlich Weltmeister, sie jubeln, wir jubeln mit ihnen. Ich schaue rum im Schlafzimmer, sehe die Kinderbilder an der Wand, denke an all die Sachen, die in der Küche noch von den Jungs rumliegen – und bin drin im nächsten Flashback. Jetzt scrolle ich durch all die Bilder der letzten Jahre, durch meine Erinnerungen. Alles ging so schnell. Niemand konnte ahnen, dass die Träume unserer Söhne wahr werden könnten. Gerade erst waren wir in Manila und auf Okinawa, doch auch davor ist schon so viel passiert. Ein Gedanke folgt auf den nächsten, ein Ort in meinem Kopf löst den anderen ab: Berlin, Ann Arbor, Los Angeles, Washington, irgendwann Orlando. Mir kommt eine verrückte Szene nach der anderen in den Sinn.

Manhattan Beach, Kalifornien, 2018. Wir haben keine Wahl. Wir brauchen heute eine Matratze. Wir hieven sie auf das Dach. Sie hängt schief, ist riesig und steht über. Das kleine rote Mietauto verschwindet darunter. Wir ruckeln an dem weißen Monstrum. Quetschen uns auf die Sitze. Durch die Fenster hängen vier Strippen nach innen. Grün, faserig und so dünn, dass man sie kaum greifen kann. Als Paketschnüre sind sie sicher geeignet. Aber um eine Kingsize-Matratze zu halten?

Wir fahren los. Auf die Susan Street, dann weiter Richtung I-405 North. Wie eine Schildkröte über den Highway bis nach Manhattan Beach. Von Anaheim dauert das eine Dreiviertelstunde. Der Fahrtwind drückt gegen die Matratze. Ich habe panische Angst. Gleich wird sie nach vorne rutschen, dann können wir nicht mehr durch die Frontscheibe gucken, fürchte ich. Oder sie fliegt nach hinten, dann gibt es einen fiesen Unfall. Ich sehe schon die Schlagzeile: »German Mattress Crash!« Wir ziehen fester an der Strippe. Axel fährt. Franz lacht. Ich weine. Moritz filmt.

Der Matratzentransport nach Manhattan Beach markiert den Auftakt von Moritz' Karriere als Profibasketballer in der NBA. Die National Basketball Association steht für großen Sport, riesige Arenen, sehr viel Geld und smarte Agenten. NBA steht für: »Du hast es geschafft!« Eine Matratze von Ikea auf einem Mietauto passt da nicht ins Bild.

Manhattan Beach liegt in der South Bay, eine knappe Stunde Fahrt von Downtown Los Angeles entfernt. Der Pier ist bekannt für sein tolles Aquarium. Das beste Frühstück gibt es in Uncle Bill's Pancake House. Manhattan Beach steht aber vor allem für vier Meilen feinsten weißen Strand, teure Villen in der ersten Reihe, Surfer und Palmen. Hier wohnen jede Menge VIPs: Models wie Rachel Hunter, Schauspieler wie Owen Wilson oder Benjamin McKenzie, und hier wohnen auch viele Beachvolleyballer und Basketballprofis.

Unser Sohn Moritz ist noch kein Glamour-Schwergewicht. Aber seit ein paar Wochen ist er NBA-Spieler. Einer von im Schnitt mehr oder weniger 500 professionellen Basketballern der besten Liga der Welt.[1] Moritz hat ein Händchen dafür, zum richtigen Zeitpunkt am richtigen Ort zu sein. Warum also nicht nach Manhattan Beach ziehen? Seine Wohnung – es ist die erste eigene überhaupt – liegt zwei Gehminuten vom Strand entfernt. Vom Balkon aus sieht man das Blau des Wassers. Wenn man sich auf die neue Matratze legt und die Augen schließt, hört man das Rauschen des Pazifiks. Ein Traum ist wahr geworden.

Augen schließen. Wahrnehmen. Sortieren. Ist das wirklich wahr? Wo führt das alles noch hin? In den letzten Jahren habe ich das oft gemacht. Denn die waren voller unglaublicher Momente, in immer kürzeren Abständen. Die vielen Höhepunkte in den noch jungen Leben unserer Söhne haben uns dorthin gebracht, wo wir heute sind. Und unser Miteinander mit Moritz und Franz hat uns zu den Menschen gemacht, die wir heute sind. Gemeinsam haben wir eine lange Reise zurückgelegt.

Auf das Matratzendrama folgt der nächste Flashback, wieder sitze ich in einem Mietauto. Dieses Mal entspannter, ohne Strippen in der Hand. Ohne sperrige Last. Nur mit Axel am Steuer neben mir, eine siebenstündige Autofahrt vor uns. Genug Zeit, um gemeinsam Revue passieren zu lassen, was bis Ende dieses Jahres 2022 so alles passiert ist bei uns. Axel und ich fahren nach Key West. Ein Paradies am Ende einer Kette von 200 Koralleninseln in Florida, der südlichste Punkt der USA und einst Zuhause von Tennessee Williams und Ernest Hemingway. Wir wollen dort zu zweit dieses Jahr abschließen. Die letzten Jahre rekapitulieren, bevor Axel wieder nach Berlin fliegt.

Bis eben haben wir noch im Haus der Jungs in Orlando/Winter Park gefrühstückt. Dann sind sie für zehn Tage an die Westküste der USA aufgebrochen. Auswärtsfahrt mit ihrem Club Orlando Magic, für den die beiden nun die zweite Saison zusammen spielen. Wenn sie von dem Roadtrip zurückkehren, wird ihr Vater längst wieder in Deutschland sein.

Je mehr im Leben passiert, desto schneller scheint es zu vergehen. Meine letzten Jahre sind gerast. Wo fange ich an, wenn ich davon erzählen will? Am besten hier, auf der Straße nach Key West. Der morgendliche Verkehr auf dem Florida Turnpike ist entspannt. Rechts und links Wiese, mal ein Tümpel (wahrscheinlich mit Alligatoren drin), Grasland, Sumpf bis zum Horizont. Es geht immer nur geradeaus. In Fort Lauderdale wird es trubeliger, hinter Miami traumhaft. Wir fahren auf dem Overseas Highway praktisch durch den türkisfarbenen Ozean, rechts und links nur Wasser. Eine kleine Insel nach der anderen, über 42 Brücken nach Key West.

Vor zwölf Jahren waren Axel und Moritz schon einmal hier. Der Anlass damals: die Jugendweihe von Moritz. Die Jugendweihe ist eine ostdeutsche Tradition, die den Übergang vom Kind zum Erwachsensein feiert, das säkulare Pendant zur Konfirmation. Eine christliche Konfirmation kam für uns nicht infrage. Wir leben mitten im ehemaligen Ostteil von Berlin – in einem atheistisch geprägten Umfeld. Wir haben unsere Kinder nicht taufen lassen. Wir sind keine Kirchgänger, höchstens mal an Weihnachten. Als sich Moritz' Klasse gesammelt zur Jugendweihe anmeldet, kommen wir ins Grübeln. Denn einen feierlichen Moment für sein Erwachsenwerden wünschen wir uns schon. Also entscheiden wir, dass wir mit Moritz und unserer ganzen Familie auch eine Jugendweihe feiern werden. Mit einer Reise nach Florida als Geschenk. Moritz war damals 15 und NBA-Fan. Der Höhepunkt der Reise stand längst fest: einmal ein NBA-Spiel erleben, vielleicht sogar ein Play-off-Spiel?

In Old Town Key West angekommen, suchen wir das Hotel von damals: Pastellfarbenes Holzhaus, Innenhof, kleiner Pool, Palmen, karibische Atmosphäre, so hat es damals ausgesehen, sagt Axel. Ihm fällt die warmherzige Köchin ein, die morgens Frühstück gemacht und bei der Abreise mit kubanischem Akzent zu Moritz gesagt hat: »Make your daddy proud!« Wir finden das Hotel nicht. Die Innenhöfe der Holzhäuser sehen alle gleich aus. Aber die Erinnerung an das nette Pläuschchen beim

Frühstück bleibt. An das erste NBA-Spiel, das Moritz und Axel live gesehen haben. »Die Miami Heat waren damals Moritz' Wunsch«, erinnert sich Axel auf dem Spaziergang zum Southernmost Point, dem südlichsten Punkt der kontinentalen USA. »Zu der Zeit spielten dort LeBron James, Dwyane Wade und Chris Bosh. Ich hatte ganz schön Stress mit den Terminen und Karten, ich musste noch mal umbuchen.«

Letztendlich waren die beiden dann beim ersten Eastern Conference Finals Game: Boston Celtics gegen Miami Heat. »Es war aufregend«, erinnert sich Axel. »Wir hatten damals noch gar keine Ahnung. Ich hab zum Beispiel sogenannte Nosebleed Seats gekauft, also Tickets ganz oben.« Nosebleed Seats bedeutet »Nasenbluten-Sitze« – und bezieht sich auf Bergsteiger, die in großer Höhe eben oft Nasenbluten bekommen. Die Karten kosteten damals schon 165 Dollar. Pro Stück! »Fand ich ziemlich teuer. Wir mussten ja auch noch irgendwo schlafen und essen«, so Axel. »Der Junge war in einem Alter, in dem er ständig Hunger hatte. Und wir wollten noch rumreisen in Florida, bestimmte Basketballschuhe und das eine oder andere Team-T-Shirt, auch für Franz, kaufen. Da kam einiges zusammen.« Das Spiel hat an dem Abend Miami Heat gewonnen. »Legendärer Dunk von LeBron James nach Assist von Dwyane Wade«, erinnert sich Axel. »Wir waren natürlich sehr früh da und haben alles aufgesogen wie Schwämme. Moritz' Augen strahlten den ganzen Abend, ein absolutes Highlight, ein tolles Erlebnis für ihn.« Axel guckt nachdenklich. »Und für mich auch. Für uns.«

Für Axel war die ganze Sache kein Selbstläufer. Er ist im Osten aufgewachsen, war selbst Handball-Jugendnationalspieler, das erste Mal 1993 kurz nach der Wende in den USA. »Ich habe mir damals einen Traum erfüllt«, sagt er heute. Dem amerikanischen Lifestyle und der dollarschweren Branche des Sportentertainments stand er aber eher skeptisch gegenüber. Gleichzeitig hat ihn die Weite, die Natur, das Abenteuer, das Versprechen von

Freiheit in den USA immer angezogen. Die Reise mit Moritz war vor allem durch Moritz' Freude ein tolles Vater-Sohn-Erlebnis.

Kürzlich fand ich zufällig Fotos von der Reise. Auf den Bildern sieht man Moritz mit all den Cheerleadern. Die Halle von außen. Vater und Sohn glücklich vor der Arena. Niemals hätten wir damals gedacht, dass wir alle noch mal eine NBA-Arena von innen sehen würden. Geschweige denn, dass unsere Kinder selbst einmal dort spielen würden.

Als Axel und Moritz wieder zu Hause in Berlin eintreffen, scheint ein Bann gebrochen. Die NBA, College-Basketball und die Idee einer Zukunft als Sportler in den entfernten USA sind fortan präsent bei uns. So oft wie möglich gucken Moritz, Axel und Franz jetzt NBA. Ab und an verfolgen sie auch die Spiele der Wolverines, dem College-Team der University of Michigan. Ich sehe sie zu dritt auf dem schwarzen Sofa vor dem kleinen Laptop sitzen, höre die amerikanische TV-Moderatorenstimme im Hintergrund. Für mich ist das zu dem Zeitpunkt noch eine sehr fremde Welt. Realer wird Basketball bei uns zu Hause. Moritz geht jetzt täglich zum Training, bei Alba und im Landeskader. Der Sport bestimmt seinen Alltag.

Auch Franz ist mittlerweile Basketballer – und liebt das Spiel vom ersten Tag an. Es vergeht kein Wochenende mehr, keine Ferien mehr ohne Kadertraining, ohne Alba, ohne irgendein Turnier. Und auch nicht ohne den Traum von der NBA. Moritz erinnert sich genau, wann er ihn zum ersten Mal geträumt hat. »Ihr habt mir ein gefälschtes Jersey von Kevin Garnett zu Weihnachten geschenkt. Damit bin ich dann zum Training gegangen. Da wusste ich, dass ich in die NBA will. Da war ich vielleicht zwölf.«

Ich habe nur noch verschwommene Erinnerungen an diese Geschenke. Auf jeden Fall hat sie Axel damals gekauft. Ich fühlte mich in Sachen Basketball noch nicht kompetent. Ich hatte keinen blassen Schimmer, wer Kevin Garnett ist. Auch Franz bekommt damals ein Jersey. Von LeBron James – damals Spieler der Cleveland Cavaliers. Auch Franz erinnert sich genau, wann er den Entschluss fasste, dass er einmal NBA-Spieler werden will: Sein Freund Vincent hatte ihm eine Videokassette mit einer Dokumentation über Dwyane Wade zum Geburtstag geschenkt. Nachdem er die gesehen hatte, war es um ihn geschehen. »Ich glaube, wir waren neun«, erinnert sich Franz. »Vincent hat mich auch das erste Mal mit zum Basketball genommen. Er spielt heute aber nicht mehr.«

Moritz und Franz tragen ihre Jerseys. Sie spielen immer besser. Sie wachsen zu jungen Männern heran. Trotzdem vergehen noch Jahre, in denen die NBA mehr Traum als Zukunftsvision bleibt. Aus mehreren Gründen. Zunächst die Größe. Wir waren zwar immer eine raumgreifende Familie. Bei unseren Freunden hießen wir »Familie laut«, die beiden anderen Familien hießen »Familie spät« und »Familie irgendwie«. Vor allem sind wir aber auch alle Spätentwickler. Im Vergleich zu ihren Vereinskollegen entwickelten sich Moritz und Franz also relativ spät zu körperlich sehr großen Spielern. Moritz misst heute mit Basketballschuhen 2,11 Meter, Franz 2,08 Meter. Zumindest bei Moritz schien lange niemand vorauszusehen, dass er bald für eine Profikarriere geeignet sein könnte.

Die NBA ist sehr weit weg von Deutschland. In meinem Kopf als Mutter, die damals noch nicht viele Berührungspunkte mit der Liga hatte. Und für die sich die tatsächliche Entfernung bis heute nicht gut anfühlt. Mann, sind die Kids weit weg, denke ich dann oft! Zehn Stunden Flug brauche ich, um sie zu sehen. Aber auch in den Köpfen vieler Coaches und Funktionäre hierzulande scheint die NBA nicht präsent zu sein. Sie ist eine gedankliche und tatsächliche Unmöglichkeit. Nichts, wovon man träumt, und erst recht nichts, was man tut. Verständlich, weil dieser Weg nur sehr selten gegangen wird. Verständlich auch, dass kein deutscher Club ein aufwendiges Jugendprogramm unterhält, damit die dort ausgebildeten Talente danach in die USA verschwinden. In der NBA Basketball zu spielen, ist nur *eine* Möglichkeit – die unwahrscheinlichste. In Europa und der deutschen Bundesliga als Profibasketballer zu spielen, ist eine andere. Und auch die passiert selten genug.

Ich hätte es trotzdem schön gefunden, wenn den Kindern, die für Basketball schwärmen, alle Optionen aufgezeigt worden wären. Doch auch bei Alba Berlin war es damals – zumindest nach unserem Erleben – nicht so gern gesehen, wenn die Kinder von der NBA sprachen oder gar NBA-Socken trugen. Wer das tat, galt bei so manchem Trainer als unrealistischer Träumer. »Du traust es dich nicht, auszusprechen, dass du diesen Traum hast«, sagt Moritz heute und lacht. »Als Kind zu sagen, dass man in die NBA geht, da kommt man in Deutschland schon ins Gefängnis.«

Moritz war innerlich längst auf dem Weg. Er überragte bald alle Teamkollegen – mit 16 Jahren wuchs er 20 Zentimeter in einem Jahr. Und er spielte immer besser. 2014 wurde er mit der NBBL Deutscher Meister. Im Oktober 2014 gab er sein Debüt mit den Alba-Profis in der Mercedes-Benz Arena. Ich habe bisher nicht viele Spiele meiner Kinder verpasst – dieser Abend gehörte leider dazu. Ich war mit meinen Freundinnen am Scharmützelsee. Axel hat mir die wichtigsten Spielszenen aber über das Handy geschickt. Ich hatte alles, was ich brauchte, um zu verstehen: Es war ein großartiger Start für Moritz ins Profidasein. Ab und an spielte er nun auch in der EuroLeague. Mit der Nationalmannschaft gewann er 2014 die U18-Europameisterschaft (B-Gruppe) in Bulgarien.

Heute, gut zehn Jahre später, tragen Moritz und Franz NBA-Jerseys mit ihren eigenen Namen auf dem Rücken. Ich brauche selbst den Kalender und die Bilder, um nachzuvollziehen, was zwischenzeitlich alles passiert ist – viele Monate und Jahre, in denen öffentlich niemand ausspricht, was bei uns zu Hause immer konkreter wird: eine Zukunft als Profibasketballspieler. Nach einer schmerzhaften Niederlage mit der JBBL in Leverkusen – ich erinnere mich an eine stundenlange, schweigsame Rückfahrt mit anderen Eltern – spricht Moritz dann aber klar und deutlich aus, worüber er schon nächtelang gegrübelt hatte: »Ich will ans College und von dort den Sprung in die NBA schaffen.« Wir beratschlagen, wie wir ihm dabei helfen können. Axel kümmert sich. Durch einen Zufall gibt es einen Kontakt zu einem ersten Agenten.

Natürlich ist so ein Wunsch – das war uns damals schon klar – erst einmal nur ein abstrakter Wunsch, der nicht automatisch Realität wird. Der Sprung für Europäer ans College ist aus mehreren Gründen riskant und schwer. Viele Jungs, die ihn nicht schaffen, sind körperlich unterlegen, nicht athletisch genug. Andere sitzen nur auf der Bank, weil die Konkurrenz zu groß ist oder sie zu wenig Durchsetzungskraft haben. Oder der Coach glaubt nicht an den Spieler. Manchmal ist auch der Wechsel in das andere Land ein Kulturschock. Zur richtigen Zeit am richtigen Ort zu sein, braucht Mut und Glück. Wie unwahrscheinlich und glücklich der Weg für unsere Kinder war, habe ich erst richtig verstanden, als ich für dieses Buch recherchiert habe.

Wir grübeln nächtelang, reden mit Moritz, lesen, grübeln weiter, ob es eine gute Idee ist, dass Moritz in die USA wechselt und sich der großen Konkurrenz der Highschool-Spieler um ein Athletenstipendium aussetzt. Wir waren doch erst einmal nur froh, dass das Kind mithilfe des Sports ohne größere Vorkommnisse durch die Pubertät kommt. Sollte daraus jetzt ein Auslandsjahr am College werden? Oder gar zwei, drei, vier? Sollte er, mit gerade 18, bei uns ausziehen? Wollten wir das? Wie aber könnte der Weg sonst aussehen? Auf eine erste Euphorie folgten Zweifel. In Deutschland ist es schließlich nicht üblich, nach der Schule weiter auf hohem Niveau Basketball zu spielen und gleichzeitig zu studieren. Die einzige Alternative wäre also gewesen, dass Moritz einen Ausbildungsvertrag für vier Jahre bei Alba Berlin unterschreibt – und nicht studiert.

Wir sprechen mit Leuten aus der Szene, mit Freunden. Lassen uns von dem damaligen Sportdirektor bei Alba, Mithat Demirel, verunsichern. Er legte uns eine Liste mit europäischen Talenten vor, die es alle *nicht* geschafft haben. Wir halten schließlich an Moritz' Plan fest. Wir lieben seine Neugierde. Seinen Tatendrang, seine positive Sicht auf die Welt, sein Vertrauen in sich selbst. Wir freuen uns, dass es eine Möglichkeit gibt, seinen Sport und ein Studium an einer angesehenen amerikanischen Universität samt College-Erlebnis zu verbinden. Wir sind überzeugt: Der Weg ist das Ziel. Egal, wohin er führen wird, es wird gut werden. Mit Freunden stoßen wir genau darauf an.

Es kommt, wie Moritz es sich wünscht: Zur Saison 2015/16 erhält er ein Sportstipendium in Michigan. Er wird College-Spieler der Michigan Wolverines und Student an der University of Michigan in Ann Arbor. Ich muss damit klarkommen, dass mein großes Kind aus- und sehr weit wegzieht. Das ist hart. Auch für unseren »Freshman« ist das erste Jahr schwierig. Er bekommt nur wenig Spielzeit. Sein Englisch ist noch nicht perfekt. Er ist weit weg von allem Vertrauten, von zu Hause, von seiner Freundin. Mit der Zeit lebt er sich aber ein und beginnt, sich wohlzufühlen. Als er nach der Saison das erste Mal wieder nach Hause kommt, strahlt er und chattet ununterbrochen mit seinen neuen, amerikanischen Freunden. Er scheint angekommen in der College-Welt von Ann Arbor. Ich sehe, wie Moritz an der Herausforderung wächst. Wir sind jetzt immer weniger unsicher, wir sind stolz auf ihn. Ich kann jetzt besser darauf vertrauen, dass er sich richtig entschieden hat. Wir gewöhnen uns daran, dass Moritz' Leben zunehmend speziell wird, es wird besonders. Dass er tatsächlich auf dem Weg zum Profibasketballer ist. Dass er bald im internationalen Rampenlicht stehen könnte. Dass auch unser Leben sich dadurch verändern würde.

Doch das ist nur die eine Geschichte, die andere spielt in Berlin. Franz, gerade 13 und damit viereinhalb Jahre jünger als Moritz, wächst heran und wird in großen Schritten ebenfalls zum Basketballer. Er gilt bundesweit als großes Talent, vielleicht seit Langem als das größte in Deutschland. Wir Eltern – jetzt schon nicht mehr ganz so grün hinter den Ohren – begleiten ihn, wie wir es immer auch mit Moritz gemacht haben. Wir versuchen, trotz der vielen Erfolgsmeldungen weiter ruhig zu bleiben und vor allem im Kontakt mit Franz. Auch in seinem jungen Leben überschlagen sich bald die Ereignisse.

Auch Franz spielt immer besser, durchläuft alle Stationen bei Alba. Mit 16 löst er Moritz als jüngsten Alba-Spieler in der Bundesliga ab. Auch Franz geht mit Axel auf eine Vater-Sohn-Reise zur Jugendweihe. Ihn zieht es nach San Francisco. Dort haben die beiden das große Glück, das siebte Spiel der Western Conference Finals sehen zu können, Golden State Warriors gegen Oklahoma City. »Durch Moritz waren wir der NBA zu dieser Zeit schon viel näher«, erinnert sich Axel an die Reise nach Kalifornien. »Wir kannten jetzt alle NBA-Spieler. Alles war so irre. Weil wir ja wussten, dass auch Moritz sich bald für den NBA Draft anmelden würde. Dass die NBA also bald Teil auch unseres Lebens sein könnte.« Im Vergleich zu Key West und der ersten Jugendweihe-Reise ist Axel mittlerweile vertraut mit der NBA, mit dem Dasein als Basketballvater in den USA. Er ist jetzt offen für alles, entspannt und kann sich sogar vorstellen, in diesem Kosmos vielleicht selbst zeitweise mal zu leben.

Wieder zu Hause geht es bei Franz munter weiter. Er wird Deutscher Meister mit der NBBL und wertvollster Spieler des Turniers (MVP, Most Valuable Player). In der Basketball-Bundesliga ist er mit 17 Jahren außerdem der beste deutsche Nachwuchsspieler unter 22. Mit den Profis wird er Vizemeister. Auch international hat man ihn auf dem Radar. Ich habe Mühe, hinter allem herzukommen.

Im Juni 2018 begleite ich ihn zum »Top 100 High School Basketball Camp« nach Virginia, einem Nachwuchscamp für die weltweit 100 talentiertesten Basketballspieler eines Jahrgangs. Franz ist jetzt 15 und als einer von nur fünf Europäern eingeladen. Die Woche werde ich nie vergessen. Zum ersten Mal bekomme ich ein Gefühl dafür, was es heißt, in den USA als Basketballer groß zu werden. Ich sehe die langen, kräftigen jungen Männer, alle in Joggingklamotten und in riesigen Sneakern, im Gesicht oft noch Kinder. Die meisten sind an ihren heimischen Highschools bereits Basketballstars. Die Mädchen verehren die Jungs, die schon längst kein normales Teenagerleben mehr leben. Sie alle haben das Ziel, in die NBA zu kommen. Der Statistik zufolge, das lerne ich hier, wird das 14 von den 100 Jungs gelingen, die am Camp teilnehmen. Und das sind bereits die besten der Zehntausenden von amerikanischen Highschool-Spielern, die das wollen. Denn es ist zum einen sehr schwer, überhaupt eine professionelle Karriere als Basketballer zu beginnen: Geschätzt schaffen es nur 3,5 von 100 Highschool-Basketballern aufs College – was die Voraussetzung für die NBA ist[2]. Nur 1,2 Prozent der College-Basketballer erreichen dann weiter die NBA[3].

Ich bin heilfroh, dass ich Franz nach Virginia begleitet habe. Denn auch wenn er dort wie immer souverän Basketball spielt – die Stimmung ist doch ziemlich fremd für uns beide. Wir sind froh, dass wir unsere ersten basketballerischen Amerika-Erfahrungen miteinander teilen können. In Workshops lerne ich andere Mütter und Väter kennen, wir werden auf das Dasein als potenzielle NBA-Eltern vorbereitet. Wie passend für mich, schließlich steht Moritz Versuch, in die NBA zu kommen, kurz bevor. Franz und ich werden von Virginia direkt dorthin nach

New York fliegen. Moritz selbst tourt gerade noch durchs Land, stellt sich bei verschiedenen Teams vor, durchläuft diverse Interviews und Fitnesstests auf der sogenannten NBA-Combine. Die NBA-Combine ist eine mehrtägige Show, bei der die künftigen NBA-Spieler physisch und mental auf Herz und Nieren geprüft werden.

Eine Woche später treffen wir uns dann alle in Big Apple. Franz und ich treffen aus Virginia ein, Moritz von der Combine, Axel aus Berlin. Unser Boutiquehotel liegt in 355 West 16th Street in dem hippen Meatpacking District. Es heißt Dream Downtown. Die Woche fühlt sich wahrlich wie ein Traum an. Doch es ist keiner, alles passiert wirklich.

Wir floaten durch New York City. Tagsüber schlendern wir über die High Line, eine stillgelegte Hochbahntrasse mitten in Manhattan, oder wir lunchen im Chelsea Market. Manchmal hänge ich auch einfach mit kühlem Getränk in der fancy Hotellobby auf der braunen Ledercouch ab, hinter mir an der Wand eine riesige US-Flagge aus Getränkedosen, über mir der gläserne Hotelpool der ersten Etage. Schaut man hoch, funkelt die Sonne durch das blaue Wasser, ab und an schwimmen Beine vorbei.

Abends wartet eine schwarze Limousine vor dem Hotel. Sie bringt uns mal zu einer Party der NBA-Spielergewerkschaft, die auch das Top 100 Camp in Virginia ausgerichtet hat. Mal zum Union Square, wo wir mit Moritz' Agent Joe essen. Oder wir sind beim Dinner am Broadway mit Kim Bohuny, die bei der NBA Senior Vice President für die internationalen Basketballgeschäfte ist. Ich sitze direkt neben der blonden, elegant gekleideten New Yorkerin. Sie spricht viel zu schnell, ist aber zugewandt und bestellt alles, was die Karte so hergibt. Wir sitzen in ihrem eigenen italienischen Restaurant. Die NBA-Managerin schwärmt von Moritz – so als sei der bereits längst in der NBA. Und sie redet fröhlich auf Franz ein – so als wäre er der nächste sichere NBA-Kandidat.

Aber erst mal steht ja nun der Draft[4] von Moritz bevor. Der 21. Juni 2018 beginnt mit viel Sonnenschein, doch wir haben keine Zeit rauszugehen. Der Tag ist straff durchgetaktet: Mittags sitzen wir beim NBA Welcome Lunch und schütteln NBA-Chef Adam Silver die Hand. Nach einem kurzen Mittagsschlaf im Hotel höre ich Stimmen und einen Rollkoffer auf dem Flur. Der Designer von Moritz' Outfit ist im Anmarsch. Gut gelaunt verteilt er den Inhalt seines silbernen Metallkoffers über den Teppich: verschiedene Gucci-Sneaker in US-Größe 16, Accessoires. Vorsichtig packt er dann Moritz' hellblauen Maßanzug aus – und zeigt uns das gute Stück und die Logos von Michigan und Alba, die er kunstvoll im Innenfutter eingearbeitet hat. Ich stehe mit Franz in einer Ecke des Zimmers – und staune leise vor mich hin. Moritz macht Anprobe. Unser Kind steht vor dem großen Spiegel, wir alle drum herum. Der Anzug passt perfekt. Moritz strahlt. Ich bin stolz.

Auch in unserm Zimmer wird jetzt wild geföhnt, geschminkt, gestylt. Auf dem Bett Kleider, Taschen, Lippenstift. Ich schlüpfe in mein in Nude glänzendes, schulterfreies Kleid, das ich erst vor wenigen Wochen im Lafayette in der Friedrichstraße in Berlin gekauft habe, zusammen mit Axel und Champagner in der Umkleidekabine. Ich stehe vor dem Spiegel, bin plötzlich unsicher. Passen die roten Pumps wirklich? Ich sehe ganz schön aufgestylt aus, denke ich, irgendwie voll amerikanisch das alles. Oh my God! Aber es gibt kein Zurück. Ich will auch gar nicht zurück. Es ist ein Rausch, all der Glamour, das Licht, die Öffentlichkeit, neu und unbekannt die große Bühne. Gleichzeitig ist alles sehr vertraut. Wir sind zusammen. Es geht um unser Kind. Es ist Moritz' Nacht, und wir begleiten ihn. Was soll schon passieren?

Unser Fahrer wartet schon. Ich muss mich immer wieder kneifen. Allein, dass wir einen Fahrer haben! Mir dämmert, dass für uns gerade eine neue Zeit in einer anderen Welt anbricht. Im Auto ist es eng und warm, die Stimmung jetzt angespannt. Jetzt ist auch Joe dabei, Moritz' Agent. Der feine, elegante Mann, Anfang 40, erinnert mich in seinem Anzug an Barack Obama. Er sitzt vorn, dreht sich immer wieder mal nach hinten um und lacht. Er telefoniert die ganze Zeit. Ich höre nur seine warme Stimme murmeln, er kennt das Geschäft lange, und solange er lacht, wird alles gut sein. Wir fahren quer durch Manhattan, es ist überall voll, Autogehupe, Menschen, die vor unserem Auto über die Straße laufen. Dann passieren wir die Brooklyn Bridge, erreichen das Barclays Center in Brooklyn. Zu einem schnellen Imbiss mit deutschem Bier treffen wir in der Nähe der Arena Moritz' Coach John Beilein und das gesamte Coach-Team aus Michigan. Dann laufen wir zu Fuß rüber zur Arena. In der Basketballhalle sind schon Himmel und Menschen. Vor der Bühne ist der sogenannte »Green Room« abgetrennt. An Tischen sitzen dort die Familien der sogenannten Lottery-Picks – die Spieler, die zuerst ausgewählt werden.

Wir verteilen uns rechts der Bühne, etwas erhöht, über zwei Ränge nebeneinander, insgesamt sind wir etwa 25 Leute. Familie, Freunde, alle Menschen, die Moritz an diesem großen Tag um sich haben will. Moritz nimmt vorne am Gang Platz. So kann er schnell zur Bühne, wenn er aufgerufen wird. Joe sitzt direkt neben ihm. Die Arena ist in blaues Licht getaucht. Der NBA-Chef Adam Silver tritt auf die Bühne. Die Show beginnt. »With the first pick of the NBA Draft the Phoenix Suns select …«, schallt seine Stimme durch die Halle. Ein Spieler nach dem anderen tritt nach vorn, schnappt sich die Mütze seines neuen Teams, schüttelt dem NBA-Chef die Hand, spricht drei Sätze in die Kamera. Auf dem Riesenscreen taucht der Spieler in Übergröße auf – es folgt ein kurzes Porträt, Musik. Für jedes Team und seinen neuen Pick sind fünf Minuten eingeplant. Dann geht es weiter mit dem nächsten Spieler. Fünf Minuten, die das Leben jedes einzelnen Spielers und seiner Familie komplett verändern werden.

Wir staunen, warten. Es ist hier so kalt wie in einem Kühlschrank. Die Aircondition läuft auf Hochtouren. Laura, eine Freundin von Moritz, nickt kurz ein. Ihre Erschöpfung kann ich nachvollziehen. Dass sie schlafen kann, ist für mich rein physisch nicht vorstellbar. Ich zittere von der ersten Minute an, wahrscheinlich auch, weil ich aufgeregt bin. Mir ist kalt, ich habe Durst. Irgendjemand holt Wasser. Mittlerweile sind mindestens zwei Stunden vergangen. Ein Pick nach dem anderen wird aufgerufen. »Ab dem 18. Pick könnte es was werden, also hör so langsam genauer hin«, flüstert mir Franz zu. Gerade verlässt Aaron Holiday die Bühne, Pick 23 und von den Indiana Pacers gezogen.

Dann wird es plötzlich unruhig in unserem Rang. Joe spricht leise in sein Handy. Schaut zu Moritz, redet weiter, schaut wieder rüber, lacht. Moritz beugt sich vornüber, hält sich die Hände vors Gesicht. Verharrt in dieser Position. Ich sehe im Augenwinkel, dass sich ein Kamerateam nähert. Jetzt wieder Adam Silvers Stimme: »With the 25th pick the Los Angeles Lakers select …« Tatsächlich? Mir stockt der Atem. »… Moritz Wagner!«

Es ist passiert. Wie großartig, unfassbar! Moritz erhebt sich. Strahlt. Wischt sich ein paar Mini-Tränchen aus dem Gesicht. Wir stehen alle auf. Er quetscht sich weiter in den Rang, kommt auf uns zu, umarmt erst mich, dann Axel, Franz, all seine Freunde. Jetzt schießt mir auch Wasser in die Augen. Ich bin gerührt. Ich weiß nicht, wohin mit meiner Freude. Als Moritz wieder zurückkommt, halte ich mich noch mal kurz an seinem Arm fest. So wie eine Mutter ihr Kind, das seine ersten Meter allein auf dem Fahrrad fährt, noch festhält, obwohl es schon sehr sicher auf seinem Weg raus in die Welt ist. Aber er muss weiter, zurück zu Joe, der vorne wartet. Mein Baby, das schon längst kein Baby mehr ist. Sondern seit einer Minute NBA-Spieler. Überhaupt ist er schon weg, läuft die Treppe runter in Richtung Bühne. Moritz macht seinen Weg. In diesem Moment erfüllt sich sein Lebenstraum. »I am speechless«, wird er später im Interview sagen. »Mir fehlen die Worte.«

Der NBA Draft findet jedes Jahr im Juni statt. Hunderte Anwärter bewerben sich. Gerade mal 60 Jungs schaffen es, von einem NBA-Team ausgewählt zu werden. 30 Spieler in der ersten Runde, 30 in der zweiten. Die meisten sehnen diesen Moment seit ihrer Kindheit herbei. Für viele Familien ändert sich mit der Aufnahme in die NBA alles. Die Eltern kündigen ihre Jobs, ziehen zu ihrem Youngster, kaufen Häuser und Luxushandtaschen, übernehmen das Management der Millionen des jüngst gekürten Sprösslings. Bei uns ist das anders. Wir werden erst mal schauen, wie sich alles anfühlt. Wir werden die neue Situation auf uns zukommen lassen. Wir haben keine Eile und keinen Druck, etwas zu verändern in unserem Leben. Es wird alles so kommen, wie es kommen soll. Das Wichtigste ist, dass Moritz sich in der neuen Welt einfindet. Wir wollen achtgeben, dass er als NBA-Spieler, vor allem aber als Mensch, glücklich wird.

Die Draft-Nacht wird eine wilde Party. Wir stoßen mit Champagner aus riesigen Eiskübeln an. Über Stunden strömen immer mehr, unübersichtlich viele, junge, mir unbekannte Leute durch die Tür des Nachtclubs. Alles Freunde von Moritz, die angereist sind aus Berlin, aus Michigan, von überallher. Auf der Rückfahrt, es ist bereits früher Morgen, sitze ich hinten im Taxi, im Arm von Axel. Ich bin beschwipst. Wir sind ruhig, erschöpft, »müde vom Glücklichsein«, wie Moritz diesen Zustand mal beschrieb. Ich lasse den Blick aus dem Fenster in die Dunkelheit schweifen. Wir fahren wieder über die Brooklyn Bridge. Ich denke an all die Menschen zu Hause in Deutschland, die extra nachts aufgestanden sind, für Moritz und seinen Moment. Die Lichter von Manhattan funkeln.

Die Woche in New York fühlt sich an wie ein ganzer Monat. Und sie geht doch irgendwann zu Ende. Wir fliegen zurück nach Berlin, Moritz nach Los Angeles. Der Alltag geht wieder los. Es kommt mir vor wie ein langer Kater. So einfach ist das dann nämlich doch alles nicht. Moritz verletzt sich gleich nach ein paar Tagen am linken Knie und Knöchel. Das erste Hochgefühl weicht der harten Realität. Die Los Angeles Lakers sind kein einfaches Terrain für einen Rookie. Auch wir in Berlin tun uns schwerer als gedacht mit der großen Veränderung. Das eine Kind haben wir gefühlt gerade an die Glitzerwelt in Los Angeles verloren, das andere ist ebenfalls auf dem Sprung raus aus dem Nest.

Es kommt der Herbst. Wir brauchen Ruhe und versuchen, ein bisschen Normalität in unser Leben einkehren zu lassen. Das fällt schwer. Schließlich liegen schon wieder neue Pläne auf dem Tisch. Eine nächste Lebensentscheidung steht an, dieses Mal bei Franz. Wie soll es weitergehen nach dem Jahr als jüngster Alba-Bundesligabasketballer, der er war? Ähnlich wie bei Moritz stehen zwei Optionen im Raum: einen Vertrag bei Alba in Berlin zu unterschreiben. Oder wie Moritz nach Michigan zu gehen. Franz entscheidet sich für Letzteres. Auch Franz wird 2019 ein Michigan Wolverine.

In der Studentenstadt Ann Arbor angekommen, hat er einen guten Start. Gleich in seiner ersten Saison entwickelt er sich zu einem Leistungsträger des Teams. In der zweiten Saison startet er bei jedem Spiel. Franz genießt es, Student und jung zu sein. Er ist zu einem ausgelassenen, selbstbewussten jungen Mann herangewachsen. Er hat viele Freunde, ist verliebt und geht auch mal feiern. Wie Moritz liebt auch Franz Ann Arbor, das spüre ich bei unseren häufigen Besuchen. Dann überrascht er uns bei einem Facetime-Call im Mai 2021. Das Gespräch ist schon fast beendet, als Franz noch mal ansetzt: »Ich melde mich übrigens zum NBA Draft 2021 an«, sagt er einfach so dahin. »Ah, okay, alles klar«, höre ich mich betont lässig antworten. Ich will verbergen, dass mein Herz gerade heftig schlägt. »Das ist ja spannend.«

Prinzipiell hat uns Franz' Entscheidung – nach nur zwei Jahren und damit noch jünger als Moritz –, vom College in die NBA zu gehen, nicht überrascht. Ich weiß, dass er lange überlegt und es sich nicht leicht gemacht hat. Deshalb freue ich mich. Gleichzeitig bin ich richtig traurig. Er war doch gerade in Ann Arbor mit allem so glücklich, so unbeschwert, so lebensfroh. Soll das schon alles wieder vorbei sein? Ich erinnere mich, wie ich in seinem Alter so drauf war. Ich habe erst mit 22 überhaupt angefangen zu studieren. Bis dahin hatte ich nur Unfug im Sinn, bin gereist, habe gefeiert, bin durch die Gegend gefloatet. Er beschließt nun mit gerade 20, in die Berufswelt einzutreten, einen ersten Vertrag zu unterschreiben. Braucht er nicht auch noch ein bisschen Zeit, um in den Tag hineinzuleben, nicht zu wissen, wo es langgeht? In den Wochen nach dem Facetime-Call und seiner Entscheidung haben wir noch viel, oft und ehrlich über Zweifel, Abschied und seine Ziele gesprochen. Das hat uns allen gutgetan und Franz vielleicht auch bestärkt, dass er den richtigen Weg zum richtigen Zeitpunkt geht.

Wir fahren also wieder nach New York, zum nächsten Draft. Franz wird am Abend als achter Pick von den Orlando Magic ausgewählt werden. Es gibt mehrere Brüderpaare in der NBA. Für uns als Familie ist es trotzdem besonders, innerhalb von drei Jahren zweimal zu diesem Event eingeladen zu sein. Dieses Mal liegt das Hotel am Times Square. Unsere zweite Draft-Woche fühlt sich sonst aber ähnlich an wie die erste. Wieder ist alles ein großer Rausch, wieder gehen wir zum NBA Welcome Lunch. Es findet immer mittags vor dem Draft statt. Im seidenen Jumpsuit und wie beim ersten Draft in meinen roten Pumps (Glücksbringer) stehe ich an dem festlich eingedeckten Saal im Westin Hotel in der 8th Avenue. Wieder kommt Adam Silver und schüttelt uns die Hand. Er schaut in die Runde. Er erinnert sich. »Was macht ihr hier schon wieder?«, fragt er mich und lacht. »Du solltest ein Buch über eure Familie schreiben.« Alles klar. Warum eigentlich nicht, denke ich. Schließlich bin ich Journalistin. »Gute Idee, mach ich. Ich werde mal schauen«, sage ich. Ich werde ein Buch über Moritz und Franz schreiben. Über uns.

Begonnen habe ich mit dem Schreiben vor einem Jahr, nach meiner Reise mit Axel nach Key West. Das lange Wochenende war mein Einstieg in die Recherche. Wir saßen auf der Insel im Café, auf der Mauer zum Strand, schlenderten durch die Altstadt, bestaunten im Hafen Manatees, die gemütlichen, entspannten Seekühe, die überall in Floridas Gewässern vor sich hinschwimmen, glotzten auf einem Segeltörn in die Abendsonne. Egal, wo wir waren, wir haben uns Zeit genommen, um alte Bilder, Gefühle und Erinnerungen als Familie wieder lebendig werden zu lassen. Als wir wieder zurück in Orlando sind, ist mein Notizbuch vollgeschrieben. Ich habe dann ein gutes Jahr damit zugebracht, alles niederzuschreiben, allem auf den Grund zu gehen. Aber wie heißt es so schön in dem amerikanischen Sprichwort »little did we know«? Es konnte ja keiner ahnen, was danach bei der Weltmeisterschaft in Japan und in der Arena in Manila abgeht.

Und damit zurück zu dem Axel-Geräusch in unserer Berliner Küche und meinen WM-Flashbacks auf dem Bett. Axel sitzt jetzt mit frischem Kaffee wieder neben mir im Bett, wir werden uns heute nicht mehr groß woandershin bewegen. Wir trinken schweigend unseren Kaffee, wir sind noch im Manila-Rausch. Was wird, wenn der Rausch abebbt? Ich weiß es nicht. Ebbt er überhaupt ab? Ich hoffe nicht. Ich habe keine Ahnung, was als Nächstes kommt. Wie sich der Weltmeister-Titel auswirkt – auf unsere Golden Boys, auf ihre Karriere, auf den deutschen Basketball, auf uns. All das liegt nicht in meiner Hand. Ich kann nur erzählen, wie es bis jetzt war und wie es jetzt ist, unser Leben mit Moritz und Franz. Let's go.

TEIL 1
Wie es ist

Leben in Florida

Anfang April 2023, abends im Family Room des Amway Centers in Orlando/Florida. Das letzte Heimspiel der Saison. Es sind nur wenig Leute da. Nur ein paar Spielerfrauen und Mitarbeiter. Sie stehen herum, quatschen. Kinder toben im Spielzimmer. Am Büfett gibt es Tacos, Chicken Nuggets, Gemüsesticks, Käsewürfel. Im Family Room treffen sich vor jedem Spiel Angehörige und Freunde der Spieler, reden, essen zusammen, tauschen sich aus. Ich nehme mir einen Teller mit Snacks. Neben mir schwärmen zwei Frauen von ihrem Urlaub auf den Bahamas. Auf einem Screen sehe ich Franz und Moritz, sie werfen sich gerade in der leeren Arena ein. Ich muss mich sputen, gleich beginnt das Spiel. So richtig Stimmung will im Family Room aber nicht aufkommen. Alle scheinen müde und ein bisschen gelangweilt. Es geht um nichts mehr heute. Ich bin trotzdem hergekommen, denn ich will mich verabschieden. Für mich geht eine besondere Zeit zu Ende: Meine erste NBA-Saison, die ich hautnah und in Farbe miterleben durfte.

Seit dem Draft von Moritz 2018 ist viel passiert. Er hat ein Jahr für die Los Angeles Lakers gespielt, danach wurde er zu den Washington Wizards getraded, also sozusagen weitergereicht. Hier blieb Moritz bis März 2021. Es folgte ein erneuter »Trade« zu den Boston Celtics, wo Moritz einige Wochen spielte. Im Juli 2021 fand dann der NBA Draft statt. Dort wählten die Orlando Magic Franz aus. Es war verrückt: Denn die Orlando Magic waren ja genau das Team, bei dem Moritz direkt nach Boston einen Vertrag unterschrieben hatte. Seit der Saison 2021/2022 spielen unsere Kinder beide in der NBA in demselben Team.

Spielerisch war die Saison 2022/2023 – mittlerweile schon die zweite für unsere Jungs bei den Orlando Magic – durchwachsen.

Nach einem schlechten Start ging es bergauf, im Dezember gewannen die Jungs sogar einmal sechs Spiele in Folge. Dass sie die Play-offs erreichen würden, erwartete aber niemand. Dann der 100:91-Sieg gegen die Chicago Bulls Mitte Februar. Kurz flammte die Hoffnung auf, dass sie es vielleicht doch in die Post Season schaffen könnten[5]. Doch dann verloren unsere jungen Wilden den Anschluss. Anfang März fiel dann noch Center Wendell Carter mit Hüftschmerzen aus. »Als Wendell sich verletzt hat und wir drei Spiele hintereinander verloren haben, war für mich die Saison gefühlt vorbei«, bilanziert Moritz eines Nachts am Feuer. »Insgesamt haben wir aber einen deutlichen Schritt in die richtige Richtung gemacht. Gezeigt, dass wir als Spieler zusammenpassen. Da es aber auch noch deutliche Defizite gibt, hat es hinten raus noch nicht gereicht.«

Ich genieße also den letzten Abend am Büfett im Family Room. Die letzten Wochen sind schnell vergangen. Ich war bei jedem Heimspiel dabei. Ich bin meinen Söhnen in die USA hinterhergereist. Ich habe das Team der Orlando Magic aus der Nähe kennengelernt, gesehen, wie die Spieler zusammengewachsen sind. Wie sie die lange Spielzeit gemeinsam gemeistert haben. Wie viel Spaß sie hatten. Ich habe Geschichten gesammelt. Beobachtet, geschrieben, bilanziert, nachgespürt. Ich habe für dieses Buch recherchiert. Und dabei die Erkenntnis gewonnen, dass ich meinen Kindern in dieser Saison noch einmal sehr nahekommen musste, um sie jetzt loslassen zu können. Ich habe mich im Land der unbegrenzten Möglichkeiten von meinem Empty-Nest-Syndrom befreit. Doch dazu später mehr.

Das Leben als Basketballprofi in den USA, das Franz und Moritz leben, klingt verlockend: Die Jungs verdienen Millionen Dollar, können sich Autos, Häuser, Playstations kaufen – oder was immer sie sich wünschen. Sie jetten auf Roadtrips im Teamjet durchs Land. Steigen in Fünf-Sterne-Hotels ab. Sind von den besten Coaches, Ärzten, Physiotherapeuten, Fitness-, Mental- und Ernährungsberatern im Land umgeben. Haben VIP-Status und Millionen Fans.

Dass es extrem harte Arbeit ist, Teil der Liga zu sein und zu bleiben, wird oft vergessen. Körperlich, mental, sozial. 82 Spiele stehen pro Saison an, für Spieler in den Play-offs sind es sogar manchmal mehr als 100. Die Arenen sind quer über das riesige Land verteilt. Die Spieler stehen fast jeden zweiten Abend auf dem Feld. Nach den Spielen müssen sie noch mal in den Kraftraum. Oder in den Flieger und die nächste Stadt. Über Monate dreht sich alles um spielen, gewinnen, Niederlagen verarbeiten, den Körper fit halten, viel und richtig essen, Koffer packen, reisen, ankommen, wieder im Hotel einchecken, Koffer wieder auspacken, unterschiedliche Klima- und Zeitzonen wegstecken, Müdigkeit, Langeweile und Einsamkeit in fremden Städten aushalten, Familie, Freunde und das heimische Bett vermissen. Wenig Schlaf, viel Training, Physiotherapie, Video-Analysen der Spiele, Meetings. Dann wieder spielen. Und wieder weiterziehen.

Ich wollte verstehen, wie Moritz und Franz sich in diesem Zirkus fühlen. Was am Gameday passiert. Warum Roadtrips so anstrengend sind. Wie dieses besondere Leben aussieht, das meine Söhne leben. Was sie denken, wenn sie morgens aufwachen, abends nach einem Spiel nach Hause kommen, am nächsten Tag wieder in die Halle müssen. Was sie machen, wenn sie mal nichts zu tun haben. Wie sie mit ihrem vielen Geld umgehen. Welche Bücher sie lesen. Welche (deutsche) Zeitung sie verfolgen. Warum sie ihre Nachbarn immer noch nicht kennen. Ob sie überhaupt neue Leute treffen.

In meinem halben Jahr in Orlando habe ich viel gelernt. Profibasketballer zu sein, ist viel mehr als ein Fulltime-Job. Es ist ein Zustand. Wenn du NBA-Spieler bist, bist du NBA-Spieler. Alles andere ordnet sich unter.

Aber Franz und Moritz machen das gut. Sie haben Spaß. Sie sind sich täglich bewusst, wo sie herkommen, was sie erreicht haben. Was sie sich leisten können. Dass nichts in diesem Leben garantiert ist. Ich bin stolz auf sie. Sie sind bei sich (geblieben), haben eine authentische Balance gefunden zwischen professioneller Präsenz draußen und entspanntem Regenerieren zu Hause.

Die Bedingungen könnten besser nicht sein. Abgesehen von der Politik im Land. Als ich in Berlin erzähle, dass ich in Florida überwintern will, werde ich bemitleidet, fragend angeschaut oder gleich für verrückt gehalten: »Du willst nach Florida?« Für viele Europäer, darunter auch einige unserer Freunde, ein falsches Ziel. Ich nehme es nicht übel. Vor ein paar Jahren hätte ich vielleicht selbst noch die Nase gerümpft. Spätestens 2017, als Donald Trump Präsident der Vereinigten Staaten wurde, haben die USA für viele Menschen hierzulande an Attraktivität verloren. Wenn man sich denn überhaupt je dafür interessiert hat.

Heute, am Ende von Joe Bidens Präsidentschaft, der Trump 2021 ablöste, sieht es nicht besser aus. Das Land wählt 2024 den nächsten Präsidenten. Im Sunshine State Florida ist Ron DeSantis seit 2018 Gouverneur. Er ist wie Donald Trump Republikaner und war bis zum Januar 2024, als er seine Kandidatur zurückzog, dessen stärkster Konkurrent für die Präsidentschaftswahl. Über Monate lieferten sich die beiden einen erbitterten Wahlkampf, um als republikanischer Kandidat ins Rennen zu gehen. DeSantis wurde während der Pandemie zum kontroversen Nachwuchs-Star der Republikaner. Er machte Florida zum Zufluchtsort für Coronaleugner. Er erließ eine Reihe unsäglicher Gesetze. So gilt in Florida zum Beispiel ab der sechsten Schwangerschaftswoche Abtreibungsverbot. Viele Frauen wissen zu der Zeit noch gar nicht, dass sie schwanger sind. DeSantis befürwortet die Todesstrafe für Pädophile. Er punktet bei Konservativen mit extremen Meinungen und hier kontrovers diskutierten Themen wie Homo- und Transsexualität. Das »Don't say gay«-Gesetz untersagt Lehrkräften, mit Schülern über sexuelle Orientierung und Geschlechtsidentität zu sprechen. Wer es doch tut, erhält Berufsverbot. Staatliche Universitäten sollen Programme einstellen, die sich mit der Geschichte des Rassismus in den USA beschäftigen. An einigen Schulen in Florida sind komplette Texte von Shakespeare verbannt, weil sie voll sind mit vorehelichem Sex, Crossdressing und Fragen zu sexueller Identität.

Der zunehmende Einfluss der radikalen Republikaner in Florida und vielen anderen Staaten der USA ist aber nur die Spitze des Eisbergs. Neben der Politik gibt es viele weitere Themen, die in den USA anders gehandhabt werden als bei uns. Die für mich gewöhnungsbedürftig sind: das Plastikgeschirr überall, die völlig überdimensionierten Verpackungen, die Lieferdienste und Benzinpreise. Trotz Klimawandel fliegen die Leute weiter durchs Land, als hätte sich nichts verändert. Trotz Waldbränden und Überschwemmungen glauben immer noch viele, dass wir Menschen nichts damit zu tun haben. Sie brettern lieber weiter mit ihren riesigen Autos über den Highway. Große Familien haben oft für jedes Mitglied ein eigenes Auto. Der CO_2-Verbrauch pro Kopf in den USA ist der vierthöchste weltweit, etwa doppelt so hoch wie in China.[6] Als gäbe es kein Morgen, werden Ressourcen verbraucht.

Ich könnte mich wunderbar nächtelang darüber aufregen. Ich könnte aber auch vor meiner eigenen Haustür kehren. Denn da liegt einiges rum. Natürlich braucht es auch in den USA eine Umkehr, weniger Verschwendung, mehr Verzicht, nachhaltigere Lösungen. Wie bei uns. Es ist aber zu einfach, immer nur zu anderen zu schauen. Das gilt übrigens für jede Beziehung, wie ich finde. Die Sache ist komplexer. Wir sprechen längst nicht mehr nur von amerikaspezifischen Problemen, inklusive der populistischen Politik. Die USA verdeutlichen gesellschaftliche Zustände, wie wir sie längst auch überall in Europa haben.

Vergleiche zwischen den Systemen hinken meist. Wir leben in Berlin und haben hier zum Beispiel seit vier Jahren kein Auto mehr. Wir brauchen keines. Wir wohnen im dicht besiedelten Deutschland mit einem gut ausgebauten öffentlichen Nah- und Fernverkehr mitten in der großen Stadt. In meiner Straße gibt es alles direkt vor der Haustür, vom Friseur bis zum Fitnessstudio. Muss ich in einen anderen Kiez, gehe ich über die Straße zur Tram-Haltestelle. Der ganze Prenzlauer Berg ist eine Art Monokultur. So gut wie alle Familien haben einen ähnlichen soziokulturellen Hintergrund. Die Kinder wachsen mindestens bilingual auf, alle essen Biolebensmittel, fahren Lastenfahrrad oder SUV. Die Kinder tragen Wolle und Seide. Aber schon im Nachbarbezirk Wedding ist das Leben der Menschen weniger kuschelig, das weiß ich wohl.

Dennoch ist die Gesellschaft in den USA – in meinem Erleben – vielschichtiger, diverser, gegensätzlicher. Die meisten Menschen leben überdies viel weiter entfernt von ihren Nachbarn, dem nächsten Ort und der Arbeit. Ohne Auto geht – außer in wenigen Städten wie New York, Washington und San Francisco – nichts. Und auch wenn die deutsche Gesellschaft längst ähnlich gespalten ist wie die in Amerika: In den USA ist das einfach sehr gut sichtbar, wenn man auf dem Highway eine andere Abfahrt nimmt oder beim Joggen links statt rechts abbiegt: Man landet in einem Viertel, das nicht mehr aussieht wie Disneyland. Auf den Straßen gibt es kaum Beleuchtung, dafür aber viele Holzbaracken, Bushaltestellen, Fußgänger. Die meisten Leute kennen aber ihren Weg nach Hause, sie fahren nicht durch fremde Viertel. Sie haben sich eingerichtet in ihrer Bubble, wo die Büsche im Vorgarten von Lateinamerikanern gestutzt werden und der Rasen zweimal am Tag gesprengt wird.

Wenn ich mit Moritz und Franz morgens an eben diesen Vorgärten vorbeifahre, wird uns bewusst, was für ein außergewöhnliches Leben sie führen – und wir gerade ja genauso. »Die amerikanische Gesellschaft ist sehr gut darin, eine Welt zu schaffen, in der du das Produkt deines Umfeldes bist«, sagt Moritz dann. »Ich muss mich bewusst drum kümmern, sonst bekomme ich gar nicht mit, in was für einer Gegend ich hier lebe, wie schlecht es vielen anderen geht. Wie die Welt wirklich ist, sehe ich nur, wenn ich zum Beispiel meinen Kumpel in Brasilien besuche oder eben mal einen anderen Weg nach Hause nehme.«

»Man gewöhnt sich sehr schnell an seine persönlichen Umstände«, ergänzt Franz. »Das muss man sich immer wieder mal klarmachen, um die Realität nicht aus den Augen zu verlieren.« Es sei wie eine Falle, in die man schnell tappe, wenn man sich nur mit Menschen umgibt, die so leben wie man selbst. »Dabei möchte ich das bewusst gar nicht, sondern ich will weiter auch Kontakt zu meiner alten Welt haben, zu alten Freunden, bei denen Geld nicht so eine große Rolle spielt«, sagt Moritz. »Auch um immer wieder zu merken, wo ich hier eigentlich wirklich gelandet bin.«

Mir geht es ähnlich. Florida ist eine Blase, in der vieles anders läuft, als ich mir das in einer freien, toleranten, fortschrittlichen Gesellschaft vorstelle. Und doch berührt das meinen Alltag wenig. Ich kann gut in Florida leben und gar nicht mitbekommen, was vor sich geht. Wo sind die Trump- und DeSantis-Wähler? Ich weiß es nicht. Ich treffe sie nicht. Oder ich weiß nicht, dass es Trump-Wähler sind, wenn ich sie treffe. Denn sie gibt es natürlich. Ab und an sehe ich Pick-ups mit Trump-Fahnen oder Aufklebern auf der Heckscheibe wie »My son is a patriot of January 6th«. An diesem Tag im Januar 2021 haben Anhänger des damals noch amtierenden US-Präsidenten Donald Trump den Kongress der Vereinigten Staaten gestürmt. Wie man auf die Idee kommen kann, sich mit diesem schwarzen Tag für die Demokratie zu brüsten, ist mir schleierhaft.

Aber natürlich sind die USA nicht Trump. Und Florida ist nicht DeSantis. Es gibt, genau wie in Deutschland, auch in Florida viele weltoffene, differenzierte Menschen. Und zum Beispiel in Orlando trotz des »Don't say gay«-Gesetzes eine muntere homosexuelle Kultur. In den letzten sechs Monaten habe ich mehr queere Menschen getroffen als im ganzen vergangenen Jahr zuvor in Berlin. Erst kürzlich war ich in der South Orange Avenue, wo 2016 im schwulen Nachtclub Pulse 49 Menschen erschossen und 53 schwer verletzt wurden. Das schwarze Gebäude des ehemaligen Nachtclubs ist heute ein Museum mit bunter Mauer voller Fotos und Kunst. Das Pulse ist in Orlando ein wichtiger Ort des Gedenkens geworden.

Es gibt also Gleichgesinnte. Man läuft sich nur nicht so oft über den Weg wie in Berlin – wo wir überall, ständig und mit jedem über Politik, Klimawandel, Ukraine- und Israelkrieg diskutieren. Wo wir uns austauschen. Wo wir ab und an auf eine Demo gehen. Wo wir daran teilhaben, was in der Welt und um uns herum passiert. In Sunshine State ist man eher auf sich und die Familie konzentriert. Jeder macht sein Ding. Wählt, was für das eigene Portemonnaie am besten ist. Und genießt ansonsten sein Leben.

Klar hat das viel isoliertere Leben wieder mehrere Gründe, zum Beispiel die weiten Entfernungen. »In Florida kommen wir nicht so oft in Kontakt mit den Leuten. Man steigt ins Auto, ist dann direkt in der Halle, dann fährt man wieder nach Hause. In Orlando muss man überall zehn, 15 Minuten mit dem Auto hinfahren«, sagt Franz, nachdem wir kürzlich in Berlin mit dem Fahrrad nach nur wenigen Minuten beim Italiener im Berliner Weinbergspark ankamen. »In Berlin können wir einfach auf die Straße gehen, wie eben mit Freunden im Restaurant essen, und im Treppenhaus treffen wir ständig die Nachbarn. Das ist das Leben!«

In Orlando spricht man derweil nicht so gern über Politik. Dafür sind die Leute im Erstkontakt offener, positiver, freundlicher. »Der Deutsche bezeichnet den Amerikaner gern als oberflächlich«, sagt Moritz. »How are you? Wie geht's der Katze?

Diese Dinge. Wenn ich in Frankfurt am Flughafen ankomme, fällt mir sofort auf, wie negativ die Deutschen oft unterwegs sind, diese Haar-in-der-Suppe-Mentalität. Auf Dauer macht es einen großen Unterschied, dass alle gut drauf sind im Whole-Foods-Biomarkt.«

Genau diese Fröhlichkeit, die positive Stimmung, das Zugehen aufeinander, das mag ich auch an den Amerikanern. Du wirst von Wildfremden begrüßt, für dein Outfit gelobt oder einfach aus Lust und Laune angesprochen! In Deutschland erntet man oft entsetzte Blicke, wenn man sich nur traut, jemanden direkt anzuschauen. Ich muss mich jedes Mal von Neuem an die Grummelei in der U-Bahn gewöhnen, wenn ich aus den USA wieder nach Hause gekommen bin. »Gleichzeitig fällt mir auf, wie intensiv in Berlin über Themen diskutiert wird, die in Amerika kontrolliert vermieden werden«, sagt Moritz. »Zum Beispiel globale Erwärmung, Klimaschutz. Diese Themen gibt es in den USA gefühlt nicht! Das stimmt natürlich nicht. Es wird nur nicht darüber gesprochen.«

Die Unterschiede sind komplex. Ich kann sie nicht auflösen, aber ich kann mich damit auseinandersetzen. Seit ich das verstanden habe, komme ich besser klar. Auf früheren Reisen in die USA habe ich ständig verglichen und bewertet. Versucht, aus meinem Blickwinkel einzuschätzen, wie die Lage ist. Tatsächlich geglaubt, dass ich so die Dinge, die anders sind, besser verstehen könnte. Je besser ich das Land und die Menschen nun kennenlerne, desto weniger muss ich bewerten. Es sind zwei unterschiedliche Kulturen. Ich bin zwiegespalten. Ich kann das so stehen lassen. Ich maße mir nicht mehr an, die Situation wirklich einschätzen zu können. Ich versuche bewusst, ohne europäische Arroganz auf diese Zweiheit zu blicken, die die Diskrepanzen vielleicht ein wenig erträglicher machen würde, aber auch nicht weiterhilft. Ich gebe zu, dass mich die politischen Entwicklungen in den USA verunsichern, ebenso wie die in Deutschland übrigens. Ich spreche aus, dass ich nicht weiß, wie ich mich zu der Bigotterie positionieren soll, die sich bei vielen Amerikanern zwischen Anspruch (In God we trust) und Wirklichkeit (Abtreibungsverbot und andere menschenverachtende Ungeheuerlichkeiten) auftut. Ich gebe zu, dass ich mich für meinen ökologischen Fußabdruck schäme. Ich habe keine Lösung parat. Ich kann mich nur zu meinem Schulterzucken bekennen. Ich stehe zu meiner Ratlosigkeit. Sie ist mein Gesprächsangebot.

In Florida bin ich Gast. Mutter zweier Profisportler. Und damit genauso privilegiert wie viele der Schwerreichen, die häufig die Republikaner wählen.[7] Ich schaue von außen auf die Sache. Und ich bin gleichzeitig nicht unabhängig. Ein Beispiel: Im Namen der Magic hat die Eigner-Familie DeVos im Wahlkampf 50 000 Dollar an die Kampagne von Ron DeSantis gespendet.[8] Als die Nachricht veröffentlicht wurde, haben wir in unserer Familie viel darüber diskutiert. Trotzdem stelle ich mich nicht mit einem Schild auf den Parkplatz vor den nächsten »Target«-Supermarkt und lade zu einem offenen Meinungsaustausch ein.

Hier ist es wieder, mein moralisches Dilemma. Aber ich zögere, meine Meinung laut auszusprechen. Oder sie auf dem T-Shirt prominent zu zeigen. Als ich mit meinem schwulen Freund Jochen aus Hamburg auf Facetime über DeSantis diskutierte, hatte er eine gute Idee. »Lass dir ein T-Shirt mit der Aufschrift ›Say gay‹ drucken und gehe so zum nächsten Spiel von Orlando Magic.« Getraut hab ich mich das bisher nicht.

Es ist eine Gratwanderung: die Realität nicht aus den Augen verlieren. Sich jeden Tag vergegenwärtigen, dass das eigene Leben hier äußerst privilegiert ist. Und sich doch drüber freuen können. Die Jungs kriegen das gut hin. Sie leben einen Traum, aber sie sind sich dessen bewusst. Dass kein Tag in diesem Traum selbstverständlich ist. Und dass er auch irgendwann wieder zu Ende gehen wird. Sie sind schließlich Basketballprofis.

Sie wohnen zusammen in einem großen weißen Haus. Großzügig, aber gemütlich. Typische gepflegte Nachbarschaft, Ausblick ins Grüne und auf einen kleinen See, zwei Stockwerke. Typisch Brüder. Franz leidet oben, wenn Moritz unten die Klimaanlage verstellt. Moritz hasst es, wenn Franz überall seine Socken rumliegen lässt. »Oder wenn ich immer alles organisieren soll«, sagt der große Bruder. »Da hab ich keinen Bock mehr drauf, da lass ich ihn auch mal auflaufen.« »Natürlich gibt es Situationen, in denen wir uns nerven«, weiß auch Franz. »Ist doch aber ein Stück weit auch ganz normal. Und wir können uns im Haus zurückziehen. Der eine chillt oben, der andere unten. Objektiv gesehen ist das alles richtig, richtig cool.«

Franz erfrischt sich nach dem Mittagsschlaf im Pool. Moritz trinkt auf der Terrasse am See Espresso und schreibt in seinem schwarzen Notebook. Beide fahren ein dickes Auto. Sie schlafen in Betten, in denen eine sechsköpfige Familie nebeneinander Platz hätte. Sie haben ein Arbeitszimmer, in dem die vier Meter hohe Bibliothek statt mit Büchern mit bunten Sneakern gefüllt ist. Nach den Spielen bereitet Koch John das Dinner zu. Die Wäsche macht jeder für sich. Am Off-Day streifen sie mit ihren E-Bikes durch die Gegend, lesen Bücher oder gucken Basketball.

John ist tatsächlich eine Wucht. Er ist mittlerweile nicht nur Koch, sondern Freund für alle Lebenslagen. Der Anfang-40-jährige New Yorker mit italienischen Wurzeln und kunstvollen Tattoos an beiden Armen lässt schnell jeden Frust vergessen. Ob die Jungs gewinnen oder verlieren: Kommen sie nach Hause, ist Licht in der Küche. John steht hinterm Tresen, hört leise Jazz und kocht mit Ruhe und Hingabe, was die Jungs sich morgens gewünscht haben: mal asiatischen Thunfisch, mal zarte Lamb Chops, mal koreanische Spareribs, mal feinste Crème brulée.

Danach ist die Küche blitzeblank sauber. Ein Traum, so wie ich das nie hinbekommen habe. Für mich ist das Luxus: Viele Jahre haben Axel und ich am Wochenende Stunden damit zugebracht, Essen heranzuschaffen, am Herd zu stehen, Fleisch, Gemüse, Nudeln zu kochen, danach alles wieder abzuwaschen. Dann haben wir uns kurz auf dem Sofa ausgeruht, und nach spätestens zwei Stunden stand einer der Jungs wieder vor dem Kühlschrank. Heute kann ich nach dem Essen theoretisch einfach vom Tisch aufstehen und ins Bett gehen, ohne auch nur einen Teller mit abzudecken. Und wenn ich morgens in die Küche komme, steht der Waffelteig für das Sonntagsfrühstück bereits im Kühlschrank. Herrlich!

Die Jungs haben John aber nicht vor allem deshalb engagiert, um sich Luxus zu gönnen. John kocht nach den Heimspielen zu Hause, weil in den Körper eines NBA-Spielers täglich unglaublich viel und vernünftiges Essen gehört. Im Schnitt 4000 bis 5000 Kilokalorien. Ein normaler Erwachsener verbraucht 1500 bis 2500 pro Tag.

Moritz und Franz machen täglich, was sie am liebsten tun: Basketball spielen. Und in Schlappen und T-Shirt herumlaufen. Zu allem Überfluss scheint in Florida einfach auch noch ständig die Sonne. »Wir leben zusammen in einem Haus, das für uns wahrscheinlich viel zu groß ist«, beschreibt Franz. »Es ist ein isolierteres Leben als in Berlin, fast langweilig manchmal. Und deshalb gut, dass wir zu zweit sind.«

In dem ruhigen Leben zu Hause finden sie zu zweit den Ausgleich zu dem intensiven NBA-Leben, den Kameras, Interviews, den vielen Spielen. »Es wird manchmal sehr eintönig«, ergänzt Moritz. »Du spielst 82 Spiele, machst sechs, sieben Monate immer den gleichen Bums. Wir sind privilegiert, es ist ein super Job, aber jeden Tag findet man das auch nicht geil.« Wenn sie nach dem Spiel nach Hause kommen, entspannen sie, legen das Handy weg, machen eine Kerze an. Moritz hat immer Kerzen an, im Wohnzimmer, in seinem Zimmer und im Hotel. Auch auf Auswärtstrips hat er immer Kerzen dabei. Moritz ist seit 2018 in der NBA, er weiß mittlerweile, was er in seinem Alltag braucht. »Über die Jahre entwickelt man so seine Macken«, sagt er.

Ich bin gern in Orlando. Die Tage dort beginnen mit einem Licht, das mich an unsere Sommerurlaube in Frankreich oder Italien erinnert. Es ist still. Der Boden und die Kissenbezüge draußen im Garten sind noch feucht, aber man spürt bereits, wie heiß es später werden wird. Wenn ich ab und zu im Haus der Kinder übernachte, liebe ich es, hier mit einem ersten Kaffee barfuß frühmorgens auf der Terrasse zu sitzen, zu beobachten, zu lauschen. Die Gärten der umliegenden Villen liegen verwaist da. Mehrere amerikanische Eichhörnchen – sie sind grau und etwas größer als in Europa – springen geschäftig die massiven Baumstämme hoch und runter. Manchmal schleppt sich ein Gürteltier wie ein kleiner Dinosaurier in Richtung See. Oben im Baum, nahe Franz' Fenster im ersten Stock, zwischen dem typisch hängenden, spanischen Moos, singt ein Vogel. Wahrscheinlich eine Spottdrossel. Der Mockingbird kann den Singsang anderer Vögel nachahmen. Laut, exotisch, enervierend, mit kleinen Pausen und viel Kraft. Das macht er jeden Morgen.

Franz wird oft von dem Gezwitscher wach. Wenig später schlurft er die Treppe herunter, grummelt etwas über den »scheiß Vogel« in sein Bärtchen. Schnappt sich wortlos einen Stuhl und setzt sich zehn Minuten mit freiem Oberkörper in die Sonne, weil er gelesen hat, dass das seinen Biorhythmus aktiviert. Sonne stoppt die Produktion des Schlafhormons Melatonin und macht wach. Durch UV-Strahlung wird in der Haut mehr Vitamin D produziert. Manchmal schließt er die Augen, manchmal guckt er einfach in der Gegend rum. Nach zehn Minuten steht er wieder auf – und zieht sich an.

Moritz ist da meist schon lange wach. Er kommt als Erster in die Küche, oft gut gelaunt und mit einem lockeren Spruch auf den Lippen. Er macht Musik an, öffnet die Tür zum Garten und trinkt einen halben Liter gefiltertes Wasser in einem Rutsch. Danach presst er mit einer kleinen, gelben Presse eine Zitrone aus und schüttet den Saft hinterher. Mit seiner Barista-Maschine bereitet er sich einen Espresso mit feinster Crema. Wenn er viel Zeit hat, trinkt er den Kaffee unten am See.

Sprechen tun sie morgens noch nicht so viel. Höchstens darüber, welches Auto sie heute nehmen. Hintereinander schlappen sie durch den Vorgarten zur Garage. Steigen in den Land Rover oder den BMW. Fenster runter, Shindy und Prinz P an, Sonnenbrille auf. Richtung Highway I-4 West. Die Fahrt bis zum Trainingszentrum dauert knapp 20 Minuten. Erst geradeaus über die Howell Branch, dann links, rechts und auf den Highway. Irgendwann taucht rechts das Amway Center auf, ein großer Betonklotz, die Arena der Orlando Magic. Ganz Orlando ist auf Sumpf gebaut, rechts und links des Highways ist alles grün, man sieht viel Wasser. Überall gibt es kleine Tümpel und große Seen. City Beautiful nennen die Leute ihre Stadt.

In der neu errichteten Trainingsstätte – dem AdventHealth Training Center – angekommen, verschwinden die Jungs hinter einem großen Tor in der Tiefgarage. Von hier geht's durch ein weiteres Tor zu den Privatparkplätzen. Tiefgarage in Tiefgarage. Der eindrucksvolle, geschmackvoll eingerichtete und professionell ausgestattete Neubau ist nur einen Block vom Amway Center entfernt. Es gibt die neuesten Trainings- und Erholungstechnologien, unter anderem eine Höhenkammer, eine Hydrotherapie, einen imposanten Kraftraum, ein 50 Meter langes Schwimmbad, eine Sauna. Der Bau wurde erst im August 2022 eröffnet und hat 70 Millionen Dollar gekostet.

Manchmal darf ich die Jungs begleiten. Dann frühstücken wir im Magic Large Family Room, wo sie morgens Rührei mit je vier Eiern und Avocado bestellen. Wir sitzen an einem der Tische in grauen Sesseln vor der Bar. Nach und nach trudeln weitere Spieler ein. Jeder isst, was er will. »Manche bestellen sich täglich

Waffeln zum Frühstück«, sagt Moritz. »Ernährungstechnisch absurd, aber ich sag mal nix dazu.«

Hinter dem Restaurantbereich beginnt die Lounge Area: niedrige Holztische, weiche Sofas und Sessel in modernem Design und Erdtönen. Dazu Kissen, Decken und Pflanzen. Die Lounge Area ist ein Raum für Rückzug und Entspannung mit Wohnzimmer-Atmosphäre. Einmal wöchentlich trifft Moritz hier auch seinen Mentalcoach. Dann sitzen die beiden etwas abseits, essen und reden.

Wenn für die Jungs das Training beginnt, laufe ich noch ein bisschen durch die beigefarbenen und mit viel Holz ausgekleideten Räumlichkeiten. Überall begrüßen mich die Leute herzlich, verwickeln mich in kurze Small Talks. Sie scheinen alle zu wissen, wer ich bin. Ich hingegen kenne nur wenige, und trotzdem fühlt es sich an wie ein ehrliches, offenes Miteinander. Die Facility erinnert mich mehr an einen Wellnesstempel oder einen exklusiven Fitnessclub als an ein professionelles Trainingszentrum. Aber hier wird täglich hart gearbeitet. Durch große Glastüren sehe ich die Spieler, wie sie auf zwei originalgroßen Spielfeldern laufen, dribbeln, werfen, rufen. Zudem stehen auf dem Court jede Menge weitere Leute rum: Coaches, Balljungen, Therapeuten. Einige Athleten liegen abseits bei den Physiotherapeuten auf den Liegen. Alles glänzt. Ich höre das typische Dribbeln der Bälle auf dem blitzblanken Parkett.

In der ersten Etage über dem Court gibt es einen Aussichtsbalkon und ein großes Fenster mit freiem Blick übers Geschehen. Dahinter liegen die Büros der CEOs und Informatiker des Clubs. »Wahrscheinlich haben wir hier das beste Trainingszentrum in der NBA«, sagt Franz, als ich ihm begeistert von meinem Streifzug durchs Gebäude berichte. »Alles ist durchdacht, auch die Raumaufteilung macht richtig Sinn. Es gibt einen Flow: Von der Küche gehst du in die Kabine, daneben der Kraftraum, dann direkt der Court. Alles ist professionell ausgestattet, einfach nice.«

Die Jungs kommen jeden Tag gern hierher und bleiben auch nach dem Training noch eine Weile. Ich verstehe, warum. Es liegt wohl nicht nur an den hochmodernen Geräten im Fitnessraum, dem eleganten Schwimmbad oder der gigantischen Umkleidekabine, in der jeder Spieler sich auch in seinen privaten Bereich zurückziehen kann. Es liegt vor allem an den Menschen. Es geht kumpelhaft zu. Es fühlt sich so an, als ob die (Team-) Chemie stimmt. Die Atmosphäre wirkt auf mich entspannt, die Stimmung ausgelassen. Ich sehe in authentisch freundliche Gesichter, fühle mich immer eingeladen. Alles wirkt wie eine »Bubble of Happiness«. So als wäre alles ein großer Spaß. Dabei geht es tatsächlich ja um Big Business. Aber trotzdem scheinen hier alle an einem Strang zu ziehen.

Ich will wissen, ob das stimmt. Ich verabrede mich mit Coach Jamahl Mosley, der das Team das zweite Jahr führt. Wir sitzen auf den grauen Sesseln in der Lounge Area. »Ich liebe unser Team, wie wir arbeiten, wie wir immer mehr zusammenwachsen«, erzählt mir der Head Coach der Orlando Magic. »Die Jungs sorgen füreinander. Sie feuern sich gegenseitig an, bestärken sich, sie wollen gemeinsam Großes leisten. Sie nehmen sich gegenseitig in die Pflicht.«

Dann führt er mich zu einer Bank abseits des Courts. Hier darf ich sitzen, dem Training zuschauen, dabei sein. Ich trinke stilles Wasser aus einer der kleinen Flaschen, die überall in Kühlschränken herumstehen. Der Coach gesellt sich zu den anderen. Ich sehe Leute in Magic-Klamotten lachen und die Spieler herumrennen, höre wieder Bälle und laute Ansagen. Einige stehen mit ihren jeweiligen Trainern bereits unter den Körben. »Jeder hat seinen Wurf-Slot, macht erst mal sein eigenes Ding«, erklärt mir Moritz zu Hause noch mal den Ablauf. Bei ihm gehe es zum Beispiel gerade eher um Effizienz, bei Franz noch mehr um das Experimentieren. Zum Training kommen danach alle zusammen, in der Saison für etwa eine Stunde, laufen bestimmte Spielzüge durch, werfen. »Während der Saison testen wir weniger neue Dinge, es geht mehr darum, als Team mental zusammenzufinden.«

Moritz mag, dass Coach Mosley auf die Eigenverantwortung der Spieler setzt. »Ich hatte schon Teams, wo der Wurf-Slot für jeden fix zu einer bestimmten Zeit war. Das hat sich angefühlt wie in der Schule«, sagt Moritz. »Dabei weiß jeder Spieler selbst am besten, wann und was er trainieren sollte.« Auch beim Krafttraining werde in Orlando jedem selbst überlassen, was er wann macht. »Wenn man Krafttraining hört, denken viele sofort an Gewichte.« Die Priorität in der Saison liege aber auf Stabilität, Mobilität, solche Sachen. »Klar geht es im Kraftraum auch darum, neue Reize zu setzen. Mit schweren Gewichten trainieren wir aber meist noch nach den Spielen«, so Moritz weiter. »Weil das ja müde macht. Dann muss ich nicht doppelt erholen.«

Ich frage nach: Was ist nun vor allem *in dieser* Saison wichtig? Moritz und Franz sind sich einig: natürlich gut spielen. Sich immer weiter verbessern. Die eigene Rolle schaffen, *on and off the court,* sagen sie, auf dem Spielfeld und auch abseits davon. Gesund bleiben, sich nicht verletzen. Eine Balance finden zwischen Fokus und Entspannung. Durchhalten. Viel schlafen. 82 Spiele sind schließlich kein Pappenstiel. Im Schnitt ist jeder zweite Tag ein »Gameday«. Die laufen immer ähnlich ab, egal ob zu Hause oder auswärts.

Ich erlebe die Jungs und ihre Routinen, wenn sie zu Hause spielen. Auf die Auswärtstrips fahre ich nicht mit. Zu viel unnötige Fliegerei. Außerdem sind die Jungs auch ganz froh, wenn die Mama nicht immer dabei ist. Wenn aber ein Heimspiel ansteht, fahre ich meist morgens von meinem kleinen Appartement, das nur zehn Minuten Autofahrt entfernt liegt, zu den Jungs in ihr Haus. Wenn sie ausgeschlafen haben, frühstücken wir zusammen. Danach verschwinden sie für ein kurzes »Shootaround« in der Halle. Shootaround bedeutet, sie werfen ein bisschen, bereiten sich auf den Gegner vor, alles ganz entspannt. Ich gehe in der Zeit zu meinem Work-out oder arbeite an meinen Texten. Mittags bringen sie Lunch aus dem Trainingszentrum mit nach Hause. Es sollte am Gameday unbedingt leicht verdaulich sein, also kein fetter Braten, keine Hühnersuppe und auch keine Nudeln. Nudeln essen die Jungs nämlich in rauen Mengen noch in der Halle am Nachmittag direkt vor dem Spiel.

Nach dem Lunch geht's ab ins Bett. Der lange Mittagsschlaf ist das heimliche Zentrum des Spieltags. Er dauert – das habe ich gelernt – exakt 90 Minuten. Nicht 60 Minuten, nicht 80 Minuten, sondern genau 90. In dieser Zeit nämlich durchläuft das Gehirn einmal den kompletten Schlafzyklus. Also Einschlaf-, Leicht- und Tiefschlafphase sowie die REM-Phase, auch Traumschlaf genannt. Im REM-Schlaf träumen wir und verarbeiten Erlebnisse. Theoretisch habe ich das alles im Medizinstudium gelernt. Praktisch sehe ich es nun hier an jedem Gameday. 90 Minuten schlafen, danach in den Pool springen. Um vier Uhr müssen sie in die Halle. Um sieben Uhr beginnt das Spektakel, dann laufen die Jungs in die Arena ein.

Ich lebe gern mal in den Tag hinein, aber meine Kinder sind das Gegenteil von mir: Beim Mittagsschlaf überlassen die Jungs nichts dem Zufall. Genauso wenig wie beim Essen, beim Trainieren, bei der Spielvorbereitung, beim Schlafen, beim Werfen oder Freiwürfetreffen. Im Leben eines Profisportlers gibt es viele Stellschrauben. Um das Beste aus sich herauszuholen, wird ständig an diesen gedreht und optimiert. Spitzensport ist Feintuning eines exakt aufeinander abgestimmten Systems.

Wahrscheinlich ist deshalb keine Olympiasiegerin aus mir geworden. Aber ich muss auch nicht jeden zweiten Abend auf dem Feld stehen. Dann wäre mein System wahrscheinlich noch weniger im Lot. Moritz hat mir da einiges voraus. »Meine größte

Challenge zwischen Trainings- und Spieltag ist, den Schlafrhythmus einigermaßen zu koordinieren«, sagt er. »In der Saison folgt auf einen Gameday meistens ein Off Day. Am Off Day haben wir prinzipiell frei. Oft geht man aber trotzdem in die Halle, zum Beispiel zum Werfen. Nach einem Spiel schlafe ich vor zwei Uhr morgens nicht ein. Da ist noch zu viel los im System. Morgens gehe ich dann natürlich müde zum Training.«

Am Trainingstag versucht er deshalb, vor Mitternacht ins Bett zu kommen. Um bereit zu sein, braucht er – auch das ein Erfahrungswert – acht bis neun Stunden Schlaf. Klingt theoretisch. Und ist auch selbst für ihn bestimmt nicht immer eins zu eins umsetzbar. Ich frage mich: Warum sind Rituale überhaupt so wichtig? Warum setzen Sportler auf so viele Gewohnheiten? Ihr Alltag bringt doch ohnehin schon so viele Entbehrungen mit sich. Ich könnte in dem Ausmaß jedenfalls nicht ständig verzichten, denke ich.

Auch mein Alltag ist geregelt. Auch bei mir gibt es Routinen, keine Frage. Ich stehe um acht Uhr auf. Dann mache ich Sport, meditiere oder gehe an die frische Luft. Ich arbeite im Homeoffice, aber nie im Schlafanzug – alles Gewohnheiten, die mir geholfen haben, 20 Jahre lang als freie Journalistin zu überleben. Zwischendrin erlaube ich mir aber auch mal Spontanität. Schließlich bin ich Freelancerin, ich kann grundsätzlich tun und lassen, was ich will. Ein Leben als Angestellte, die täglich von neun bis 17 Uhr im Großraumbüro sitzt, war nie mein Ziel. Ich gehe Kaffee trinken, wann es mir passt. Manchmal gehe ich schon mittags in die Sauna. Ich verreise viel, oft und lange. Ich feiere manchmal nachts, wenn auch früher natürlich häufiger als heute.

Moritz sieht die Struktur nicht als Verzicht, er zelebriert seine Gewohnheiten und hat längst mehr daraus entwickelt. »Routinen sind gut, um durch die lange Zeit zu kommen. Das ist wie Cruise Control im Auto«, sagt er. »Wenn der Computer die Geschwindigkeit regelt, muss ich es nicht tun. Man hinterfragt nicht, man fährt gut damit.«

Gewohnheiten bestimmen schon lange das Leben unserer beiden Sportler. Natürlich hatten wir auch als Familie vieles, was immer gleich war. Bei uns gab es zum Beispiel immer viel gesundes Essen. Immer Gemüse, wenig Fleisch, viel Obst, keine Softdrinks. Da haben wir nicht drüber diskutiert, die Jungs haben nur selten gemeckert. Sie kannten es nicht anders. Ich habe als Studentin selbst jahrelang vegetarisch gelebt, habe schon immer regelmäßig gefastet, mein Müsli selbst geschrotet. Nicht weil ich eine Streberin bin, sondern weil es mir Spaß macht.

Als ich dann Kinder hatte, haben wir einfach so weitergemacht. In Sachen Ernährung der beiden war mir wichtig, dass die Jungs eine Fenchelknolle von Sellerie unterscheiden können. Und dass sie vielleicht Fenchel sogar lieber essen als Schokolade. Das hat vermutlich nicht geklappt, aber mittlerweile ist gesundes Essen auch für die beiden längst mehr als nur eine Vorliebe. Seit sie Basketballer sind, haben Moritz und Franz ihre Ernährung immer weiter professionalisiert. Moritz isst zum Beispiel morgens keine Kohlehydrate, sonst ist er nach einer halben Stunde wieder müde. »Ich habe das irgendwann festgestellt«, sagt er. »Und dann ist das zur Routine geworden.« Die Frage, was zum Frühstück auf den Tisch kommt, ist geklärt. »Ich vergleiche es gern mit einem Dreierschützen«, so Moritz. »Der weiß, dass er wirft, wenn er den Ball bekommt. Das eliminiert alle anderen Optionen. Es ist gesetzt, dass er wirft. Das spart Gedanken, Zeit und erhöht die Chance, dass er trifft. Routinen geben mir Freiraum, in dem ich mich um andere Probleme kümmern kann.«

Franz hat sich in Sachen Routinen viel bei Moritz abgeguckt. Zum Beispiel morgens mit genügend Zeit aufzustehen, im Rhythmus zu bleiben. Auch ernährungstechnisch ist der große Bruder ihm ein Vorbild. »Moritz hat sich – wahrscheinlich als

Einziger aus unserem Team – mit der Ernährungsberaterin hingesetzt und überlegt, wie er seine Ernährung noch verbessern kann«, erzählte mir Franz, als wir mal zusammen ein Chicken Curry kochten. »Das finde ich super und hat mich überzeugt, mich zukünftig auch noch mehr mit meiner Ernährung zu beschäftigen.« Apropos Gewohnheiten: Die der eigenen Mutter musste Franz bei dem Chicken Curry leider noch einmal ertragen. Ich koche nämlich schon gern nach Rezept, interpretiere das Ganze aber oft auch frei. Franz hingegen wiegt fast jedes Gewürz exakt ab. Auch unser gemeinsames Chicken Curry sah deshalb – zu seinem Frust – nicht ganz so aus wie auf dem Foto in dem Kochbuch. Geschmeckt hat es aber trotzdem.

Das Leben ist wie Kochen oder Profisport wohl Loslassen und Fokus zugleich. Du musst akzeptieren, dass du nicht alles kontrollieren kannst. Gleichzeitig ist im Alltag wohl nichts befriedigender, als eine Balance zu schaffen zwischen Anspannung und Entspannung. Ein Gleichgewicht zu finden zwischen neuen Reizen, nächsten Zielen und Regeneration. »Prinzipen helfen mir auch, meinen Körper noch besser zu verstehen, Neugier zu entwickeln und herauszufinden: Wie fühle ich mich überhaupt?«, sagt Moritz. Ernährungsformen, die gerade Trend sind, hinterfragt er persönlich. Beispiel rotes Fleisch: »Keiner isst heute mehr rotes Fleisch. Also hab ich auch verzichtet. Dann hab ich es mal wieder ausprobiert und festgestellt: Mir tut es gut, ich habe Power, wenn ich rotes Fleisch esse. Seitdem weiß ich: Steak ist mein Ding. Wenn ich ab und zu abends ein Steak esse, bin ich morgens gut drauf und habe Juice.« Also Kraft und Antrieb, um wieder durchzustarten.

Es geht nicht darum, nachzueifern, was andere machen. Sondern rauszufinden, was für dich persönlich passt. Ich versuche das auch für mich immer wieder. Mir hilft es beispielsweise in meinem Arbeitsalltag, morgens zu überlegen, was ich heute mal anders mache als gestern. Mal lege ich einen Mini-Spaziergang ein, mal schreibe ich im Café, mal putze ich mir die Zähne auf dem Balkon. Alles gut fürs Gehirn. Verläuft jeder Tag wie der andere, leidet nicht nur die Arbeit. »Wenn man seinen Rhythmus gefunden hat, gibt es praktisch keine Notwendigkeit mehr, etwas zu verändern«, beschreibt Moritz das Phänomen. »Hast du dich zum Beispiel an das Spiel in der NBA gewöhnt, besteht die Gefahr, dass deine Neugier versiegt, diese Spritzigkeit, die Franz noch hat. Das hab ich in den letzten beiden Jahren mit ihm gemerkt.«

Franz ist von Natur aus neugierig. Er nimmt Neues als Neues wahr – und schaut dann, was er weiter damit anstellen kann, um sich zu entwickeln. »Er inspiriert mich, öfter auch mal wieder ›out oft the box‹ zu denken«, sagt Moritz. »Franz probiert noch was aus, so zum Beispiel den Floating-Tank mit Salzwasser. In dem Ding war ich noch nie. Da gebe ich ihm Credits für.«

Ich kann mich auch für Neues begeistern. So hat zum Beispiel der Floating-Tank bei meinem Rundgang in der Facility sofort mein Interesse geweckt. Er steht im Wellnessbereich und sieht aus wie eine fast mannshohe Arzneimittelkapsel. Die Tür öffnet sich wie bei einem Lamborghini nach oben. Gefüllt ist die riesige Wanne mit Deckel mit hochkonzentriertem, auf Hauttemperatur erwärmten Bittersalzwasser. Bei geschlossenem Deckel darin zu liegen, klingt für mich angsteinflößend. Franz aber nutzt den Floating-Tank wohl öfter. Er legt sich einfach für eine Stunde hinein, schließt den Deckel über sich und schaltet um von Tun auf Sein. Er genießt den kompletten sensorischen Entzug. »Es gibt null Geräusche, kein Licht und nur Schwerelosigkeit«, beschreibt er. »Im Floating-Tank wird der Körper in einen meditativen Zustand versetzt, mental kann das manchmal eine super Hilfe sein. Man hört nix, man sieht nix, man muss keinen Muskel anspannen. Ich gehe da rein, wenn ich gar keinen Reiz mehr haben will.«

Der Floating-Tank ist für Franz zum Ritual geworden. Aber auch er schaut zu seinem großen Bruder rüber. »Das sind teils kleine Sachen, die aber einen großen Unterschied machen«, sagt Franz. »Zum Beispiel einfach mal einen neuen Schuh anziehen, den ich noch nie zu einem Spiel anhatte. Oder nach dem Spiel ins Hot Tub, statt ins Cold Tub zu gehen, wie alle es machen und wie es immer empfohlen wird.« Hot Tub steht für einen warmen Whirlpool, Cold Tub für Eisbad. Das Eisbad hat eine Temperatur von null bis maximal fünf Grad Celsius, es beschleunigt die Regeneration nach Training und Wettkampf oder die Rehabilitation nach einer Verletzung. Im Cold Tub wird durch die abgekühlte Hautoberfläche der Stoffwechsel im Gewebe reduziert und Entzündungsreaktionen wie Schwellungen und Schmerzen minimiert.

Routinen helfen im Alltag, um gesund zu bleiben, über die lange Saison zu kommen, fokussiert und gleichzeitig entspannt zu bleiben. Der ehemaligen deutschen Tennisspielerin Andrea Petkovic zufolge können Rituale sogar das eigene Bewusstsein überlisten und dem Unterbewussten als wahren Spielführer mehr Raum geben. Sie trug immer die gleiche Kleidung beim Warmspielen, trank im Seitenwechsel immer genau neun Schluck Wasser, zog erst die rechte, dann die linke Socke an, duschte vor dem Match auf gleiche Weise und Abfolge. Routinen helfen Sportlern auf dem Feld zudem, die Konzentration im Spiel zu steigern und sich in einen für die Leistungsfähigkeit optimalen mentalen Zustand zu versetzen.[9] »Wichtig ist aber auch, sich nicht zu sehr davon abhängig zu machen, sonst kann das dazu führen, dass man besessen wird, dass man ständig alles richtig machen will«, sagt Franz.

Als Mutter wundert mich nicht, dass Franz das so sieht. Schon als Kind hatte er manchmal einen Hang zum Überkorrekten und sich sehr geärgert, wenn er mal was vergessen hatte oder zu wenig Zeit für die Hausaufgaben hatte. »Zu viel Routine kann dazu führen, sich permanent zu kontrollieren, schon in kleinen Dingen unruhig zu werden, wenn man zum Beispiel den Tag über nicht genug Wasser getrunken hat«, weiß Franz heute. »Dann beißt man sich an der Idee fest, dass es vielleicht daran gelegen haben könnte, wenn man nicht so geliefert hat wie sonst. Aber das ist natürlich Quatsch. Ich versuche zwischendrin einfach immer mal was anders zu machen. Dabei helfen wir uns gegenseitig.«

Wie erfolgreich die Routinen von Moritz und Franz ihr Spiel beeinflussen, hat bisher niemand gemessen. Ihre aber wahrscheinlich effektivste Hilfe während der langen Saison ist ihr Zusammensein. Davon bin ich als Mutter natürlich überzeugt. »Im Vergleich zu meinen NBA-Jahren ohne Franz weiß ich, dass seine Anwesenheit tatsächlich die größte Veränderung für mich ist«, sagt Moritz. Völlig anders war es 2019 bis 2021 bei den Washington Wizards. »Ich erinnere mich an so viele Stunden, die ich in Washington in meinem geilen Appartement saß und ganze Tagebücher vollgeschrieben habe. Am nächsten Tag dasselbe wieder von vorn. Weil ich nichts anderes zu tun hatte. Weil ich allein war. Ist da aber noch jemand im Raum, kann ich aktiv ein Thema ansprechen – und wir reden drüber. Das hilft natürlich total, vor allem weil wir ja nicht nur Teammates sind. Wir sind Brüder.«

Magic Mom

September 2022. Die Jungs sitzen zu Hause und warten auf den Wirbelsturm Ian. Sie haben sich mit Kerzen, Wasser und Essen eingedeckt. Ian soll ein Jahrhunderthurrikan werden. Er wird der Vorhersage zufolge vor allem über Kuba und den östlichen Süden der USA wüten. In Orlando soll er später abgeschwächt als Tropensturm ankommen. Die Menschen in der Region sind Hurrikan-erprobt. Sie hätten immer einen Notvorrat Lebensmittel in der Garage, erzählten mir Einheimische, als ich das erste Mal nach Florida kam. Auch jetzt bereiten die Leute sich vor. »In der Facility hat man uns erklärt, dass wir zu Hause bleiben müssen und was wir tun sollen, falls der Strom ausfällt oder ein Baum das Haus trifft«, erzählt mir Franz auf Facetime. »Kein Grund auszuflippen.«

Ein Wirbelsturm kann die Jungs offensichtlich nicht aus der Ruhe bringen. Wir Eltern sitzen in Berlin und sind umso nervöser. Vielleicht sollten die Jungs in der Waschküche schlafen, denke ich. Das ist bestimmt der sicherste Ort, falls wirklich einer der riesigen, mit spanischem Moos behangenen Live Oaks, auch Virginische Eichen genannt, in ihrem Garten aufs Dach niedergeht. Ich kann mir diesen klugen Tipp aus der sicheren Entfernung von 8000 Kilometern gerade noch verkneifen. *Take a deep breath!* Die Jungs sind zusammen, sie werden das schon schaffen.

Wie angekündigt fegt Ian dann nachts über Kuba, die Südküste Floridas, über South und North Carolina. Er hinterlässt eine Schneise der Zerstörung, bringt unfassbar viel Wasser und Wind mit Geschwindigkeiten bis zu 250 Stundenkilometern. In Florida trifft es vor allem die Küstenorte Fort Myers, Cape Coral und Naples hart. Ich informiere mich im Netz, was das genau heißt. Der Strom ist weg, die Ampeln funktionieren nicht. In den

Straßen türmen sich Trümmer und umgestürzte Bäume. Allein in Florida sterben in der Nacht 47 Menschen. Ian zählt zu den schwersten Naturkatastrophen in der Geschichte des Landes. Die Schäden werden in die Hunderte Milliarden Dollar gehen.[10] Er wird die drittteuerste Wetterkatastrophe aller Zeiten und der tödlichste Hurrikan seit 1935.

Ich kann es kaum abwarten, die Jungs nach dem Sturm wieder zu sprechen. Ein paar Mal versuche ich es, ein paarmal geht niemand ran. »Wir sind einfach schlafen gegangen«, erzählt mir Moritz, als ich ihn nachmittags endlich erreiche. Ich habe versucht, mich da nicht reinzusteigern, irgendwann sehe ich sie endlich auf dem Bildschirm. Zwischen Berlin und Orlando liegen sechs Stunden Zeitunterschied. In Florida ist es später Vormittag. »Das Handy ging einfach ein paar Stunden nicht«, sagt Moritz, als sei nichts gewesen. »Auf den Straßen liegen Sträucher rum. Wir haben heute nicht trainiert. Mehr war nicht, ihr könnt euch abregen, okay?« Dann legt Moritz auf. Es ist alles gesagt. Der Hurrikan ist überstanden. Ich kann mich wieder mit unserem Leben in Berlin beschäftigen.

Ein paar Wochen später – es ist November und noch immer Hurrikan-Saison – gibt es den nächsten Wirbelsturm. Dieses Mal bin ich mittendrin. Vor zwei Tagen bin ich nämlich in Florida angekommen. Dieses Mal werde ich ein halbes Jahr bleiben, in einem kleinen Appartement ein paar Straßen weiter. Jetzt liege ich auf dem Gästebett im Haus der Jungs. Draußen stürmt es heftig, dann kommt der Regen. In ein paar Stunden wird der Hurrikan so richtig wüten. Die Jungs sind wie beim letzten Mal wieder einfach schlafen gegangen. Vielleicht zieht auch dieser Sturm einfach vorüber? Über diese Frage schlafe ich ein, aber irgendwann weckt mich ein mächtiger Krach. Ich fahre auf. Vor meinem Fenster nur noch Holz und Blätter, wie in einem Dschungel. Der Blick bis zur Straße: versperrt. Ich schleiche auf

Zehenspitzen zur Haustür. Ich trete barfuß in den Vorgarten. Spüre Schlamm und Stöcke unter meinen Füßen, Wasser von oben. Es ist dunkel, es stürmt.

Ich gehe ums Haus. Dann sehe ich, was den Lärm verursacht hat: Ein Baumstamm samt Blätterkrone liegt quer über dem Dach. Keine zwei Meter neben meinem Bett. Der Baumstamm ist riesig. Die Krone verdeckt den Blick. Ich brauche es gar nicht zu versuchen, ihn wegzuräumen. Das wird nur mit schwerem Gerät gehen. Ich laufe zurück ins Haus. Ich bin einfach nur erleichtert, habe echt Glück gehabt! Hätte das Dach über dem Gästezimmer nicht so standgehalten, wäre das anders ausgegangen. Ich schlüpfe zurück unter die warme Bettdecke. Mein Herz rast. Ich liege da und bin jetzt hellwach. Interessanter Start für mein Projekt.

Ich bin hier in Florida, um einmal eine gesamte NBA-Saison zu erleben, den Alltag der Jungs kennenzulernen und dem Winter in Berlin zu entfliehen. Ich will erfahren, wie es sich über eine längere Zeit in den USA lebt, und ausprobieren, wie es sich länger ohne Ehemann anfühlt. Um Bilanz zu ziehen über die letzten Jahre mit den Kindern. Ich möchte im nächsten halben Jahr noch einmal im engen Kontakt mit ihnen sein – und mich dann von ihnen lösen. Dieser Wunsch wuchs schon lange in mir. Nun setze ich meinen Plan um. In ein paar Tagen ziehe ich in mein Appartement.

Ich habe lange gezögert und mich gefragt, ob es angemessen ist, dass eine Mutter ihren über 20-jährigen Söhnen hinterherzieht. Keine Frage, das ist ungewöhnlich. Moritz und Franz sind erwachsene, junge Männer, die seit Jahren gut ohne mich klarkommen. Kürzlich meinte eine Freundin, dass sie ja wohl wirklich höfliche Menschen sein müssten, wenn sie ihre Mutter ein halbes Jahr bei sich akzeptieren würden. Das stimmt, sie sind höflich. Aber wie meinte das die Freundin überhaupt? Dass ich vielleicht doch gluckenhafter bin, als ich mir das eingestehe? Ich glaube nicht. Ich werde es herausfinden. Und dann ist da noch meine

Beziehung zu Axel. Wir sind seit fast 30 Jahren ein Paar, und ich war seitdem noch nie ein halbes Jahr »allein« unterwegs. Jetzt bin ich neugierig darauf, wie sich eine Fernbeziehung anfühlt.

Eine Menge Fragen sind mir im Vorfeld durch den Kopf gegangen. Ich habe über alles mit den Jungs gesprochen. Es kam alles auf den Tisch. Wir haben uns mehrmals und immer wieder als Familie hingesetzt, abgewogen, wie wir die Situation für alle bestmöglich gestalten können. Es hat sich gut angefühlt, den erwachsenen Söhnen gegenüberzusitzen, ehrlich meine Wünsche zu formulieren, mich verletzlich zu zeigen – und von ihnen eine wohlwollende, aber auch schonungslos ehrliche Antwort zu bekommen: Die beiden freuen sich, dass ich nach Florida komme. Aber wir beschließen auch ein paar klare Regeln. Wie zum Beispiel eine eigene Wohnung für mich. Das Okay, dass alle sich abgrenzen dürfen, wenn es zu viel wird. Die ehrliche Zusage, sich gegenseitig möglichst nicht auf die Nerven zu fallen. Und es offen und rechtzeitig auszusprechen, wenn das doch passieren sollte. Auch Axel und ich sind uns einig, dass eine Zeit weit entfernt voneinander für die Beziehung spannend sein kann. Dass es mal wieder eine Chance für uns beide ist, mit sich selbst klarzukommen. Wahrscheinlich werden wir uns sogar richtig vermissen. Nach 20 Jahren Ehe finde ich das eine romantische Vorstellung.

Ich bin stolz, wie ehrlich, aufrichtig, zugewandt und selbstverständlich die Jungs ihre Freude und ihre Sorgen ausgedrückt haben. Wie klar sie sich abgegrenzt haben. Es ist nämlich gar nicht immer leicht, ehrlich zu sein, vor allem wenn man die Wünsche des Gegenübers kennt – und zumindest die Gefahr einer Enttäuschung in der Luft liegt. Moritz und Franz haben damit offensichtlich kein Problem. »Ich bin jetzt 25 Jahre und wohne mehr oder weniger wieder mit meiner Mutter zusammen«, sagte Moritz dazu auch offen in einem Interview. »Klar, sie wohnt in einem eigenen Appartement, aber das ist ja um die Ecke. Ich weiß nicht, ob ich mir das so vorgestellt habe. Ich muss zugeben, ich hab damit gestruggelt.« Als ich das Interview damals sah, war ich nicht enttäuscht, sondern eher beeindruckt von seiner Ehrlichkeit. Nach unseren Familienmeetings beschloss ich, dass wir das ab sofort immer so machen und ganz offen über alles sprechen.

Es war dennoch keine einfache Situation, als ich tatsächlich in Florida ankam. Erst die alte Eiche auf dem Dach über meinem Bett. Dann unsere ersten gemeinsamen Stunden, die nicht so vertraut waren wie sonst. Alles, was ich tat, schien vor allem für Moritz nicht in Ordnung zu sein. Ob es die gelbe Zitronenpresse war, die ich falsch einsortiert hatte, oder meine Meinung zu irgendwas. Er war schon nach einem Tag genervt, und die Stimmung war ungewohnt angespannt. So hatte ich mir das nicht vorgestellt.

Ich war unsicher und nahe am Wasser gebaut. Beim Frühstück heulte ich tatsächlich los. Das war mir ewig nicht passiert, es kam aber eben aus mir raus. Die Jungs reagierten erschrocken und genervt zugleich. Was ich prinzipiell gut verstehe. Da kommt die Mutter – und flennt erst mal. Ich trocknete meine Tränen, der Druck ließ nach, ich fühlte mich besser. Wir sprachen noch einmal über alles, und ich verstand: Meine Unsicherheit ist eine alte Geschichte. Ich habe häufig das Gefühl, nicht am richtigen Platz zu sein, obwohl ich ahne, dass ich willkommen bin. »Du bist herzlich eingeladen zu kommen, Mama«, hatte Franz auch vorher mehrmals zu mir gesagt. »Auch für eine so lange Zeit. Aber du machst das vor allem für dich, nicht für uns, das muss dir klar sein.«

Ist mir klar. Find ich gut. Das ist mein Plan. In gewisser Weise ist meine Reise zu den Jungs nämlich eine Reise zu mir. Ein wieder Ankommen bei der Beate, die ich einmal gewesen bin, ohne das Mutterding, das die letzten beiden Jahrzehnte bestimmt hat. Ich vollziehe in Florida so etwas wie eine letzte Amtshandlung des Empty-Nest-Syndroms – und lege es danach ab. Über das »Kinder-aus-dem-Haus-Phänomen« habe ich vor ein paar Jahren noch amüsante Artikel geschrieben. Dann erwischte es mich selbst. Und nun ist die Zeit gekommen, damit abzuschließen. Ich will meinen Kindern noch einmal ganz nah sein, um mich zu lösen. Nicht von ihnen als Menschen, eher von meiner Rolle mit ihnen als (meine kleinen) Kinder.

Der Winter in Florida wird aber nicht nur meine Befreiung aus dem Empty-Nest-Syndrom. Er wird vor allem mein Schreib-Sabbatical. Ich bin mit mir verabredet. Ich bin hier, um mein Buch zu schreiben. Ich will die Zeit nutzen. Für mein Projekt. Für mich. In meinem eigenen Appartement. Ohne reflexartiges Wegsortieren von Wäschebergen der Jungs. Ohne Klamotten auszurangieren für die nächste Spendenaktion. Ohne Kochen für alle. Ohne Großeinkäufe, ohne drei Mahlzeiten täglich, ohne all den Kram, den das Muttersein auch bedeutet hat.

Das ist schneller gesagt als umgesetzt. Zu 100 Prozent schaffe ich es noch nicht gleich, mich abzugrenzen. Erst mal wasche ich noch – in einer Art Übersprungshandlung – alle Sofabezüge der Terrassenmöbel meiner Söhne. Zu spät merke ich, dass eine chemische Substanz aus den Kissen meine Haut an den Unterarmen reizt. Die Aktion ist sowieso völlig überflüssig. Die Bezüge sehen nach wenigen Tagen wieder genauso dreckig aus. Die Jungs wohnen an einem der zig Seen rund um Orlando, im Garten ist es ständig feucht. Über allem liegt eine dünne hellgrüne Algenschicht. Ich beschließe, die Sofas künftig in Ruhe veralgen zu lassen. Ich werde jetzt endlich in mein Appartement ziehen.

Mein Airbnb liegt am Lake Catherine, der nächste kleine See, etwa zehn Minuten entfernt. Die Nachbarschaft ist grün, die Wohnung gemütlich und ruhig. Eine wunderbare Schreibstube. Seit Studentenzeiten habe ich nicht mehr allein gewohnt. Mein Arbeitsplatz hat Seeblick. Hier kann ich tippen, so viel ich will. Ich kann im Stehen oder vor der Glotze essen. Mich im Garten an den 15 gackernden Hühnern erfreuen. Mittags den Kirchenglocken lauschen und mich an unser Berliner Zuhause erinnern.

Die Vermieter Dorine und Chuck wohnen unten. Sie haben ihr Haus gerade erst fertig gebaut, jetzt wird noch der Garten hübsch gemacht. Der Kunstrasen (in Florida gerade hoch im Trend) rund um die Feuerstelle ist bereits ausgerollt. Chuck ist ein durchtrainierter Mittsechziger, Harley-Fahrer, zurückhaltend und begnadet in allem, was mit Handwerkerei zu tun hat. Dorine kümmert sich um die schönen Dinge im Haus. Sie liebt Deko, Yoga und Rockkonzerte, zu denen alle Freunde sich abends um sechs für drei Stunden mit Campingstuhl und Kühltasche auf der abgesperrten Straße treffen. Sie sind herzlich und offen, für amerikanische Verhältnisse authentisch.

Dorine liebt Reisen und sprudelt vor Ideen. Manchmal muss sie sich ein bisschen bemühen, vor lauter Freude Distanz zu halten. Sie bringt mir selbst gebackenen Kuchen. Sie textet mir frühmorgens. Sie lädt mich ein zu ihren Motto-Dinnerpartys. Kürzlich war Deutschland dran, es gab Kartoffelsalat. Dorine hat ihre Gäste mit einem selbst gemalten, schwarz-rot-goldenen Holzbrett vor der Tür begrüßt. Zum Gruppenfoto saßen alle Gäste vor dem Brett. Mal bin ich bei ihren Aktionen dabei, zum Beispiel bei der Kajak-Tour – große schwarze Krokodile und Schildkröten im Gestrüpp am Uferrand garantiert. Mal nicht. Bei Dorine kann ich gut üben, mich abzunabeln. Das geht deutlich einfacher als bei meinen Kindern.

Dorine findet, dass »mein« Balkon der beste Ort sei, um zu beobachten, wenn im 50 Meilen entfernten Cape Canaveral zum x-ten Mal eine Rakete ins All startet. Viel mehr als einen vertikalen Kondensstreifen sieht man zwar nicht am Himmel. Dorine schaut trotzdem häufig auf ihrer App, wann die nächste Rakete startet. »She's my rocket lady«, sagt Chuck.

Die beiden haben die Zwei-Zimmer-Wohnung liebevoll für mich vorbereitet. Auf dem Balkon gibt es eine kleine Bank. Abends sitze ich da und beobachte, wie die orange Sonne im See versinkt. Chuck hat mir zum Arbeiten einen Schreibtisch gebaut. Beide scheinen ehrlich aufgeregt, eine »Magic Mom« zu beherbergen. In Deutschland können viele Menschen nichts mit der Liebe der US-Amerikaner zum Basketball anfangen. In den USA rollen die Leute selbst der Mutter eines Spielers (oder gar zweier Spieler) den roten Teppich aus. »Wenn ihr Leuten erzählt, dass du hier wohnst, ist das natürlich völlig okay«, sagt Chuck verschwörerisch, als ich einziehe. »Von uns erfährt niemand ein Wort.« Mir scheint, dass ich für sie tatsächlich ein besonderer Gast bin.

Fortan sitze ich in Maitland in meiner Schreibstube. Oder morgens in der Sonne auf dem Balkon. Ab elf Uhr wird es da dann heiß. Ich liebe die Sonne, ich hasse nasskalte Winter. Der »Sunshine State«, also Florida, ist wettertechnisch ein perfekter Ort zum Überwintern. Vor allem Amerikaner von der nördlichen Ostküste, also aus den Bundesstaaten New York und Massachusetts, zieht es im Winter hierher. Überall wimmelt es von sogenannten Snowbirds (Schneevögeln). So nennt man die meist wohlhabenden, gebräunten und aktiven Menschen ab 55 Jahre, die nicht mehr arbeiten müssen (good for them!). Auf E-Bikes, am Strand, auf Golfplätzen oder in guten Restaurants genießen sie ihren Lebensabend. Nicht umsonst heißt Florida bei den Floridians »God's Waitingroom«, das Wartezimmer Gottes.

Ich bin noch keine 55 und habe auch kein Snowbird-Konto. Ich werde mich in Florida trotzdem wohlfühlen. Ich richte mir meinen Alltag ein. Doch selbst in Florida hat der Tag nur 24 Stunden. Ich habe viel weniger Zeit als gedacht. Schreiben, Geschichten konzipieren, andere Kunden nicht vergessen, denn es wird eine Zeit nach dem Schreib-Sabbatical hier geben. Morgens gehe ich zum Work-out bei »F45«. Wie früher beim Zirkeltraining quält uns Coach Josh 45 Minuten mit Push-ups, Squats, Planks, Gewichten, Burpees. Danach bin ich wach und glücklich. Wenn ich ein Buch über Sport schreibe, werde ich mich mindestens einmal am Tag körperlich auspowern. Das habe ich so mit mir ausgemacht.

Ich werde »Volunteer«, Ehrenamtlerin. Das beansprucht Zeit, aber die investiere ich gern. Ich will mich, wenn ich hier schon so fürstlich lebe, für Menschen engagieren, denen es nicht so gut geht. Über die Orlando Magic melde ich mich zu den Freiwilligendiensten auf der Homepage der Second Harvest Food Bank of Central Florida an. Teilt mir die gemeinnützige Organisation eine Schicht zu, stehe ich früh um sieben Uhr auf, fahre im Berufsverkehr in das Industriegebiet und befülle in einer großen Firma am Fließband Lunchboxen mit Hamburgern und Süßkartoffeln. Ich fege den Hof, sortiere Produkte in Regale eines Kaufhauses für ärmere Menschen oder packe Gemüsekisten. An Halloween gebe ich mit anderen Freiwilligen ein warmes Frühstück für hungrige Kinder aus. An Thanksgiving verteile ich Truthähne und grüne Bohnen. Die Schichten sind lang, aber sie erfüllen mich. Ich lerne andere Menschen kennen, mit denen ich zusammenarbeite, mich austausche und etwas abgeben kann – und wenn es nur Muskelkraft, Zeit und ein Lächeln ist. Das gibt mir ein gutes Gefühl in meiner so privilegierten Situation. Meine Arbeit als Volunteer ist nur ein kleiner Beitrag. Ich bin aber dankbar, dass ich ihn leisten kann. Es ist auch ein Versuch, den Spagat zwischen Europa und Amerika zu schaffen. Das Land besser zu verstehen.

Ab und an gehe ich zum »Ladies Lunch« der Magic Family. Das sind nette, zeitlich überschaubare Treffen zum Mittagessen in schönen Restaurants irgendwo in Orlando. Eingeladen sind die Frauen der Franchise, sprich: Spielerfrauen, weibliche Coaches, Partnerinnen der Coaches und des anderen Staffs, Magic-Mitarbeiterinnen und Mütter wie ich. Ich genieße diese Treffen. Denn die versammelten Frauen haben offensichtlich Spaß, unter sich zu sein, sie witzeln rum, trinken auch schon zu Mittag mal einen Champagner, feiern das, was ich mir unter dem typisch amerikanischen Begriff »Sisterhood« vorstelle: eine Zuneigung, Loyalität und Solidarität, die Frauen für andere Frauen haben, wenn sie ein bestimmter Kontext verbindet.

Wenn ich viel Zeit habe, fahre ich gelegentlich nach New Smyrna Beach, laufe barfuß im Sand und schlafe in der Düne. Der kleine Badeort am Atlantik ist nur eine knappe Stunde von Orlando entfernt. Bekannt ist der Strand hier vor allem für seine Haie. Nirgendwo auf der Welt greifen die Tiere öfter an. Allein 2021 haben 17 Haie meist Surfer mit Beute verwechselt und zugebissen[11]. Ich gehe hier trotzdem gern baden.

Ansonsten bin ich nur im Amway Center regelmäßig. Fast jeden zweiten Abend schmeiße ich mich gegen sechs Uhr zunächst in mein Outfit und steige in mein kleines Mietauto und fahre auf den Highway I-4 West zur Arena der Magic. Mein schwarzer Toyota Camry hat rote Gurte und einen Heckspoiler, ist tiefergelegt und macht im Sportmodus ein bedrohliches Geräusch. Ich weiß nicht, warum mir die Autovermietung gerade dieses Modell bereitgestellt hat. Es macht mir aber einen Riesenspaß, mit dieser Rennmaschine durch den Feierabendverkehr Richtung Sonnenuntergang zu fahren. Ich lasse den Blick schweifen über das satte Grün und die Seen, die den Highway säumen, genieße den warmen Wind, der durch das geöffnete Fenster bläst, höre mal schlimme Popmusik (»Freed from Desire«), mal meinen melancholischen Lieblingssong »Cherry Blossom Girl« von Air. Es ist wunderbar.

An der Halle muss ich an der Ecke W South/Church Street immer ziemlich aufpassen. Überall sind jetzt Autos, die Gas geben und abstoppen, die auf den VIP-Parkplatz rechts abbiegen, Taxis und Ubers, Menschen über Menschen, alle strömen in Richtung des riesigen Gebäudes. An jeder Straßenlaterne hängt eine Fahne, darauf das Magic-Logo und die Gesichter von Franz, Wendell und anderen Jungs aus dem Team. Die Menschen vor dem Amway Center tragen die blauen und orangefarbenen Trikots der Magic. Ihre Augen glänzen, weil sie sich freuen oder weil sie in den Bars auf dem Weg zur Halle schon ein paar Drinks getrunken haben. Oder beides.

Eine Straße weiter erreiche ich die Spielergarage. Mein Kleinwagen passt so gar nicht zu den anderen Autos, die hier in der streng bewachten Players' Garage parken. Jeder Spieler hat seinen eigenen Parkplatz mit Namensschild. Wenn meine Jungs in einem Auto gemeinsam zum Spiel fahren, nehme ich den freien Parkplatz des anderen. Der Security Guard am Eingang gibt mir High Five. Mit einem Spezialspiegel prüft er, ob am Karosserieboden Sprengstoff oder eine Bombe hängen. Er winkt mich durch das meterhohe Garagentor. Ich parke vorsichtig zwischen den Spielerkarossen ein – zwischen Lamborghinis, Rolls-Royces, Range Rovern, Bentleys, Ferraris und Mercedes-Benz.

Meist bin ich spät dran. Mit dem Familien-Pass um den Hals haste ich durch den Presseeingang in die Katakomben der Arena. Im Family Room ist es voll. Kleine und große Menschen stehen an Bistrotischen oder sitzen an Tischen und essen Chicken Wings. Ich schnappe mir Wasser und ein paar Würfel Käse, weiter geht's durch den in Magic-Blau gestrichenen Tunnel Richtung Arena. Je näher ich komme, desto lauter höre ich die Stimme des Stadionsprechers, das Dröhnen von Musik und das wunderbar spannende Rauschen, das entsteht, wenn viele Menschen auf einem Haufen sind.

Es riecht nach Popcorn und Grillfleisch aus der VIP-Lounge. Ich laufe weiter, überall grüßen mich Menschen. Fistbumps, High Fives. Die Leute scheinen mich zu kennen. Es hat sich wohl rumgesprochen, dass die große, blonde, leicht desorientierte Frau zum Club gehört. Der junge Mann an der Popcornmaschine winkt heftig und herzlich und streckt mir im nächsten Moment eine Box mit warmem, salzigem Popcorn entgegen. »Guten Abend«, sagt er dann auf Deutsch und lacht stolz.

Oft schaffe ich es gerade noch rechtzeitig zur Zeremonie mit Flaggenträger und Nationalhymne auf meinen Platz. Manchmal komme ich aber auch nicht durch den Tunnelabschnitt kurz vor dem Eingang zur Arena. Dann stehen dort dicht gedrängt Gäste Spalier und warten, dass die Spieler an ihnen vorbei auf das Spielfeld laufen. Die Meute kreischt. Ich stehe still zwischen den Fans. Ein eigentümlicher Stolz: Niemand weiß, dass ich mit zweien der Spieler eben noch in deren Zuhause Cookies gegessen habe.

Manchmal erkennen mich die Fans aber auch. Dann bildet sich schnell ein kleiner Pulk um mich. »Can we take a picture, please?« Ja klar, okay. Schon habe ich mehrere Handys vorm Gesicht. Links von uns an der Tunnelwand hängen lebensgroße Fotos der Spieler. Auch Franz hängt in dynamischer Pose an der Wand. Sein Foto ist das letzte, bevor man den Tunnel in Richtung Spielfeld verlässt. Er läuft beim Einlaufen also immer an sich selbst vorbei. Wenn ich an seinem Bild vorbeikomme, halte ich immer kurz inne und checke, ob das Bild noch hängt.

Mein Stammplatz ist Reihe 12, Platz 17 im Family Block 113. Ich setz mich, verstaue das Wasser in der Halterung zwischen den Sitzen vor mir, schaue aufs Feld. Die Jungs werfen sich unten auf dem Feld ein. Gucken sie hoch? Moritz will immer wissen, ob ich schon da bin und wer noch so da ist in der Arena. Kumpel, Bekannte, ich. Hat alles geklappt mit den Karten? Sind alle zufrieden? Franz blickt, wenn überhaupt, nur ein einziges Mal in meine Richtung. Er konzentriert sich.

Ich erinnere mich an den 22. Oktober 2021. Das ist der erste Abend, an dem die Jungs zusammen für die Orlando Magic auf einem Feld stehen. Es ist der Saisonauftakt 2021/2022. Die Gegner sind die New York Knicks. Über jedem Stuhl in der Arena hängt ein blaues Magic-T-Shirt. Ich sehe trotzdem nur orange, denn um mich herum sitzen nur Knicks-Fans. Orlando ist ein beliebter Urlaubsort. Millionen Menschen besuchen jedes Jahr

Disneyland, und deshalb ist es üblich, dass im Amway Center immer viele Auswärtsfans sitzen. Abends geht man gern zum Basketball. Von mir aus können sie alle da sein. Es ist aber eine Frechheit, wie laut und selbstbewusst die Knicks-Fans hier gerade Party machen. Das ist schließlich der Familien-Block. Und heute spielen meine Söhne!

Auch in den »Courtsite Seats« sitzen viele New Yorker Fans. Je nach Franchise und Spiel kosten diese Erste-Reihe-Plätze gern mal 3000 bis 4000 Dollar – nach oben offen. In Los Angeles bei den Lakers sitzt halb Hollywood. Jack Nicholson hat dort seinen Stammplatz. In Orlando ist die Promidichte deutlich geringer, die Show in der Halle aber nicht minder aufgeregt.

Meinen Geist fordert sie jetzt zu 100 Prozent. Es ist eine Mischung aus einem entspannten Ich-will-einfach-nur-die-Jungs-sehen und einem angestrengten Ich-muss-alles-genau-beobachten-und-verstehen. Ich weiß nicht, wo ich zuerst hingucken soll. Die Spieler werfen sich ein, von der Dreierlinie, unterm Korb, ziehen ihre Rituale durch, spielen eins-gegen-eins, machen ihre Handshakes, witzeln rum, überall Ballständer und Kameras, Fitnesstrainer mit ihrem Equipment, Coaches mit Spielbrettern unterm Arm, die beiden lokalen TV-Moderatoren David Steele und Jeff Turner.

Am Rand hüpfen Magic-Tänzer und -Tänzerinnen zu Hip-Hop-Rhythmen auf der Stelle. Auf dem Jumbotron, einem riesigen Bildschirm an der Hallendecke, läuft das Image-Video: Magic-Jungs in Pose, Muskelpakete, Bad-Boy-Pokerfaces, dazwischen Highlights vergangener und aktueller Magic-Stars. Moritz und Franz tauchen auf dem Screen auf. Moritz mit seinem Grübchen, Franz mit seinem Bärtchen, ihre blauen Augen. Das fühlt sich immer wieder sehr besonders an. Warm und vertraut, trotz des ganzen Spektakels drum herum.

Dann wird es still. Alle blicken zur Spielfeldmitte. Die beiden Starting Five stehen sich gegenüber, die fünf Spieler, die das Spiel für ihr Team beginnen. Die Center haben sich jeweils direkt voreinander an der Mittellinie aufgebaut, leicht in die Knie gebeugt sind sie zum Sprung bereit. Der Schiedsrichter wirft den Ball zwischen ihnen hoch in die Luft. Der New Yorker Center tippt den Ball in Richtung seines Kollegen. Es geht los. Schon nach 13 Minuten führen die New York Knicks mit 24 Punkten, im zweiten Viertel mit 31 Punkten. Zu Beginn der zweiten Halbzeit liegen sie weiter mit 34 Punkten vorn. Unsere Jungs halten tapfer dagegen, sind aber offensichtlich noch nicht konkurrenzfähig.

Die Knicks-Fans neben mir rasten aus, ich bin gestresst. Heute stehen meine beiden Kinder das erste Mal gleichzeitig auf dem Spielfeld. Die lauten Knicks-Fans sind überall, meine Sitznachbarn ärgern mich. Ich krampfe meine Daumen in die Handinnenflächen. Mein ganzer Körper ist verspannt, ich sitze wie ein Flitzebogen auf dem Klappstuhl. Doch ganz gleich, wie sehr ich mitgehe – ich kann das Spiel nicht beeinflussen. Die Orlando Magic verlieren schließlich. 96:121.

Für mich ging das Match im Nu vorbei. Wahrscheinlich, weil ich so viel zu tun hatte, ich wollte die Jungs gemeinsam auf dem Feld sehen, die Knicks-Fans beobachten, die Atmosphäre aufsaugen. Für die Jungs war es anders. »Ich hab mich komischerweise schnell dran gewöhnt, war viel weniger aufgeregt, als ich dachte«, sagt Franz später. »Witzig ist, dass Moritz und ich uns als Menschen kennen, als Spieler auf dem Feld aber noch nicht. Ich hatte anfangs keine Ahnung, was er als Nächstes machen würde«, so Franz weiter. »Das finden wir jetzt gerade miteinander heraus.«

Ich bin mittlerweile daran gewöhnt, dass beide Kinder in der NBA spielen – selbst wenn das erste gemeinsame Spiel noch besonders war. Es macht mich dankbar, ja vielleicht sogar ein bisschen demütig. Denn ich weiß, was für ein großes Glück dazu gehört, dass alles so gekommen ist. Moritz und Franz sind heute Vorbilder für viele Kinder, für andere Menschen. Sie stehen in der Öffentlichkeit. Selbst wir als Eltern sind jetzt ab und an von medialem Interesse – oder sehen uns selbst im TV. Wenn ich mich frage, was das mit meinem Selbstbild macht, kann ich sagen, dass mir vor allem in den ersten Jahren, an denen sie am College waren, die Antworten fehlten. Ich habe rumgestammelt, wenn mich jemand fragte, wie ich mich als Mutter eines College-Spielers fühle.

Heute ist das anders. »You must be so proud!« Diesen Satz höre ich vor allem in den USA oft. Tatsächlich bin ich heute stolz – und stehe mittlerweile dazu. Das war lange anders. In Deutschland hat stolz sein – so mein Gefühl – ein negatives »Gschmäckle«. Bescheidenheit, Zurückhaltung sind Tugenden, aber Stolz überlassen wir lieber den Amerikanern. So klingt es für mich oft, wenn ich mich zu Hause in Deutschland mit Leuten über die USA unterhalte. Ich freue mich, dass ich von den Amerikanern gelernt habe, wie schön es sein kann, Stolz zu empfinden. Gegen Stolz ist nichts einzuwenden. Und gleichzeitig weiß ich, dass all das nicht selbstverständlich ist. »You must be so proud!«

Nach dem Spiel eile ich wieder durch die Katakomben und fahre – oft als eine der Ersten – im Schritttempo raus aus der Spielergarage. Schon wieder vorbei an Fans, die jetzt dicht gedrängt zu beiden Seiten der Ausfahrt stehen. Sie warten hier nach jedem Spiel, selbst im strömenden Regen, um ein Autogramm oder ein Selfie mit einem der Magic-Spieler zu ergattern. Von allen Seiten laufen Fußgänger aus der Arena. Ich umfahre das Getümmel. Jetzt schnell auf den Highway und nach Hause, wo John schon mit dem Essen auf uns wartet.

Auf der Fahrt – sie dauert nur etwa zehn Minuten – gehe ich das Spiel noch mal durch. Nicht wie ein Profispieler oder Coach – ich rekapituliere auf meine Weise. Ich habe eine eigene Sicht auf die Dinge. In den letzten 15 Jahren habe ich Hunderte Spiele gesehen. Vielleicht mehr. Ich weiß, was ein »Rebound«[12], »Goaltending«[13] oder ein »Behind the back dribbling«[14] ist – auch wenn meine Söhne das natürlich anzweifeln. Wenn ich jetzt das Spiel noch einmal Revue passieren lasse, geht es mir aber nicht um die einzelnen Spielzüge, Statistiken, Prozente und Wahrscheinlichkeiten. Mich interessiert, wie sie sich gefreut, angegriffen, verteidigt haben, wie sie immer wieder weitergemacht haben. Meist komme ich danach zu einem Ergebnis: Moritz und Franz haben am besten gespielt. Egal, wie sie tatsächlich performt haben. Egal, wie die Realität ist. Ich bin kein normaler Fan, keine Expertin, kein Coach und keine ehemalige Basketballspielerin. Ich nehme das Spiel eindeutig als Mutter wahr.

Ich habe fast alle Basketballspiele in meinem Leben durch diese Brille gesehen. Meinen Kindern ist das natürlich nicht entgangen. »Mama, sei mal ehrlich, du guckst doch das ganze Spiel über nur zu uns, oder?«, sagt Moritz. »Mich würde interessieren, was du sonst noch so vom Spiel mitbekommst.« Franz ergänzt: »Ich würde auch gern mal in deinen Kopf gucken. Was da abgeht, während eines Spiels.« Beide lachen. »Das muss so anders sein.«

Ich sitze also mit emotional gefärbter Brille in der Arena. Trotzdem mache ich Fortschritte, was zum Beispiel mein generelles Sportverständnis angeht. Ich interessiere mich heute mehr als früher auch für andere Sportarten. So zum Beispiel American Football. Im Februar 2023 habe ich zum ersten Mal in meinem Leben den Super Bowl angeschaut, mit Snacks und Tee ganz allein gemütlich auf der Couch vor dem Fernseher. Zu meiner Überraschung verging der Abend wie im Fluge. Früher haben Franz und Axel sonntagabends häufig American Football geguckt. Dann saß ich bei ihnen – und konnte oft über Stunden nur zwei Szenen auf dem Bildschirm erkennen: Entweder das Spiel ist gerade schon wieder abgepfiffen worden. Oder ich sah einen Haufen schwerer Männer mit einem Gitter vorm Gesicht, die alle übereinander liegen. Für mich war das kein richtiger Sport.

Heute kann ich zwischen den teils brutalen Tumulten und der Knäuelbildung eine Dramaturgie erkennen. Ich habe also das Finale der US-Football-Liga NFL zwischen den Philadelphia Eagles und den Kansas City Chiefs angeschaut. Zunächst lagen die Chiefs lange hinten. Im letzten Viertel drehte sich das Blatt. In der Halbzeitpause trat zudem zu meiner Freude die damals hochschwangere Ausnahmekünstlerin Rihanna mit einer spektakulären Show auf. Letztendlich siegten die Chiefs um den Quarterback und Superstar Patrick Mahomes mit 38:35. Es war eine Freude.

Hätte mir vor zehn Jahren jemand prophezeit, dass ich mal allein American Football anschaue – ich hätte schallend gelacht. Sport-Events waren für mich lange banal, vor allem Fußballspiele. Ich gebe zu, dass mir auch Sportler selbst suspekt waren. Ich hatte das Vorurteil, dass sie nichts als ihren Sport kennen, dass sie langweilig seien. Ich bin nicht stolz auf diese abwertende Sichtweise. Heute bin ich neugieriger, blicke offener in die Welt. Mich fasziniert, wie Sportler sich ihrer Sache hingeben, wie sie ihrer Leidenschaft nachgehen, wie sie mit all den Herausforderungen umgehen. Ich finde es heute einfach spannend, wie unterschiedlich Menschen leben.

Manchmal stelle ich mir ein Basketballspiel als eine Inszenierung vor. Ein Varieté, ein Zirkus, ein Improvisationstheater, ein buntes, lautes, schnelles Spektakel. Das Spiel ist das Skript, die Coaches sind die Dirigenten, die Spieler interpretieren, improvisieren, bringen ihre Energie und ihr Können ein. In Europa und Deutschland gehen Leute zu einem Basketballspiel, weil sie den Sport mögen und ihr Team anfeuern wollen. In den USA ist ein Basketballspiel das Rahmenprogramm für alles Mögliche: das erste Date, ein Business-Meeting, ein Geburtstag, ein Familien-Event. Manche Leute wollen auch, so sieht es für mich zumindest aus, einfach ihr neues Outfit ausführen oder Selfies von sich mit dem Spielfeld als Hintergrund machen. Apropos Outfit: Vom Orlando-Sakko über Flipflops und kurze Hosen bis hin zum Abendkleid oder dem Bikini ist alles dabei.

Ich beobachte die Menschen, wie sie oft erst eine halbe Stunde nach Spielbeginn mit XL-Burger und Bierbechern in der Hand auf ihre Plätze drängen. (Auf einigen Bechern sind übrigens die Spieler abgebildet. Letzte Saison habe ich mein erstes »Franz-Bier« getrunken. Der Becher steht jetzt in Berlin auf unserer Mikrowelle.) Wie sie das übergroße giftgrüne Maskottchen Stuff filmen, überrascht vom immergleichen Ablauf: Erst kommen die Flaggenträger, dann die Hymne, dann das Spiel. Die Security-Leute stehen wie angewurzelt immer an demselben Fleck. Dann Kiss-Cam, Charity-Videos und kleine Rätsel auf dem Jumbotron, der Tanz der Cheerleader, die Kleinkünstler in der Halbzeit, die Tradition, zu Star-Wars-Musik mit Gebrüll aufzustehen und so das letzte Viertel einzuleiten. Bei der Kiss-Cam hält die Kamera auf zwei beliebig ausgewählte Menschen im Publikum, bis diese sich (meist) küssen. Danach wird zu trauriger Musik ein einsamer gegnerischer Fan eingeblendet.

Schön ist auch der Moment im letzten Viertel, wenn eine Horde junger Männer und Frauen in einem Affenzahn in Magic-Klamotten aufs Feld stürmt. Stuff schwenkt die riesige »Noise«-Fahne. Die Fans schreien, so laut sie können. Der zarte Arm des Geräuschpegel-Messgerätes sprengt fast die Anzeige. Danach schieben fünf Männer mit Sonnenbrille und ihrer ganzen Kraft drei monströse T-Shirt-Kanonen aufs Feld. Jetzt kommt es zum Höhepunkt, alle (außer mir) in der Arena stehen auf. Die Männer ballern kleine weiße Pakete in die Menge, es kracht und raucht aus den Kanonen. Die Fans kreischen, springen vor ihren Sitzen, strecken sich nach den kleinen T-Shirt-Bündeln, die manchmal bis in die höchsten Ränge fliegen. Was für eine Gaudi. Natürlich kann man darüber streiten, ob die Show vielleicht übertrieben ist. In Deutschland fliegen pro Spiel vielleicht drei T-Shirts, hier sind es 300. Man kann es aber auch einfach so nehmen, wie es ist, und sich daran erfreuen, wie ausgelassen (und auch ein bisschen verrückt) die Leute sind.

Die Brüder

»With the eighth pick of the 2021 NBA Draft the Orlando Magic select Franz Wagner from Berlin, Germany and the University of Michigan.« Adam Silvers Stimme hallt durch die Arena. Das Publikum grölt. Die Kameras sind auf unseren Tisch gerichtet. Franz steht auf und lacht. Umarmt uns. Nimmt die kleinen Stufen hoch zum Laufsteg. Atmet tief aus. Knöpft seinen Anzug zu. Läuft locker und zügig in beigefarbenen Sneakern in Richtung Bühne. Das ist der Moment, auf den er hingearbeitet hat, seit er sieben Jahre alt war. Im Hintergrund läuft »Magic« von B.o.B und Rivers Cuomo. Auf dem Screen hinter der Bühne steht in riesigen Lettern »Franz Wagner – Forward – Michigan«. Der biegt jetzt kurz ab nach rechts, schnappt sich die Orlando Magic Cap. Setzt die Mütze auf, lässt sich auf der Bühne von dem NBA-Chef Adam Silver umarmen. Dann das gemeinsame Bild für die Kamera, das um die Welt gehen wird. Franz sieht überglücklich aus. Seine Augen strahlen.

Ich stehe unten vor dem Laufsteg und klatsche und klatsche. So kann ich das überwältigende Gefühl zumindest etwas steuern. Meine Kehle fühlt sich eng an. Ich habe feuchte Augen. Ich kann es schon wieder eigentlich gar nicht fassen, was hier passiert. Wir waren doch gerade erst hier, bei Moritz' Draft 2018. Heute, drei Jahre später, wird Franz gedraftet. Vieles fühlt sich genauso an wie damals: Der kurze Moment der absoluten Stille, direkt nachdem Adam Silver damals tatsächlich Moritz Wagner, *mein Kind*, aufgerufen hat. Und heute Franz Wagner, wieder *mein Kind*. Danach überall Geschrei, Jubel, Kameras, Aufruhr um uns herum. Die innere Wärme, Freude, das Zittern, die Tränen. Dann eben dieses Kind im Arm, jetzt ein großer, junger

Mann mit breiten Schultern und seit einer Minute NBA-Spieler. Und dann steht er auf der Bühne neben Adam Silver. Die Erleichterung, als ich mich selbst in Axels Arme fallen lasse.

Wie sich diese Tage ähneln: Mittags haben wir wie 2018 Häppchen beim NBA Welcome Lunch gegessen. Wie damals hat uns Adam Silver persönlich begrüßt. Wie auch bei Moritz habe ich bei Franz' Anprobe auf dem Hotelbett gesessen – und meinen Senf zum Outfit dazugegeben. Auch in Franz' maßgeschneidertem, goldenem Anzug sind übrigens Teile der Originaljerseys von Alba Berlin und Michigan eingearbeitet. Genau wie bei Moritz.

Anders war dieses Mal: Wir haben nicht in den Rängen, sondern in dem sogenannten »Green Room« gesessen. Das ist der Bereich mit 20 bis 25 Tischen vor der Bühne, in dem die Familien platziert werden, deren Söhne voraussichtlich als Erste gezogen werden. Franz wurde als achter Pick von den Orlando Magic ausgewählt – früher als Moritz und 1998 auch Dirk Nowitzki. Der für uns aber entscheidendere Unterschied war: Wir sind als Familie nicht komplett angereist. Moritz kann bei Franz' Draft 2021 in New York nicht dabei sein. Er sitzt rund 11 000 Kilometer Luftlinie entfernt in Tokio auf einem kleinen Klappstuhl.

Bisher haben die Brüder Moritz und Franz die meisten wichtigen Erfahrungen in ihrem Leben geteilt. Ausgenommen ihre College-Erlebnisse – und diese Nacht. Moritz ist bei dem historischen Moment nur via Facetime zugeschaltet. Bevor Franz auf die Bühne läuft, schnappt er sich das Handy. Er spreizt kurz den Zeige- und Mittelfinger zur Victory-Geste und lacht seinem großen Bruder auf dem Monitor zu.

Natürlich sind wir alle traurig, dass Moritz jetzt nicht dabei sein kann. Er hat aber einen guten Grund. Den besten, den man als Sportler wohl haben kann: Er ist als deutscher Nationalspieler bei den Olympischen Spielen in Tokio. Damit wir ihn nicht allzu sehr vermissen, hat unser Agent Jason Moritz' Gesicht mit rausgestreckter Zunge vor dem Draft kurzerhand auf

Pappe aufziehen und daraus kleine Schildchen basteln lassen. Ich kann mich gar nicht mehr von dem Papp-Moritz trennen. So sieht es jedenfalls aus, als Axel und ich zu Beginn der Show hinter Franz über den Laufsteg schweben. Moritz' Gesicht mit einer typischen Moritz-Geste, euphorisch, mit herausgestreckter Zunge. Ich halte Moritz' Gesicht die ganze Zeit gut sichtbar in die Höhe, als wolle ich mich in all der Aufregung daran festhalten. Im Nachhinein ist mir das etwas peinlich.

Wie Moritz den Draft seines Bruders in Tokio verfolgt hat, schaue ich mir später immer wieder auf Video an. In kurzer Hose, weißen Schlappen und schwarzer Kappe sitzt er auf einem viel zu kleinen gelben Plastikstuhl. An der Wand hängt ein Poster, schwarz, rot, gold. Obendrauf die olympischen Ringe, drunter steht Team D. Sonst ist der Raum kahl. Er erinnert mich ein bisschen an eine Jugendherberge. Im weitesten Sinne ist es das auch. Moritz hockt in einem Zimmer im olympischen Dorf in Japan. Auf dem Monitor vor ihm läuft der NBA Draft 2021. Das Handy in seiner großen Hand. Sichtlich bewegt starrt er auf den Monitor. Darauf verwackelte Facetime-Bilder aus dem Barclays Center in Brooklyn. Niemand auf der ganzen Welt kann nachfühlen, wie es Franz in diesem Moment geht. Nur Moritz.

Er lacht, schüttelt immer wieder den Kopf, murmelt vor sich hin, nimmt die Kappe ab, streicht sich über das raspelkurze Haar. Dann die Stimme von Silver im Handy. »Yeah, let's go«, antwortet Moritz in Richtung seines Bruders. »Franzi, das ist unglaublich, genieße jeden Moment, that's so crazy!« Er wischt sich über das Gesicht. Murmelt, starrt auf das Holzimitat am Boden der kahlen Unterkunft in Tokio. Franz steht in der Arena in New York, zwischen Freunden, Agenten und seinen Michigan Coaches. In Moritz' Gesicht steht geschrieben: Ich weiß genau, wie es dir jetzt gerade geht. »Franzi, ich bin so stolz auf dich.« Ein großer Brudermoment auf einem kleinen Klappstuhl.

Der Draft in New York ist *der* große Tag für Franz. Er ist aber auch ein großer Tag für die Brüder. Denn die Orlando Magic sind *genau das* Team, für das Moritz gerade spielt. Es kommt so, wie es – mindestens aus mütterlicher Sicht – nicht besser kommen kann: Die Jungs spielen ab sofort beide in der NBA. Und sie spielen für dasselbe Team. Das Leben bringt Moritz und Franz also noch einmal als Erwachsene zusammen. Es schenkt ihnen gemeinsame Zeit. Die nämlich war damals knapp: Als Moritz 2015 mit 18 zu Hause auszog, um an die University of Michigan in Ann Arbor zu gehen, war Franz gerade 13 Jahre alt. Nach dem Draft werden sie nun wieder zusammen wohnen. Sie werden gemeinsam trainieren, Serien glotzen, Basketball spielen und darüber streiten, wer mal wieder aufräumen muss. Wie früher.

Ich kann dieses besondere Glück gar nicht fassen. Bin überzeugt, wie wunderbar es für die Jungs sein wird, dass sie wieder zusammen sind. Denn die NBA ist rau, mitunter einsam. Miteinander – so zumindest meine Vorstellung – können sie sich zu Hause fühlen, Brüder sein und Teamkollegen. Das ist selten in der NBA. Insgesamt gibt es rund 500 NBA-Spieler, darunter zum Beispiel in der Saison 2022/2023 nur 13 Brüderpaare, aber fast alle sind verteilt auf verschiedene Teams. Nur zwei Brüderpaare spielen in demselben Team. Dazu zählen Moritz und Franz. Sie sind die einzigen deutschen NBA-Geschwister.

Auch als Kinder waren Moritz und Franz ein Team. Sie konnten sich meist gut leiden. So erinnere ich mich zumindest. Vielleicht hat der Altersunterschied von viereinhalb Jahren dazu beigetragen, dass jeder den Raum zur persönlichen Entwicklung hatte. Nach Franz' Geburt war der für Moritz sicher erst einmal eingeschränkt. Ein großer Bruder oder eine große Schwester zu werden, ist bekanntlich immer schwierig. Alles dreht sich um den Neuzugang. Als großes Geschwisterkind soll man dann auch noch geduldig sein. Dagegen rebelliert hat Moritz aber eigentlich nur einmal. Da ist Franz zehn Tage alt. Moritz steht in der Zimmertür und schaut auf das gewickelte Paket neben mir. »Mama, wann geht das Baby eigentlich wieder weg?«, fragt Moritz leise. Ich bin erstaunt, aber gleichzeitig stolz auf meinen Großen, wie klar er sein Problem einfach ausspricht. Ich erinnere mich an eine Buchpassage über die kindliche Entwicklung. Das ist wohl das, was man in der Psychoanalyse das »Entthronungstrauma« nennt.

Geholfen hat mir dieses Wissen in diesem Moment nicht. Ich bin verunsichert, wie ich reagieren soll. Ich mache, wonach mir ist, ziehe Moritz zu uns ins Bett, nehme ihn in den Arm und versuche, was man eben als Mutter in einer solchen Situation versucht: dem schon groß gewachsenen, gerade verzweifelten Vierjährigen mit seinem blonden Schopf so liebevoll wie möglich die Fakten nahezubringen. Franz gehört jetzt zu uns und geht nie mehr weg. Moritz hört aufmerksam zu, sagt nichts, guckt Baby Franz von oben bis unten an und kuschelt sich an ihn.

Er arrangiert sich mit der Situation. In den ersten Wochen haben wir Glück im Unglück. Vom ersten Lebenstag an ist Franz sehr klar: Wenn er trinkt, trinkt er. Wenn er schreit, schreit er. Wenn er schläft, schläft er. Pünktlich um halb sieben schließt er als Säugling abends seine Augen – und öffnet sie erst am nächsten Tag wieder. So haben Axel und ich genug Zeit, um mit Moritz zu spielen, zu toben, zu essen, was man abends so tut mit kleinen Kindern. Er kann erzählen, wie es ihm in der Kita und am Nachmittag auf dem Fußballplatz ergangen ist.

Auch später gibt Moritz sein Bestes. So zum Beispiel frühmorgens an den Sonntagen, wenn die beiden Lego bauen auf dem Teppich im Kinderzimmer. Meist geht das nur eine halbe Stunde gut, aber immerhin. Danach hat Baby Franz – angeschnallt in seinem Stühlchen – keine Lust mehr. Moritz steht wieder an unserem Bett und bittet um eine neue Strategie. In der Kita hilft er Franz, wenn der beim Toben noch nicht so schnell hinterherkommt. Im ersten Jahr sind sie auf meinen Wunsch hin in einer

Gruppe, was sich bald als nicht so optimal herausstellt. Moritz kümmert sich zu viel um den kleinen Franz – und Franz ist noch zu klein, um mit den älteren Kindern mitzuhalten. Wir geben ihn dann in die Gruppe mit den jüngeren Kindern.

Die Brüder stehen viel miteinander durch, zum Beispiel bei Oma und Opa, als wir in Südafrika auf Hochzeitsreise sind. Sie flunkern gemeinsam, als eine teure Lampe in der Hofeinfahrt in Tausende Glasstücke zersprungen ist. Sie surfen nebeneinander in den Atlantikwellen. Sie fliegen miteinander aus dem Skilift. Sie teilen viele Jahre ein großes Bett. Nicht weil sie müssen, wir haben für jedes Kind ein eigenes Bett. Sie wollen nebeneinander schlafen. Moritz vorn am Fenster. Franz hinter ihm an der Wand – so kann er als Baby nicht aus dem Bett fallen. Sie kicken ganze Nachmittage oder spielen Eins-gegen-eins unterm Korb, in der Wohnung, im Innenhof und auf den Spielplätzen am Wasserturmplatz, am Helmholtzplatz und im Friedrichshain. Sie sind füreinander der jeweils erste Verbündete, der erste Gegner, der erste Coach, das erste Team, das erste Trainingslager. Angeblich mussten sie sogar ihr Eis teilen. Da gehen unsere Meinungen heute auseinander. Denn ich hasse es, Eis oder Kuchen zu teilen. Nie hätte ich das meinen Kindern angetan! Anyway, es ist jetzt nicht mehr zu klären.

Moritz ist immer schon sehr begeisterungsfähig, schnuppert überall rein. Ob das das Schnitzen von Pfeil und Bogen, das Backen von Plätzchen, Fußball oder Gitarre war: Er probiert alles aus, ist offen und ziemlich oft sehr fröhlich. Er bringt Leute zusammen. Ob in der Kita oder auf dem Fußballplatz. Er liebt es, wenn auch zu Hause die Bude voll ist. Er setzt sich immer dafür ein, dass es allen gut geht. Als Kleinkind kann ich ihm anziehen, was ich will: Latzhose, Stiefelchen, Mütze, ja sogar Strumpfhosen. Er hat kein Problem, solange die Klamotten nicht kratzen.

Zimmerverbot für Franzi gibt es bei Moritz nie. Trotzdem nervt der »kleine Prinz« ab und an. Moritz bleibt meist geduldig.

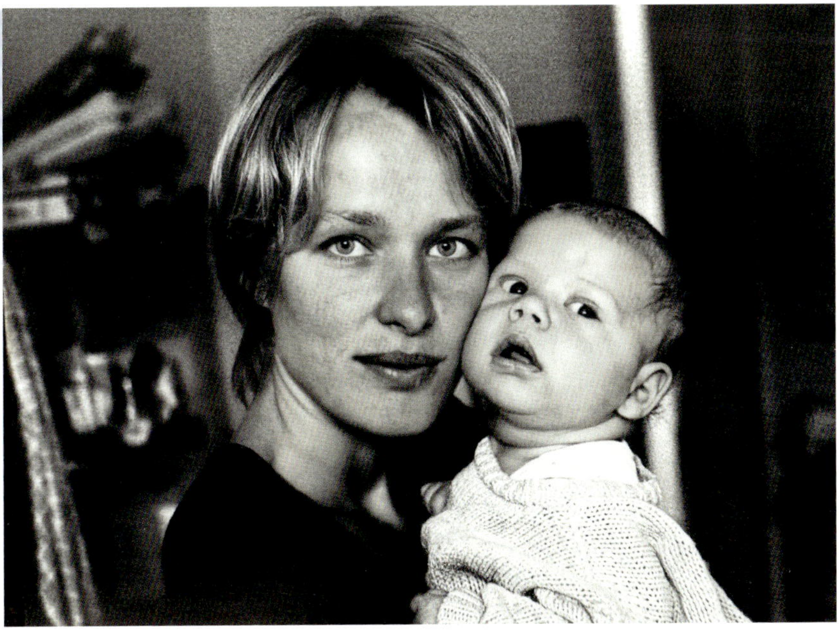

Moritz im Juni 1997 in Berlin

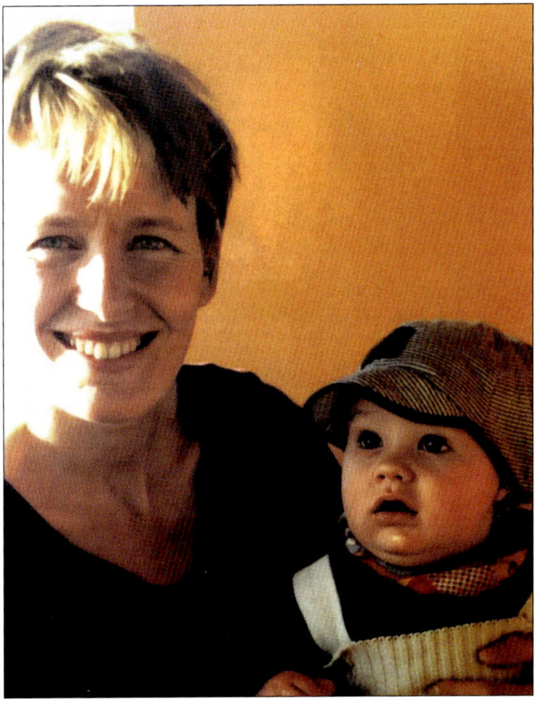

Franz auf La Palma,
Ostern 2002

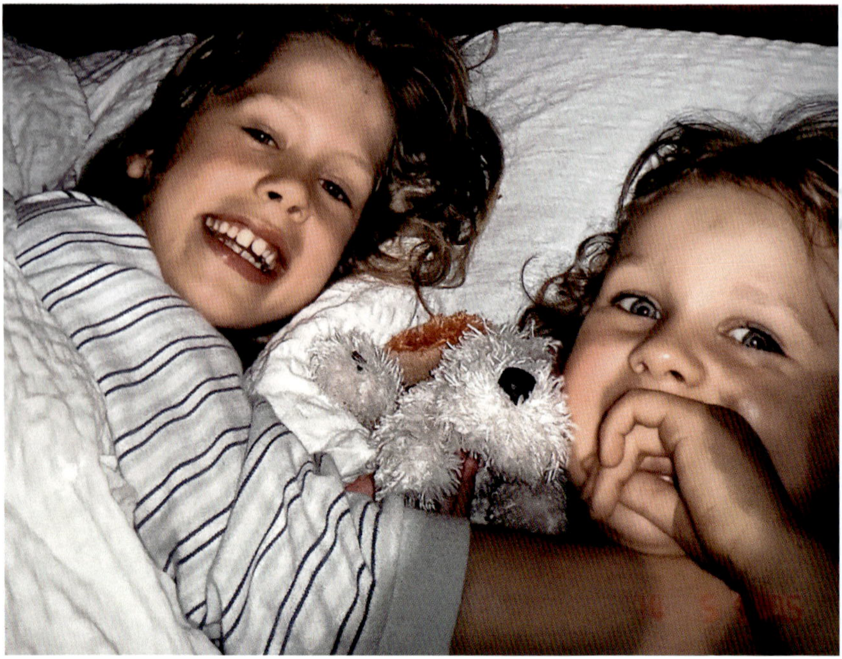

Moritz und Franz bei Oma und Opa

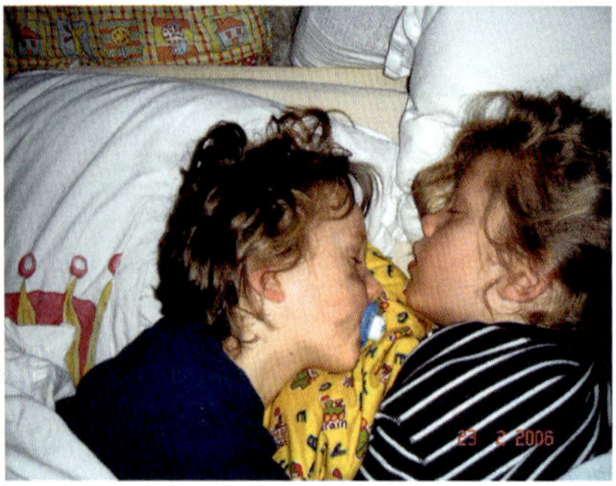

Moritz und Franz in ihrem großen Bett zu Hause

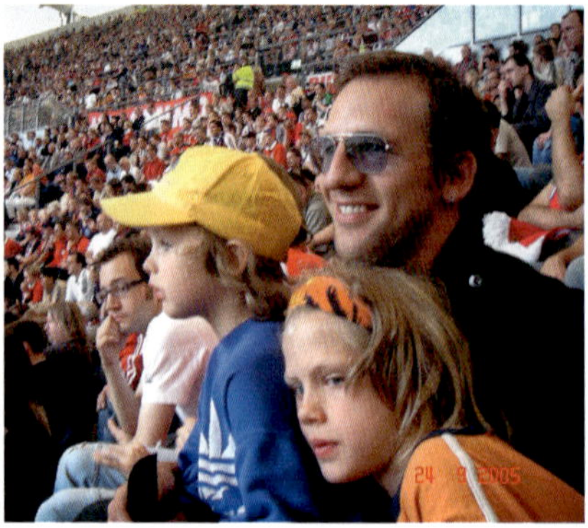

Mit Papa im Stadion

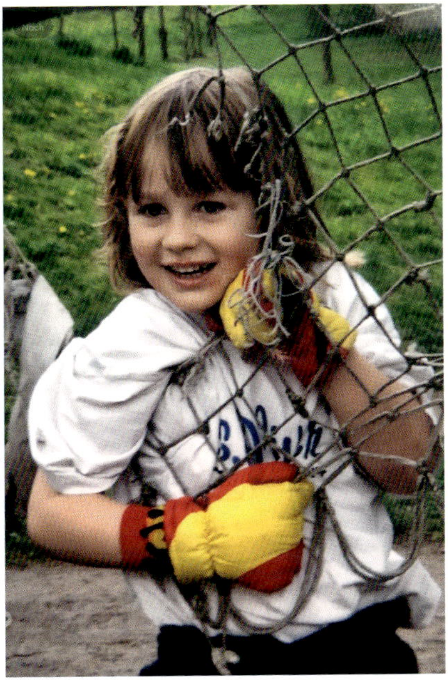

Franz an Moritz' Geburtstag 2005 in der Schönholzer Heide

Moritz beim Backgammon 2005

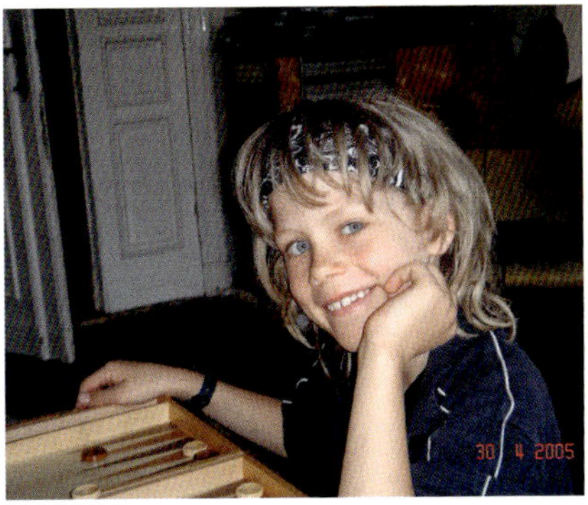

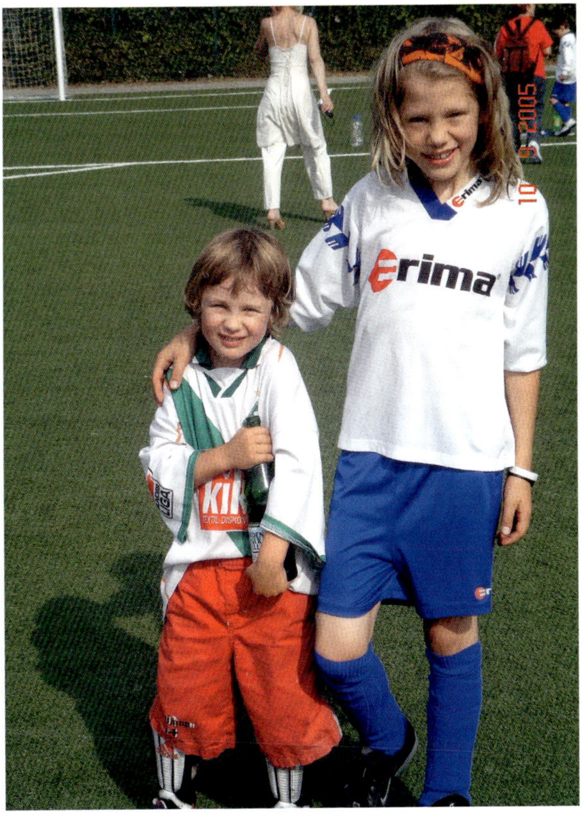

Fußballer Moritz beim SV Empor Berlin 2006

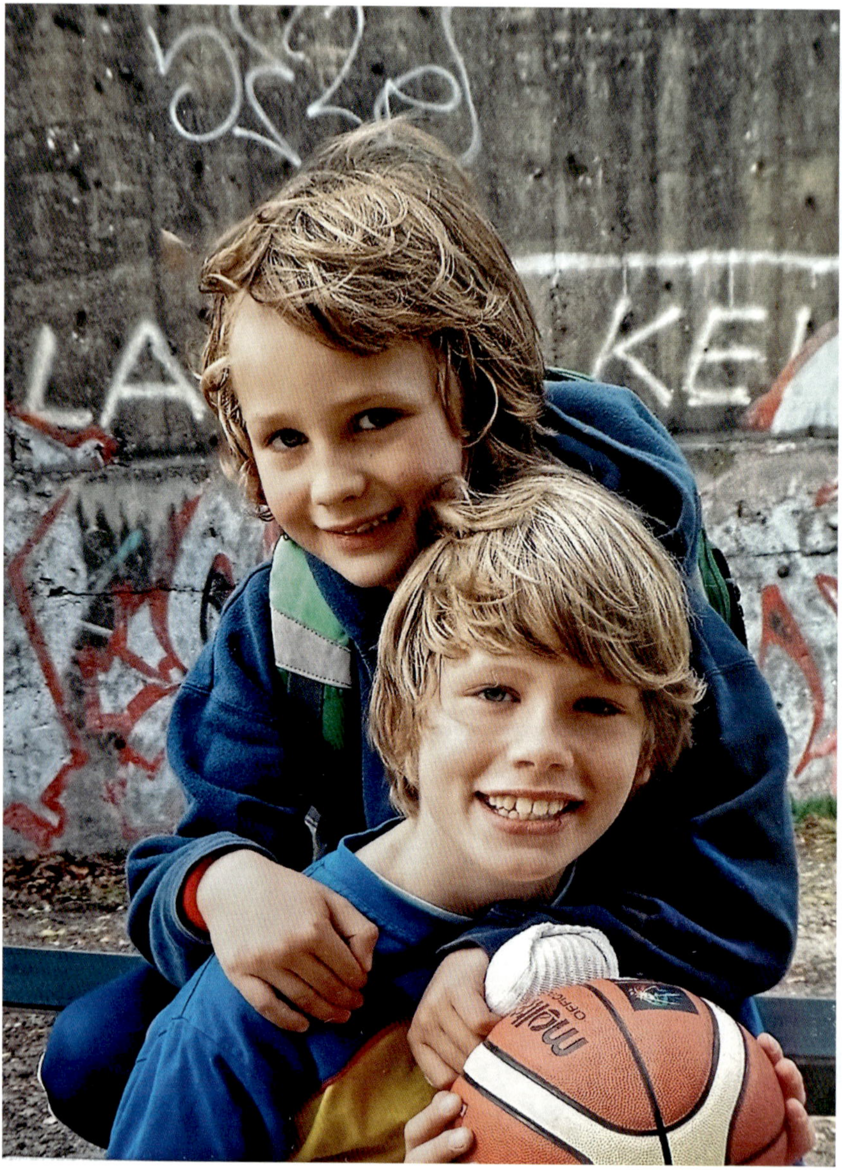

Erstes Punktspiel von Franz für Alba 2008 in der Berliner Pallaststraße

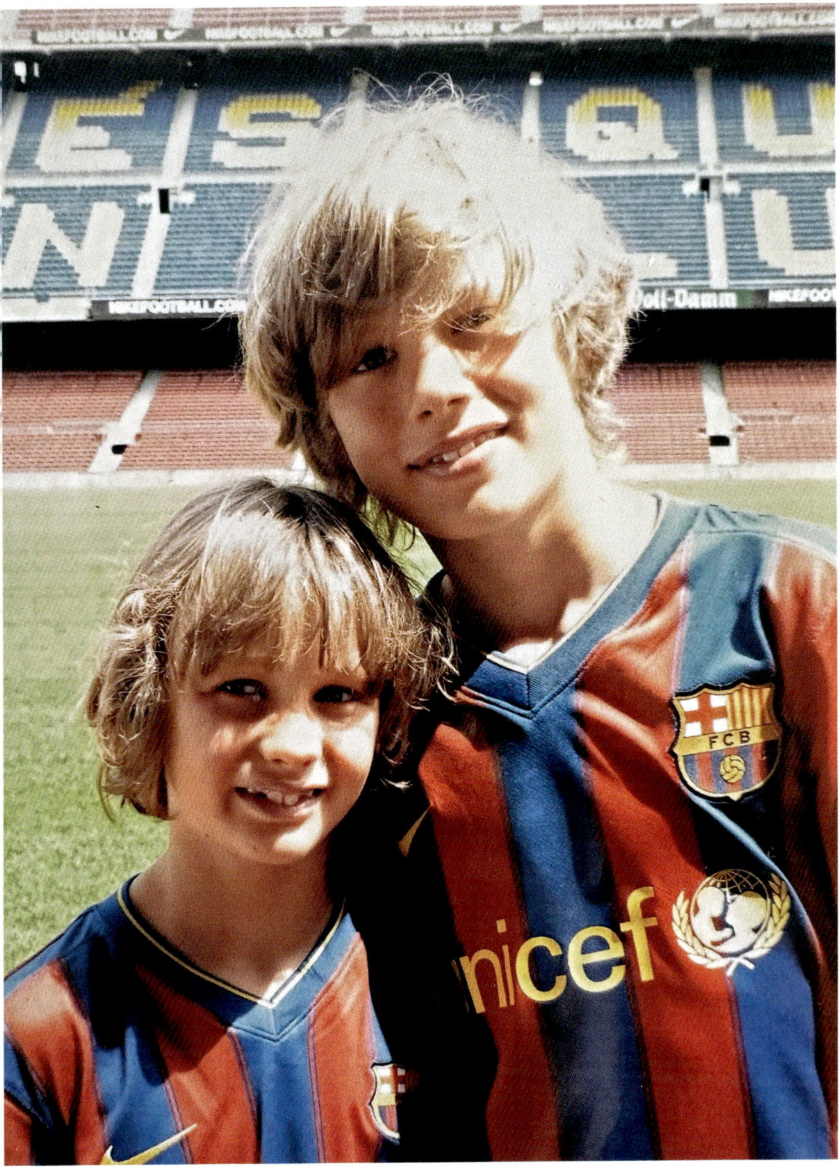

Moritz und Franz im Camp Nou in Barcelona im Sommer 2009

Moritz in der Nachwuchsbundesliga (NBBL) mit 16

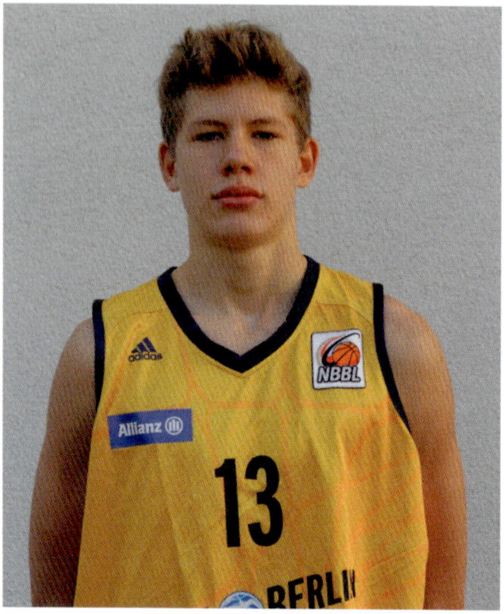

Franz mit 12 bei Alba

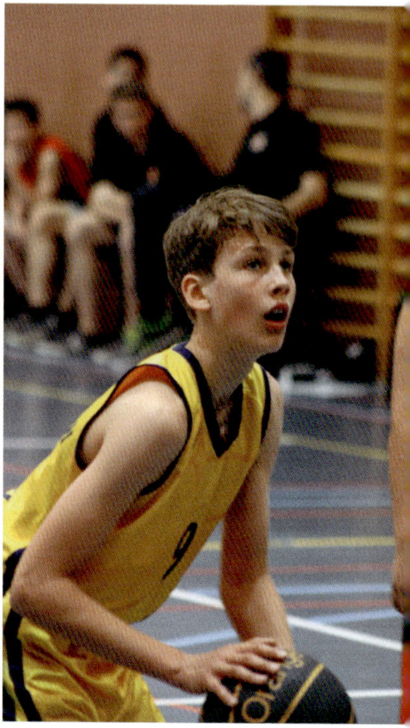

Franz mit Alba Berlin beim Turnier in Madrid

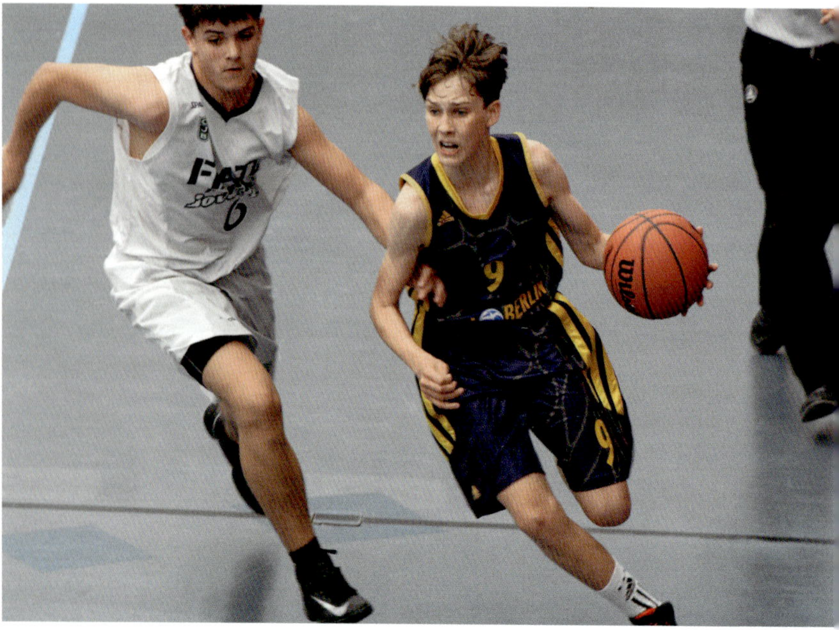

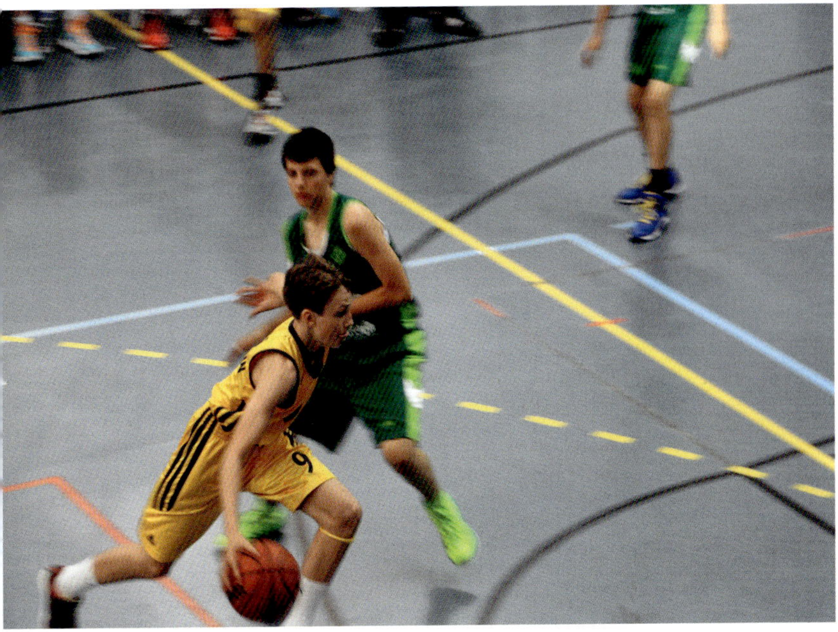

Franz mit Alba Berlin beim Turnier in Madrid

Franz beim Turnier in Madrid gegen Usman Garuba
(heute auch NBA-Spieler)

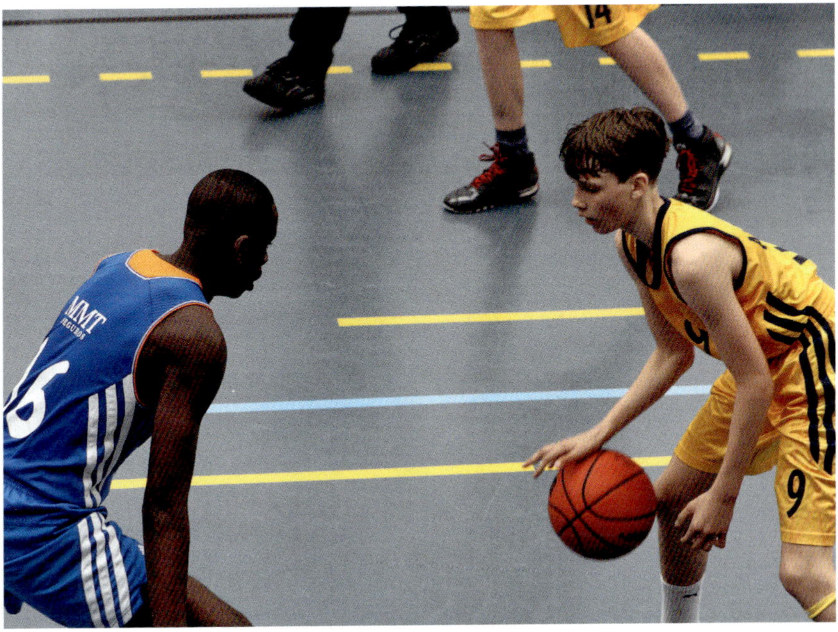

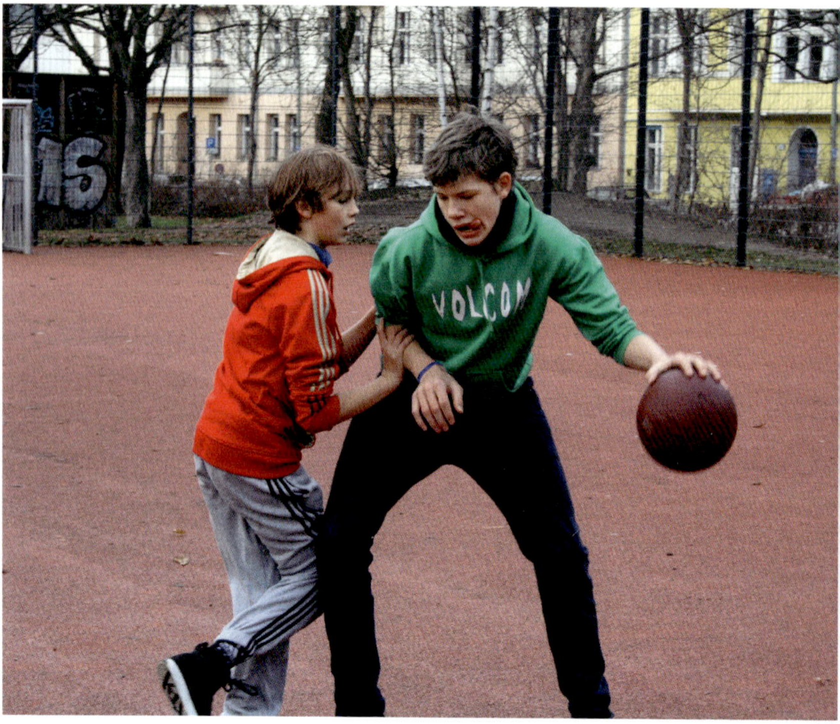

Zocken auf dem Freiplatz
im Friedrichshain
Weihnachten 2012

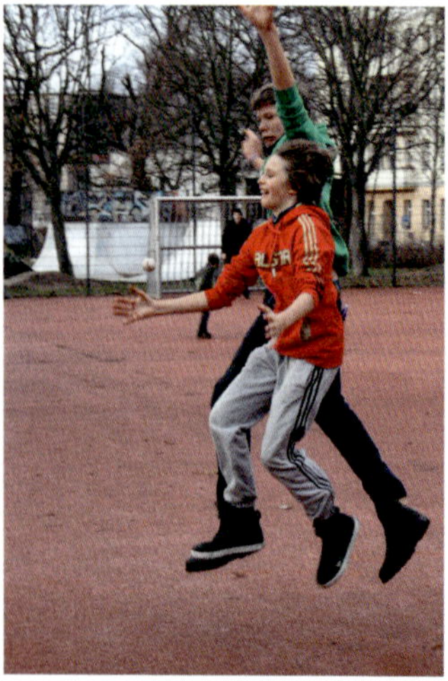

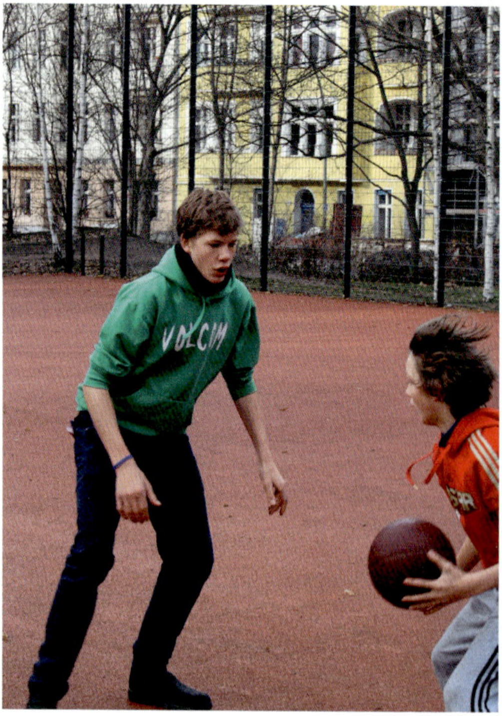

Urlaub in der
Bretagne 2007

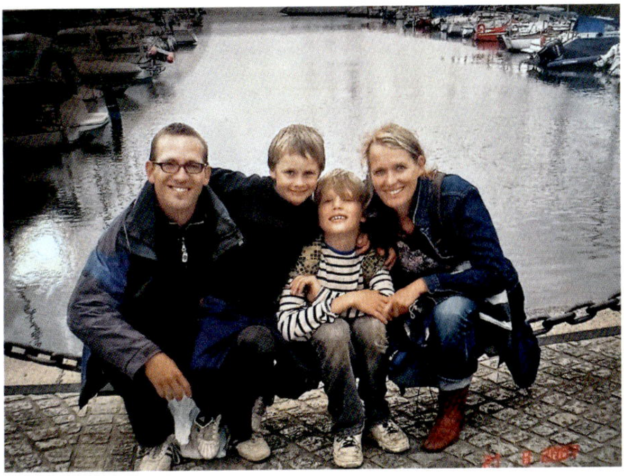

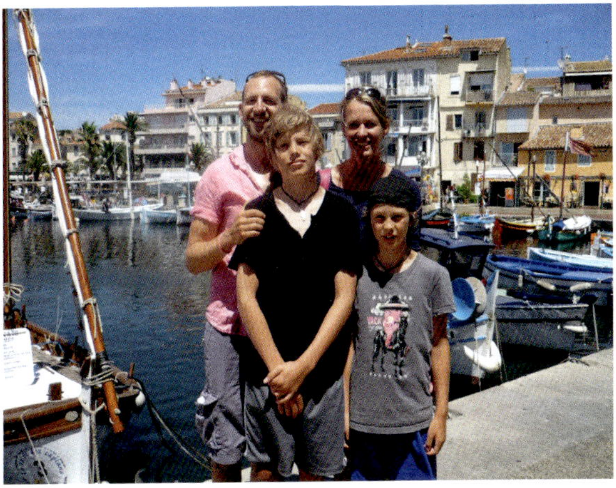

Urlaub in
Sanary-sur-Mer 2012

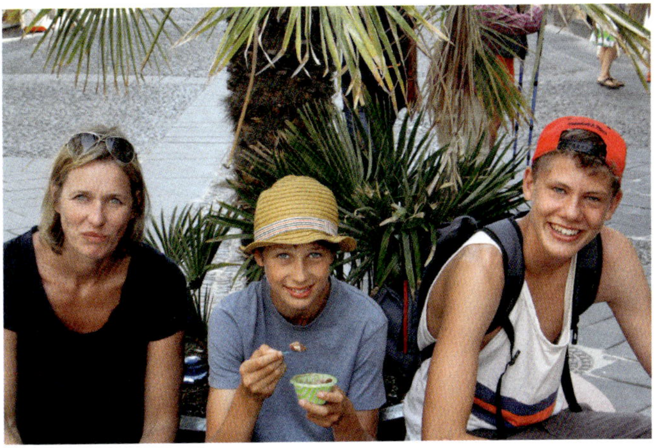

Urlaub auf
Sardinien 2013

Jugendweihe von Franz
in Berlin 2015

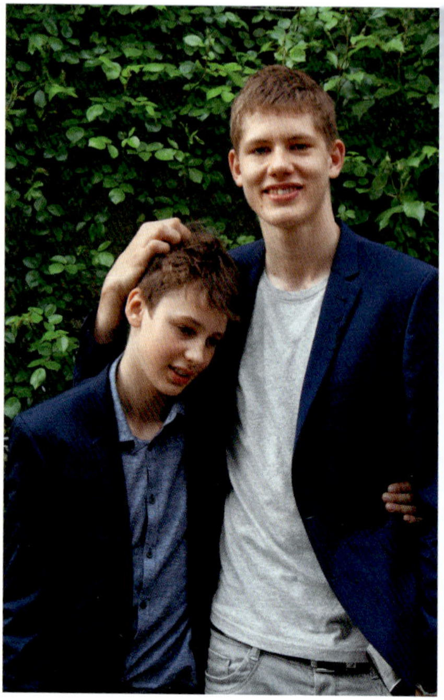

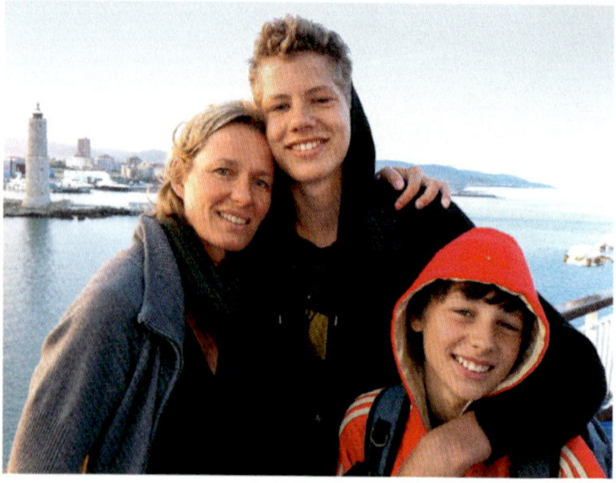

Fähre nach
Sardinien 2013

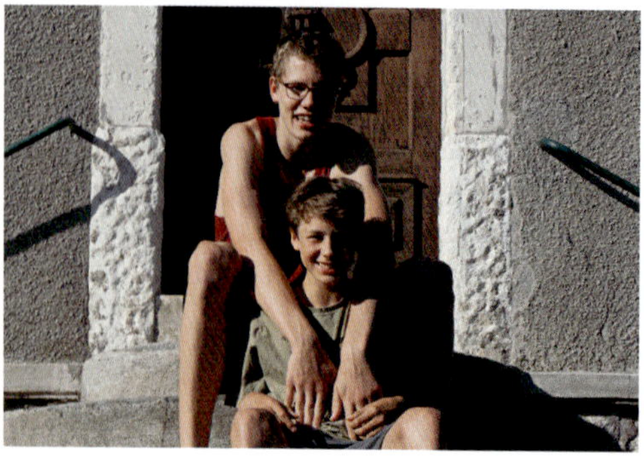

Letzter gemeinsamer
Familienurlaub in der
Provence 2014

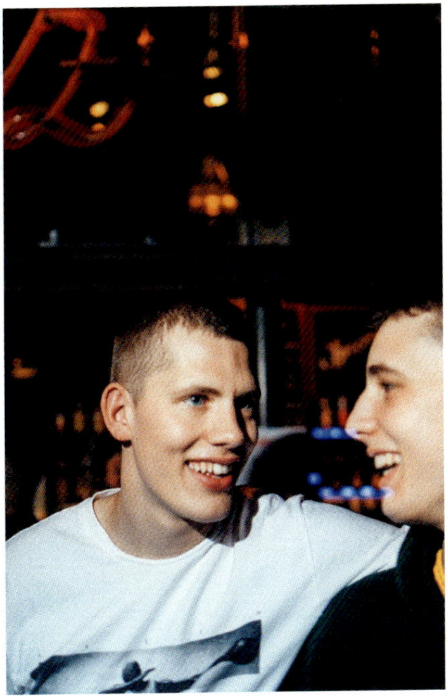

Moritz' 22. Geburtstagsparty im Festsaal Kreuzberg Berlin im April 2019

Flughafen Tegel: Abschied von Moritz nach Michigan im Juli 2015

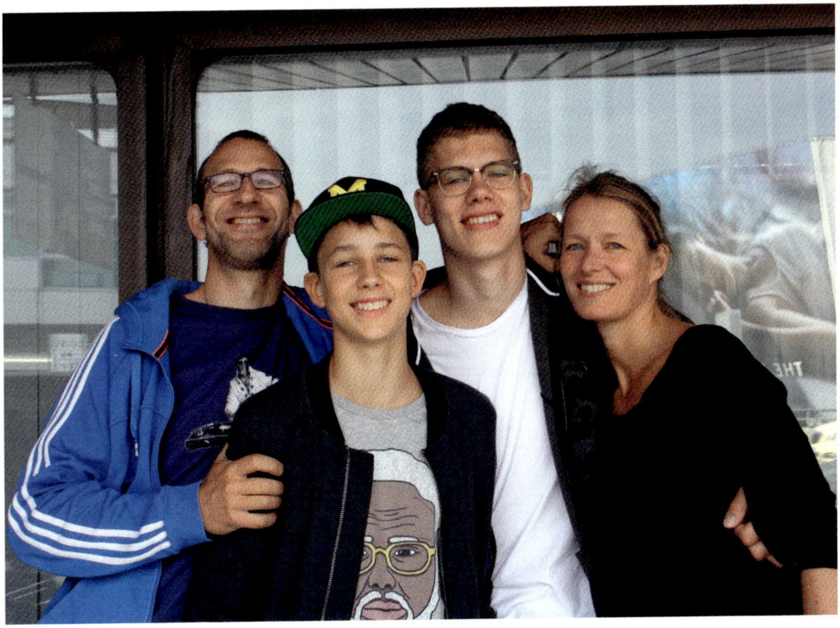

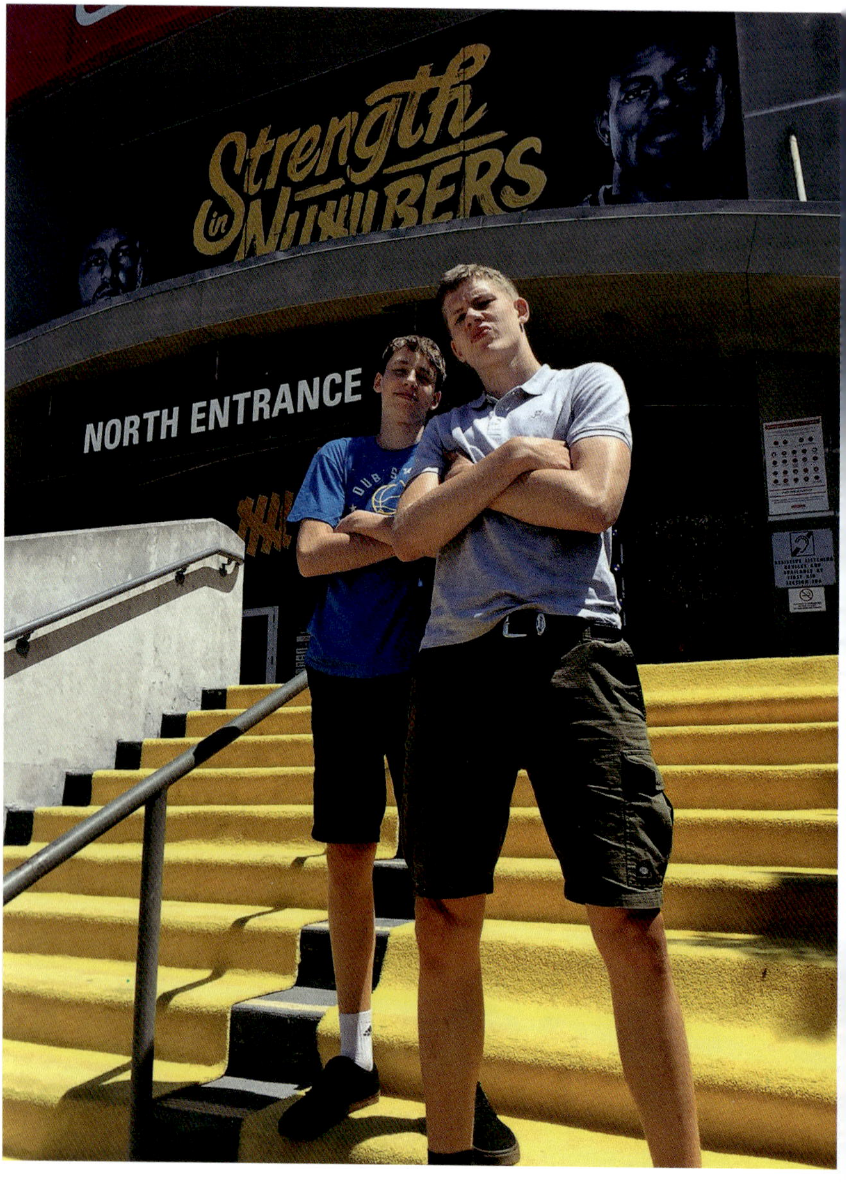

Vor der Oakland Arena: Jugendweihereise für Franz
nach San Francisco

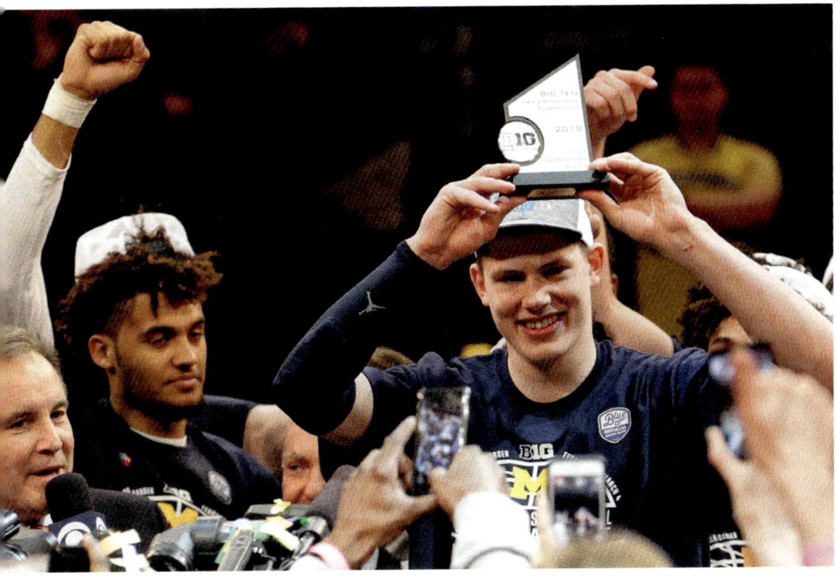

Moritz als Big Ten Champion 2018 im Madison Square Garden in New York (oben und unten)

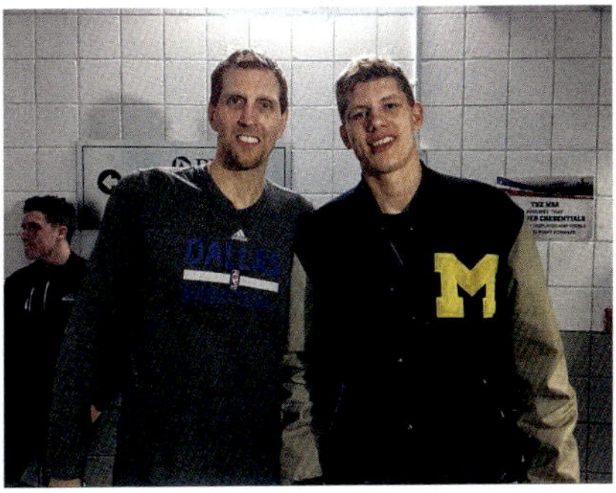

Moritz trifft Dirk Nowitzki bei einem NBA-Spiel im Februar 2017 in Detroit

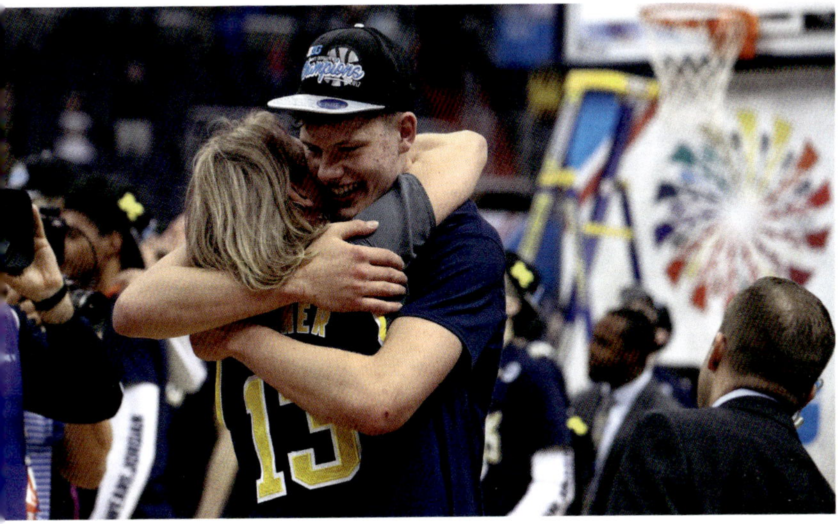

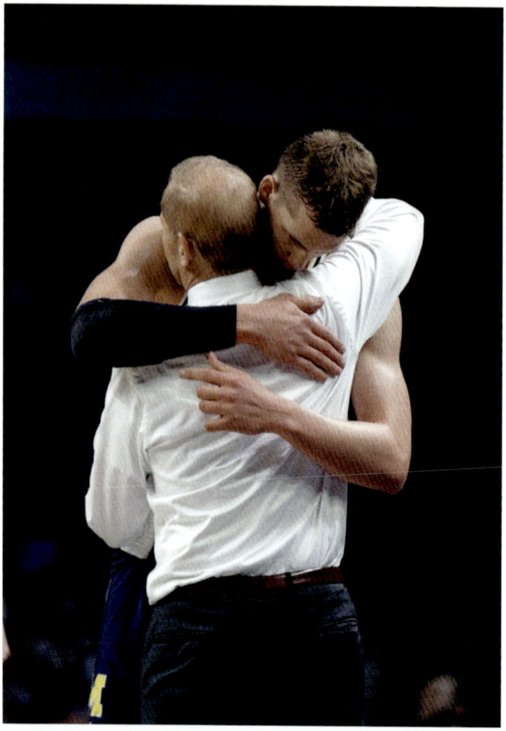

Moritz und Coach Beilein
in Michigan 2018

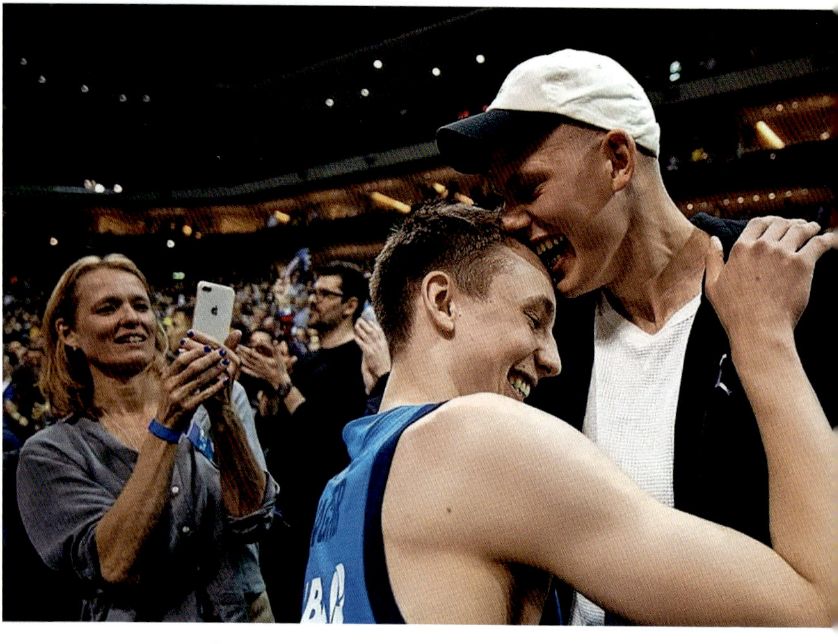

Franz beim Finalspiel Alba gegen Valencia Eurocup 2019,
Mercedes-Benz-Arena Berlin

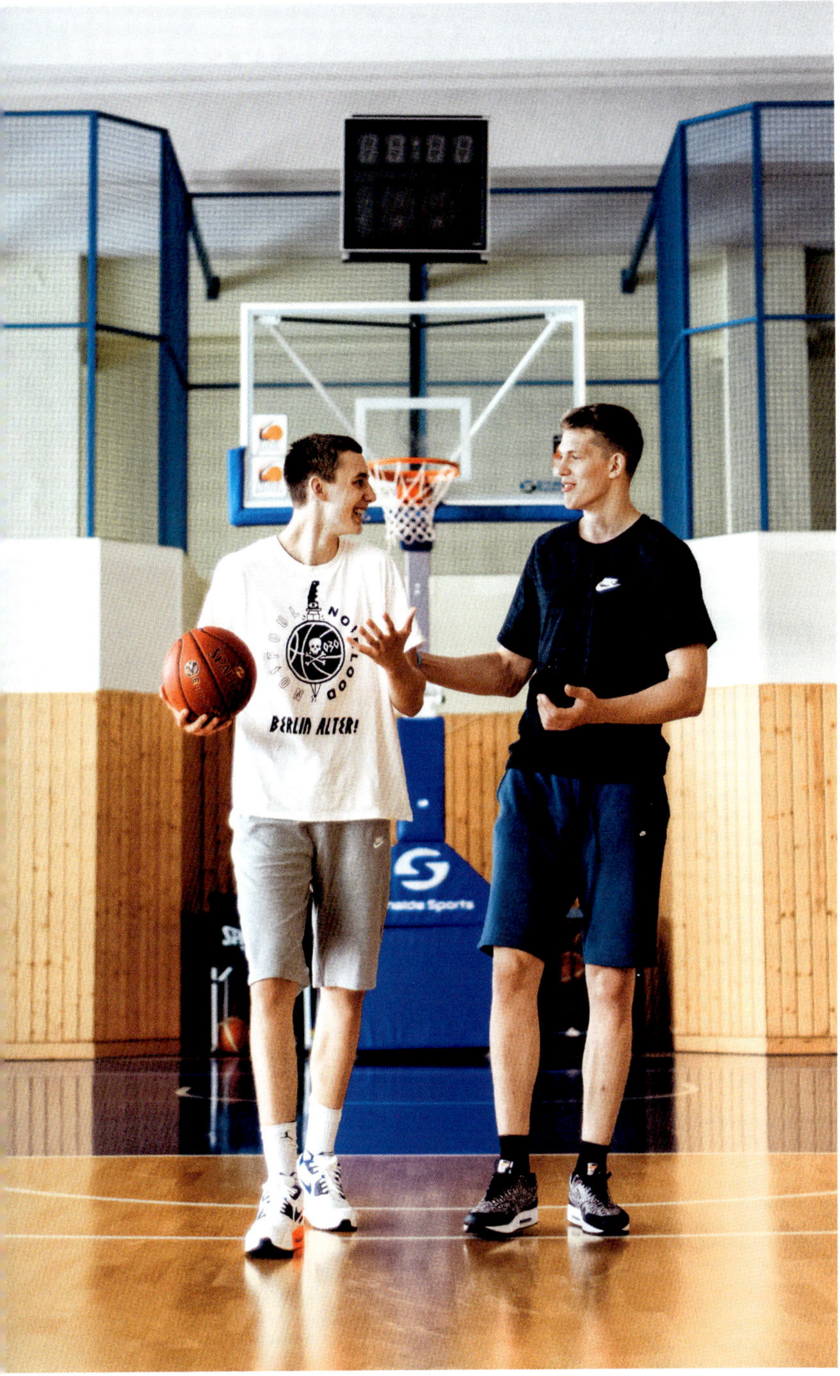

Franz und Moritz in der Alba Jugendhalle
in der Knaakstraße in Berlin

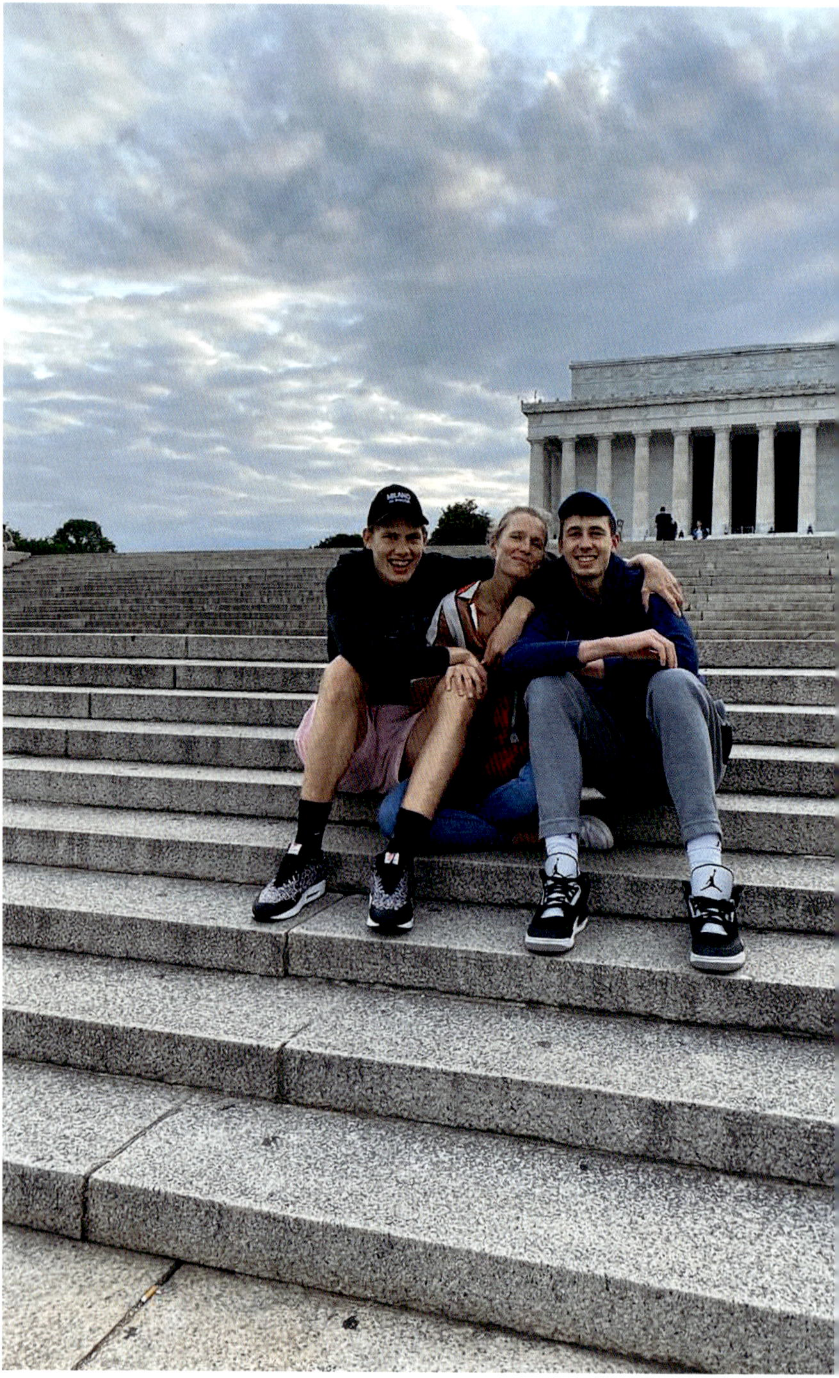

Washington, D.C. am Lincoln Memorial während
des Lockdowns 2020

Er erträgt so manches, hält aus, was Franz nie gemacht hätte. So zum Beispiel das Kindertanzen in einem alten Berliner Loft, bei dem bis auf ihn nur Mädchen mit bunten Seidenschals und in Gymnastikschuhen über das Parkett schweben. Einige Mädchen kennt er aus dem Kindergarten. Trotzdem dauert es erstaunlich lange, bis er sich irgendwann weigert, die Gymnastikschuhe wieder anzuziehen.

Moritz hat das Leben immer spielerisch genommen. Dass daraus mitunter aber auch Druck entstanden ist, geht auf unsere Kappe als Eltern. In gewisser Weise waren wir damals schon sehr leistungsorientiert. Es stellte einen Wert für uns dar, an einer Sachen dranzubleiben, eine Kontinuität zu entwickeln, selbst wenn man vielleicht gar keinen Spaß mehr hat. Verständlich, dass Moritz so manches eher als Zwang denn als Freude empfunden hat. So zum Beispiel das Cello-Drama: »Der arme Herr Glende, sechs Jahre seiner Zeit haben wir vergeudet«, sagt Moritz über seinen Cellolehrer. »Ich musste jede Woche zu ihm, dabei hab ich es gehasst. Wenn ich zu Hause üben sollte, hab ich mich mit dem Cello direkt vor den Fernseher gesetzt und schnell ausgemacht, wenn jemand nach Hause kam.« Heute sehen wir die Dinge anders. Wir wussten es damals nicht besser. Heute tut uns das leid.

Bei Franz ist das alles etwas anders. Er zieht sich zum Beispiel selbst an, sobald er kann. Nur ausgewählte Dinge natürlich, er hat einige wenige Lieblingsklamotten. Wenn es nach ihm geht, trägt er immer nur die. Meist sind die Sachen viel zu groß, aus hässlicher Ballonseide oder es sind Fußballtrikots. Für mich ist es mitunter ein Albtraum, wie Franz aussieht. Gern hätte ich ihn wie Moritz hübsch gemacht, niedlich eingekleidet, wie meine Puppen früher zurechtgemacht. Mit Franz ist das nicht durchzusetzen.

Er geht lieber in voller Montur bekleidet in die Kita: mit Schienbeinschonern über der Jogginghose, mit Torwarthandschuhen an den kleinen Händchen, seine rote Schiebermütze auf dem Kopf, den Schnuller im Mund. Auch Franz ist ein fröhliches Kind. Er will aber nie ein Instrument lernen, hat noch nicht mal eines nur von Weitem angeschaut. Es ist verlorene Liebesmühe, ihn zum Musizieren oder zu einem anderen Hobby wie Judo, Schwimmen, Klavier oder Trommeln zu überreden. Er macht einfach immer nur das, was er will. Also vor allem Ball spielen und rechnen. Er kann irre schnell rechnen. Wir kommen kaum hinterher, die Mathe-Ergebnisse aus den alten Schulbüchern von Moritz auszuradieren, damit Franz sie noch mal durchrechnen kann.

Nur wenn er zu viele Kekse gegessen hat, wird es schwierig. Oder wenn er beim »Mensch ärgere Dich nicht« rausgeworfen wird. Dann fliegt das Spielbrett durchs Zimmer. Franz bekommt für mehrere Minuten einen totalen Ausraster, den sogenannten Eulich, wie wir in der Familie das nennen. Dann schreit er rum. Der ganze kleine Körper zittert, er strampelt und stampft. Nach ein paar Minuten beruhigt sich sein System wieder. Als wenn nichts gewesen wäre, ist der kleine Franzi wieder gut gelaunt. Wegen des Eulichs habe ich mit ihm mal eine Ärztin aufgesucht, die als Homöopathin arbeitet. Es sollte ein Versuch sein, schaden können die kleinen Zuckerpillen ja nicht. Geholfen haben sie aber auch nicht. Franz sitzt den gesamten Termin über unter dem Schreibtisch der Ärztin. Die kleinen Kügelchen will er nicht probieren.

Vieles, was wir bei Moritz wahrscheinlich nicht akzeptiert hätten, geht bei Franz durch. Moritz hat sich den Freiraum zuvor schon hart erkämpft. Das war für ihn nicht einfach. »Ich habe halt für ihn mitgekämpft«, sagt Moritz. »Vielleicht hat er es leichter gehabt als ich. Verantwortlich hab ich mich natürlich auch noch gefühlt. So ist das Los des großen Bruders.«

Was die beiden in der Grundschulzeit eint: das Kicken auf dem Schulhof. Wenn ich mit Franz vom Kindergarten auf den Hof der Thomas-Mann-Grundschule komme, um Moritz abzuholen, krabbelt Franz schnell aus seinem Fahrradsitz – und weg ist er, hinein in den staubigen »Fußballkäfig« zu Moritz und den anderen Kindern, ein hoch umzäunter Sandplatz. Moritz ist damals schon einen Kopf größer als die anderen Kinder. Mit seinem langen, wilden Haar, das nur unzureichend durch ein »Wilde-Kerle-Stirnband« zusammengehalten wird, ist er Spielmacher und Schiedsrichter zugleich. Für die nächste Stunde sind sie von dem Platz nicht wegzukriegen. Wenn noch andere Dinge am Nachmittag anstehen, habe ich ein Problem. Moritz tritt in den Fußballclub SV Empor Berlin ein. Hier dasselbe Spiel: Komme ich mit Franz auf den Platz, ist der schnell weg Richtung Tor, vor dem er stundenlang nach dem Ball grätscht. Dann tritt Basketball in unser Leben. Erst bei Moritz, später will das auch Franz. Bald wollen beide nur noch Basketball spielen. Wir Eltern haben Zweifel. Ist es okay, dass Franz in die Fußstapfen seines großen Bruders tritt? Sollen wir ihn abhalten? Weil es vielleicht Streit geben wird, weil eine Konkurrenz zwischen den Brüdern entsteht, die nicht sein müsste? Wir machen Gegenvorschläge. Keine Chance. Franz lässt sich nicht abhalten. Er will auch nur Körbe werfen.

Beide entwickeln sich zu eigenen Persönlichkeiten. Moritz mag Camembert und Nutella, Franz Fleischwurst und Samba. Moritz lässt alles einfach fallen, Franz stellt seine Schühchen ordentlich nebeneinander. Moritz erzählt gern, Franz hört eher zu. Auch das stimmt heute nicht mehr, obwohl es die meisten glauben. Franz ist genauso ein Sprücheklopfer wie Moritz. Er fällt damit nur nicht so ins Haus. Moritz hat immer schon viele Freundinnen, um die er sich kümmert, mit denen er unterwegs ist. Franz zieht eher gesellige Kumpel an. Mit ihnen sitzt er auf dem Hochbett und lässt sie erzählen. Manchmal sagt er über Stunden kein Wort.

Moritz geht auf ein klassisches, leistungsorientiertes Gymnasium, eine »Streberschule«. Er leidet teilweise extrem unter der Doppelbelastung Sport und Schule. Ich habe heute ein schlechtes Gewissen, wenn ich mich erinnere, wie oft er gestresst von der

Schule kam – und dann gleich weiter zum Training musste. Das habe ich damals so entschieden, heute kann ich mir das liebevoll vorwerfen. Es tut mir leid. Ich hatte nicht genug Vertrauen, in mich, in uns, in den Prozess an sich. Ich habe geglaubt, dass aus dem Kind nur »was wird«, wenn es auf ein klassisches Gymnasium geht. Ich war überzeugt, dass in einer großen Stadt wie Berlin das Umfeld mitbestimmt, wie Kinder durch die Pubertät kommen. Bei Franz konnte ich viel gelassener an die Sache rangehen. Franz hatte eine entspannte Zeit auf einem entspannten Gymnasium. Vielleicht, weil ich bei Moritz gesehen habe, wie selbstständig er seine Schule machte.

So werden sie groß. Nah beieinander und doch jeder für sich. Seit Oktober 2021 kann die ganze Welt beobachten, wie die beiden Brüder sind und miteinander umgehen, wenn Moritz, der erfahrenere, blond gelockte, sichtlich motiviert und mit einem Strahlen über das ganze Gesicht in die Halle läuft, und dann Franz, sehr konzentriert und mit einem kaum sichtbaren Lächeln auf den Lippen. Manchmal muss ich selbst zweimal hinschauen, wenn ich sie in der Arena von meinem Platz aus beobachte, so verwandt sind sie sich in ihrer Körpersprache. Überhaupt sehe ich mehr Ähnlichkeiten als Unterschiede, seit die beiden erwachsen sind. Eine ehrliche, zugewandte, warmherzige und offene Haltung. Dass sie nie vergessen, wo sie herkommen. Dass sie smart und reflektiert sind und sich niemals über andere stellen wollen. Mir ist dabei wohl bewusst, dass ich meine Kinder mit dem Blick der Mutter sehe.

Ich suche mir Hilfe. Ich möchte die Jungs ein wenig objektiver beschreiben. Möchte wissen, wie sie heute als professionelle Basketballer wahrgenommen werden. Wie sie früher waren. Wie sie heute auf Menschen wirken, die sie als Kinder und heranwachsende Basketballer kannten. So zum Beispiel Marius Huth, heute Mini- und U14-Koordinator bei Alba Berlin, Verbands-

und Bundestrainer. Er war Moritz' und Franz' erster Basketballtrainer überhaupt. Wir treffen uns in einem französischen Bistro in Winter Park, nicht weit vom Haus der Jungs.

Marius ist gerade auf USA-Tour, besucht Colleges, guckt sich gute NBA-Spieler an. Und schaut wie jede Saison auch bei den Jungs vorbei. Groß, ruhig und bodenständig in seiner Körpersprache, scharfsinnig in seinen Gedanken, sitzt er mir in T-Shirt, kurzer Hose und Schlappen gegenüber. Ich trinke Eis-Cappuccino, er nur Wasser. Marius gehört zu den bescheidensten, redlichsten und entspanntesten Menschen, die ich kenne.

Ich war früher oft auf Turnierfahrten dabei. Wir sind es gewöhnt, uns an verschiedenen Orten auf der Welt mal auf ein Getränk zu treffen. Wir schwelgen dann zusammen in Erinnerungen. »Bei Moritz habe ich von Beginn an gesehen: Der hat Talent. Man konnte eine ganz besondere Energie spüren. Er hat die ganze Halle zum Brennen gebracht. So eine Power«, erinnert sich Marius. »Er lebt von seiner Energie. Er hat einen Motor, der die ganze Mannschaft aufrüttelt. Das ist seine unglaubliche Stärke.«

Zudem sei Moritz sehr ehrgeizig. Damals wie heute. Und er trage jede Emotion nach außen, sei es Freude, Begeisterung, Frust. Na klar, gebe es da auch die Sache mit den Foulproblemen. »Manchmal konnte ich die Energie als Trainer gar nicht kanalisieren. Wenn er früh in Foultrouble kam, hatte ich kaum Zeit, ihn auszuwechseln und zu schützen, so viel Power hatte er«, beschreibt Marius weiter. »Aber du kannst das nicht komplett wegnehmen. Seine Energie ist das, was wir alle feiern. Ich glaube nicht, dass man nur die positiven Emotionen rausholen kann und nie die negativen. So funktioniert der Mensch nicht. Die Ausschläge gehören dazu. Moritz ist immer die ganze Packung.«

Auch bei Franz war Marius vom ersten Dribbling an mit dabei. Eigentlich sei Franz ein Typ, der gar keine Trainer brauchte, sagte Marius mal in einem Interview. Spieler mit einer so schnellen Auffassungsgabe, gepaart mit einer so guten Arbeitseinstellung gebe es fast nie. Ich will genauer wissen, was er damit meint. »Bei Franz konnte man schon in der U9 sehen, wie gut er werden wird. Er hat früh schon so unglaublich gespielt. Das habe ich in dem Alter auch später bisher selten gesehen«, erzählt Marius weiter. Selbst die lange Verletzung habe ihn nicht beunruhigt.

Beide Jungs waren rund neun Monate lang verletzt. Moritz hatte einen Ermüdungsbruch in der Ferse, Franz einen Knorpelriss im Knie. Es waren jeweils schwere Monate. Wie Marius hat aber auch Franz sich damals nicht aus der Ruhe bringen lassen. Er geht trotz des Knies neun Monate lang jeden Tag in die Halle, arbeitet im Sitzen an der Seite für sich. »Er hatte ein tolles Mindset, selbst während seiner Verletzung«, sagt Marius. »Es war mir wichtig, dass er geduldig bleibt.« Schließlich entscheidet sich die Karriere eines Spielers eben nicht daran, ob man mit 14 schon Deutscher Meister wird. Sondern zum Beispiel durch Geduld. Und dann gibt es da noch eine besondere Gabe bei Franz, so Marius weiter. »Er macht einen Fehler. Ich zeige ihm eine Korrektur, gebe einen Hinweis, er setzt sich damit auseinander, durchdenkt das – und macht diesen Fehler nie wieder. Ich weiß auch nicht, ob ich schon mal einen Jungen mit so einem Basketball-IQ hatte.«

Ähnlich beschreibt das auch Marius' Alba-Kollege Norbert Opitz. »Er war in der U13, ich war Trainer der U14. Ich sah Franz tagsüber zum Einzeltraining, abends haben unsere Teams gegeneinander gespielt«, beschreibt der heutige Alba JBBL-Trainer. »In der Session haben wir an einem Stop-and-go-Move gearbeitet, der damals ganz neu war für ihn. Und abends hat er uns dann gekillt – rate mal, mit welchem Move? Das war einer von vielen einprägsamen und tollen Momenten.«

Was ist davon heute noch zu sehen? Wie kommen die Jungs als Profibasketballer rüber? Während meines Orlando-Sabbaticals verabrede ich mich mit Jamahl Mosley, Head Coach der Orlando Magic, in der Lobby des Trainingszentrums. Die Florida-Sonne scheint in den großen Raum. Der Anfang-40-Jährige im Magic T-Shirt kommt gut gelaunt die Treppe von der Büroetage runter. Er stellt eine Flasche Wasser vor sich auf den Tisch. Los geht's. »Du kannst mich alles fragen«, eröffnet er das Gespräch. Also frage ich.

»Auf dem Basketballcourt zeigt sich am besten, was sie eint und wo sie sich unterscheiden«, findet Mosley. »Beide sind offen, ehrlich, transparent mit dem, was sie denken, fühlen, wie sie Dinge sagen. Sie haben beide ein großes Herz, wollen immer das Richtige tun. Bei Moritz kommt das in seinen Emotionen zum Vorschein, in der Art, wie er spricht. Franz beobachtet erst und spricht dann aus, was er denkt. Denken tun sie aber übrigens oft ähnliche Dinge.«

Coach Mosley lacht. Er scheint sich an gute Momente auf dem Court zu erinnern. »Sie haben einen starken Willen, eine gute Absicht, einen hohen Anspruch an sich selbst«, sagt er. »Können sie diesem dann mal nicht entsprechen, sind sie kurz wütend auf sich. Überlegen, wie sie es das nächste Mal besser machen können. Beide haben diesen Mix aus Emotion und Reflexion. Sie sind hart zu sich selbst, weil sie gut sein wollen. Beide wollen sich messen, konkurrieren. Sie zeigen das eben nur unterschiedlich.«

Apropos Konkurrenz. Ein schwieriges Thema, zumindest war es das für Axel und mich als verantwortungsvolle Eltern. Natürlich sollten beide Jungs genug Raum zur freien, persönlichen Entfaltung bekommen. Aber dann wollte Franz genau, was Moritz sich ausgesucht hatte: Basketball. Er war seinem Bruder immer dicht auf den Fersen. »Wieso habt ihr das zugelassen?«, werden wir oft gefragt, manchmal sogar vorwurfsvoll, warum wir das nicht verhindert haben? Wir haben es nicht einmal versucht. Sondern uns darin geübt, die Situation so zu nehmen, wie sie war.

Mich hat beruhigt, dass beide Jungs sehr wohl viel Raum für ihre individuelle Persönlichkeitsentwicklung gehabt haben. Sie waren schließlich sechs lange Jahre voneinander getrennt, Tausende Kilometer und auf unterschiedlichen Kontinenten, als Moritz erst drei Jahre am College war und dann seine drei ersten Jahre in der NBA. Beide sind in die Fremde gegangen, jeder für sich hat neue Erfahrungen gemacht. Auch wenn es sich so anhört, sind sie nicht den gleichen Weg gegangen. Im Gegenteil: Die Jungs haben in ihrer Jugend in Deutschland immer in unterschiedlichen Teams gespielt. Moritz' Trainer waren Sascha Obradovic und John Beilein. Franz hat bei Aíto García Reneses und Juwan Howard gelernt. Komplett andere Programme, Spielideen und Mitspieler. Ähnliche Orte, andere Menschen, andere Freunde. Das hat beiden gutgetan. »Wir sind nicht 1A und 1B«, präzisiert Moritz. »Wir haben jeder unsere eigenen Interessen und können uns voneinander abgrenzen.«

»Dass wir uns gut verstehen, hat auch damit zu tun, wie wir aufgewachsen sind«, ergänzt Franz. In unserer Familie geht es immer ehrlich, aber auch emotional zu. »Natürlich scheißen wir uns auf dem Court auch mal an und dann richtig und wahrscheinlich sogar heftiger, als wir es mit anderen Spielern tun. Die Explosionsgefahr ist viel größer. Schließlich kommt bei Brüdern unbewusst noch mehr mit hoch, als nur den Gegner besiegen zu wollen.«

Was man wohl außerdem nicht vergessen darf: Als Basketballer besetzen sie im Team andere Positionen. Würden beide Flügel oder Center spielen, wäre die Dynamik sicher schwieriger. »Ich weiß nicht, ob ich dann mit ihm zusammenleben würde«, sagt Moritz. »Durch die gemeinsame Liebe zum Basketball und den Egos, die nicht im Vordergrund stehen, kommen wir so aber ziemlich gut klar. Manchmal wundert mich sogar, wie harmonisch wir miteinander umgehen. Auf dem Feld sind wir oft wie ein Spiegel füreinander, dann muss man manchmal sogar lachen.«

Auf dem Feld klappt es gut. Wie aber beeinflusst die Konkurrenz die beiden *off the court*? In ihrer Kindheit haben wir damit wenig Probleme gehabt. Moritz ist der Große, der vorangegangen ist und Franz viel gezeigt hat. Franz hat sich alles angeschaut – und dann seinen ganz eigenen Weg eingeschlagen. Sie haben sich gegenseitig unterstützt, angefeuert, waren über ihre gemeinsame Leidenschaft mehr verbunden als getrennt.

Beim Profibasketball gibt es abseits des Feldes aber noch viele weitere Konkurrenz- und potenzielle Problemfelder: die Statistiken, das Geld, die Aufmerksamkeit. »Es braucht viel Konzentration, sich nicht zu sehr mit diesen Dingen zu beschäftigen«, sagt Moritz. »Klar ist die Versuchung groß, sich ständig mit anderen NBA-Spielern zu vergleichen, also auch mit meinem Bruder. Aber was bringt mir das? Basketball spielen macht viel weniger Spaß, wenn man ständig darauf schaut, wer noch mehr Geld bekommt, noch mehr Punkte macht. Unser jeweils eigener Weg hilft uns sehr, den anderen als Individuum zu begreifen und seine Persönlichkeit zu respektieren. Ich spüre da echt in keiner Faser meines Körpers eine Konkurrenz zu Franz.«

Wie professionell die Jungs es schaffen, diese Dinge so gut es geht aus ihrem Verhältnis rauszuhalten, erstaunt mich immer noch. Auch im Gespräch mit Jamahl kommen wir schnell darauf, dass es auch ein Risiko sein kann, Brüder in einem Team zu haben. »Am Anfang war ich tatsächlich besorgt«, sagt Mosley. »Die Angst war, dass Franz sich nicht über den Punkt hinausentwickeln würde, an dem er damals stand. Manchmal muss man Dinge selbst herausfinden und allein erwachsen werden. Manchmal weiß man: Älterer Bruder und jüngerer Bruder, das klappt nicht immer so. Aber sein älterer Bruder hat tatsächlich sehr geholfen. So musste er nicht allein durch. Heute wissen wir: Dass Franz so gestartet ist, wie er gestartet ist, war großartig. Und dass Moritz da war, um ihn zu unterstützen und ihm zu sagen und zu zeigen, wie es gehen kann, war es auch. Als älterer

Bruder hat Moritz tatsächlich sehr geholfen. Er hat Franz geholfen, zu sehen, was die NBA ist, zu sehen, was das Leben ist. Jetzt ist Franz erwachsen, er versteht jetzt, wo er hingehört, wie er Dinge tut. Und sie wachsen beide daran.«

»Eifersucht hab ich bei den beiden übrigens noch nie gesehen«, sagt Mosley weiter. »Was damit zusammenhängt, wie sie erzogen wurden. Sie kümmern sich umeinander. Sie unterstützen sich, sie tun alles dafür, dass der andere erfolgreich ist. Das ist das Wichtige. Sie vergleichen sich nicht. Es ist ihre Haltung: Das ist mein Weg, das ist deiner. Ich werde es anders machen als du. Und du als ich. Das ist okay so. Sie kommen damit klar. Und jeder steht für sich.«

Als Moritz in Tokio auf dem gelben Klappstuhl sitzt, ist das alles noch nicht absehbar. Die tiefe, respektvolle Verbindung zueinander schon. Klar, es ist schade, dass er das Spektakel in New York nur via Facetime miterlebt hat. Dass er den kleinen Bruder nicht als Erster abklatschen kann. Franz nimmt die Situation professionell. Schließlich ist Moritz ja nicht irgendwo. »Es ist alles genau so richtig, Mama«, erklärt er mir. »Moritz tritt für Deutschland bei Olympia an. Das ist die größte Ehre für einen Sportler, die es gibt. Es ist unglaublich, dass er das erleben kann. Wir sollten uns mit ihm freuen, statt ihn hier zu vermissen.«

TEIL 2
Wie es war

Die junge Familie

Ich treffe Axel am ersten Tag. Meinen späteren Mann, besten Kumpel, damals ersten Freund aus dem Osten. Ich sitze zusammengekauert auf den kalten Stufen. Rauche eine Selbstgedrehte. Mich fröstelt. Mir ist schlecht. Die Luft ist feucht und nebelig. Ich habe keine Jacke dabei, nur mein Lieblingskleid an, ein schöner, fließender Stoff mit grau-weißen, kleinen Blümchen drauf. In Brasilien war das Kleid bestens geeignet. Da war ich die letzten Wochen auf Rucksacktour. Jetzt ist es eher zu luftig, selbst mit Wollpulli drüber. Es ist Anfang Oktober und Herbst. Seit einer Woche bin ich in Berlin. Ich will hier studieren. Jetzt ist Schluss mit dem Reise-Lotterleben. Jetzt beginnt der Ernst des Lebens. Und ich will nur weg.

Der Charité-Campus sieht aus wie ein großer Park. Vor mir eine saftig-grüne Wiese. Es ist ruhig, mitten in Berlin, keine Autogeräusche, kein Hupen. Hinter mir, zwischen vier hohen Säulen, der Eingang zum Institut der Anatomie. Große Eingangshalle, jedes Wort hallt, kalter Steinboden, muffiger Geruch, historisches Ambiente, ehrwürdiges Gebäude: In dem Sternsaal und auf den harten Sitzreihen im großen Hörsaal werde ich künftig oft sitzen und Professoren zuhören. Ich werde Leichen präparieren, Bücher wälzen, in Testaten mal besser, mal schlechter wissen, welchen weißlich schimmernden Mini-Nerv der Dozent mit der Pinzette gerade wieder aus dem toten Körper zieht und benannt haben will. Ich werde all das tun, was eine Medizinstudentin im ersten Semester so tun muss.

Ein Medizinstudium ist nichts für Feiglinge. Auf dem Campus gibt beispielsweise eine weltweit bekannte, anatomisch-pathologische Sammlung. In den Regalen des Medizinhistorischen

Museums kann man Wirbelkörper, Köpfe, Föten, ganze Füße betrachten. Alles, was in und an einem Menschen so dran ist, schwimmt hier präpariert in Gläsern. Im Erdgeschoss des Anatomiegebäudes steht ein riesiges Skelett. Es gehörte einem der »Langen Kerls« des Soldatenkönigs Friedrich Wilhelm I. Das lese ich auf dem kleinen Schild. Er war 2,23 m groß.

Lange Kerle werden mich zukünftig noch beschäftigen. Das ahne ich an diesem trüben Oktobermorgen 1993 noch nicht. Gerade bin ich nur frustriert, schockiert, ratlos. Es ist mein erster Tag an der Uni, und die Antrittsvorlesung eben war der pure Horror. Wo bin ich hier gelandet? Medizin studieren an der Charité in Berlin: Ich habe von Aufbruch geträumt, Inspiration, sinnhaften Inhalten, einer beflügelten Stimmung, Leichtigkeit und Freiheit. Was man sich als angehende Studentin halt so wünscht. Die erste Vorlesung glich aber eher einer SED-Veranstaltung. Oder zumindest so, wie ich mir eine vorstelle. Schließlich bin ich aus dem Westen und habe noch nie eine erlebt. Appell, Aufstehen und wieder Hinsetzen, Streber am Stehpult, ein Gelöbnis auf die Tradition der Klinik und andere DDR-Gruseligkeiten. Ich kann das alles nicht fassen. Noch nicht mal Rauchen hilft. Es passt irgendwie auch nicht zum Medizinstudieren. Ich starre auf die Wiese.

Ich sollte glücklich sein, dass ich hier studieren darf. Dass ich das überhaupt hingekriegt habe, vor ein paar Wochen mit dem Auswahlgespräch. Ich weiß nicht, wie das passieren konnte. Ich muss da eine gute halbe Stunde erwischt haben, in dem kleinen Büro in der zweiten Etage des letzten roten Klinkerbaus in der Schumannstraße. An das Auswahlgespräch erinnere ich mich so: Frau Lehmann thront mir gegenüber an ihrem Schreibtisch. Die Sekretärin im Referat für Studienangelegenheiten – und heimliche Herrscherin über die Belange der Studenten – ist um die 60, elegant gekleidet und hat einen strengen Blick. Nur sie wird entscheiden, ob ich einen der Plätze kriegen werde. Ob ich geeignet bin für den Mix aus Leuten aus Ost und West, die jetzt hier zum ersten Mal nach dem Mauerfall zusammen studieren. Ich sitze verunsichert in ihrem Büro. Alles fühlt sich wenig offiziell an. Aber Frau Lehmann mit der blonden Steckfrisur ist als Faktotum bekannt, so viel weiß ich schon. Sie wird schon alles im Griff haben. Im Gespräch ist sie überraschend nett, offen und zugewandt. Wenige Tage später halte ich einen Brief in der Hand: Ich habe tatsächlich einen Studienplatz an der Charité bekommen!

Aber wenn das so weitergeht wie in dieser Vorlesung eben? Dann halte ich nicht lange durch. Das habe ich mir anders vorgestellt. Ich könnte einfach aufstehen, den Campus verlassen, nie wiederkehren. Ein anderes Fach studieren. Wieder nach Brasilien zurückfliegen? Da wird es plötzlich bunt in meinem rechten Augenwinkel. Ich drehe den Kopf. Er steht drei Treppenstufen tiefer, gestikuliert mit seinen langen Armen, redet auf einen Kumpel ein. Groß, lässig, das Haar fällt lockig bis zur Schulter. Er schaut rüber, lacht, quatscht weiter. Ich höre nur »icke«, Berliner Schnauze und eine tiefe, ziemlich laute Stimme. Er hat eine kleine, goldene Nickelbrille auf. Er gefällt mir, sieht frech aus. Im Mund eine Kippe. Ich bin nicht die einzige Medizinerin, die hier raucht. Aber was hängt da über seiner Schulter? Ein Schulranzen! Ein alter Scout, grün, die zu kurzen Schulterriemen mit Paketschnur verlängert. Das finde ich peinlich, aber irgendwie auch lustig. Das Ding passt zu seinem Outfit: schwarze Boots, eine sichtbar selbst gefärbte, hellrosa Hochwasser-Latzhose, grünes, altes Cord-Sakko, kleines rotes Halstuch.

Ich schaue diesen Mann an, mehrere Minuten wahrscheinlich, ohne dass ich es merke. Rauf und wieder runter. Ich bin entgeistert, aber auch fasziniert und weiß nicht so recht. Ich finde ihn irgendwie etwas übertrieben, aber auch cool. Er ist anders als die Männer, die ich kenne. Ich schaue hin und wieder weg. Dann steht er plötzlich ganz nah vor mir und redet auf mich ein. Er ist tatsächlich lustig und smart. Er checkt sofort die Lage: »Sie sitzt hier wie ein kleines Häufchen Elend aus dem Westen. Ich werde sie ein bisschen aufmuntern.« Mir geht es gleich besser.

Axel kommt aus Frankfurt an der Oder. Die Stadt kenne ich nur von der Landkarte aus dem Erdkundeunterricht. Als wir uns an diesem ersten Studientag kennenlernen, weiß er schon alles. Er kennt schon alle, hat Kumpels, die im Jahrgang über uns studieren. Er ist trashig gekleidet, aber super sportlich. Ich habe immer gedacht, dass ich auf schlaksige Typen stehe. Stimmte wahrscheinlich nie. Axel jedenfalls ist kein Schlaks, sondern Handballer. Bis vor zwei Jahren hat er als Torwart in der Jugend-Nationalmannschaft Ostdeutschlands gespielt.

Er ist eine fremde Welt für mich, eine aufregende. Axel zeigt mir den Osten Berlins und wie ich in meiner Studentenwohnung in Friedrichshain, die ich damals noch ganz normal über eine Anzeige gefunden habe, mit Kohlen heize. Wie ich an kostenlose Medizinbücher rankomme und wo wir am besten feiern. Eine unserer Stammkneipen ist die Kommandantur, eine legendäre Bar am Wasserturm im Prenzlauer Berg. Hier geht es drunter und drüber, Ost und West, alles eins. Mitten unter der Woche tanzen wir bis morgens auf den Tischen.

Gegenüber der »Kommi« liegt übrigens bis heute der Freiplatz, auf dem unsere Jungs 20 Jahre später täglich Basketball spielen. Axels Wohnung ist ebenfalls nur wenige Schritte entfernt. Es gibt nur ein kaltes Außenklo auf halber Treppe. Wenn im Winter die Rohre eingefroren sind, putzt er sich direkt in der Kneipe die Zähne. Dann steigen wir in einer ziemlich heruntergekommenen Ein-Zimmer-Wohnung auf das selbst gebaute Hochbett.

Bald sind wir ein Paar. Heftig verliebt, chaotisch unterwegs, voller Tatendrang, Träume, Sehnsüchte. Er aus dem Osten, ich aus dem Westen, aufgewachsen in zwei Welten, aber verbunden in einem Gefühl: einen sicheren Platz im Leben finden zu wollen. Als ich den Studienplatz im ehemaligen Ostteil der Stadt bekomme, denke ich: Okay, mal sehen, was da abgeht. Das Studentenleben im Nachwende-Berlin ist dann wirklich wild, heftig, historisch. Deutsche aus dem Westen treffen auf Deutsche aus dem Osten. Wir sprechen dieselbe Sprache, aber das war es schon mit den Gemeinsamkeiten. Wir alle spüren die Aufbruchsstimmung. Es ist eine außergewöhnliche Zeit, die es so noch nie gab und die es nie wieder geben würde.

Axel und ich wachsen zusammen, wir sind neugierig aufeinander, wir verkörpern die einzigartige Geschichte unseres Landes. Dass ich viel lernen werde, nach der Wende, vor allem von den Leuten aus dem Osten, habe ich damals nicht erwartet. Doch genau das passiert. Berlin nach dem Mauerfall fühlt sich an wie ein großes Abenteuer. Alles Neuland für mich Provinzpflanze aus dem Westen. Alles ist ungeahnt spannend. Und dann noch der Ost-Cowboy. Wir treiben durch die Nächte, feiern hart, lernen hart. Schließlich studieren wir Medizin.

Zum Ende des Studiums hin wächst bei uns der Wunsch nach einem gemeinsamen Kind. Moritz ist das erste Baby in unserem Semester. Ich bin stolz, ich habe mir immer gewünscht, jung Mutter zu werden. Es motiviert mich, dass wir Eltern beide noch Studenten sind. Es ist kein Widerspruch für mich, dass wir ein Kleinkind haben und gute Ärzte werden. Wir wollen das alles genauso. Wir schleppen den kleinen Jungen überall im Tuch mit hin, in die Vorlesung, auf Demos, Partys, Reisen, Festivals. Wir geben ihn bei den freundlichen Damen vom Empfang ab, wenn wir im Seminar in der Pathologie Brandopfer untersuchen. Ich stille ihn auf eben jenen Treppen vor der Anatomie, wo mich einst der lange Kerl mit der Latzhose von der Seite angequatscht hat.

Moritz lässt alles mit sich machen. Er schläft viel, trinkt viel, ist fröhlich, gesund, proper. In unserer ersten gemeinsamen

Wohnung in der Pappelallee im Prenzlauer Berg duftet es nach Baby. Ich liege stundenlang mit ihm auf dem weißen Teppich, alles fühlt sich warm, weich und richtig an. Das Frühsommerlicht scheint durchs Fenster. Wenn wir kochen, legen wir das Kind auf den großen Esstisch direkt neben die große Vase mit den Sonnenblumen. Moritz kann sich noch nicht drehen. Das Studium läuft wie geschmiert. Ich bin inspiriert wie nie. Schließlich gibt es da jemanden, für den ich jetzt sorgen werde, egal was passiert. Wir sind ab sofort überall zu dritt unterwegs, im Café, in der Uni, im Sommer am Liepnitzsee. Dort picknicken wir mit Freunden auf der Decke im Brandenburger Sand, und wir schwimmen im klaren Waldseewasser. Moritz sitzt mal hier, mal da auf dem Schoß. Axel und ich sind glücklich.

Wir haben aber wenig Zeit, um über uns zu sprechen. Wir ringen mit der neuen Rolle als Eltern – und als Paar. Der Alltag als kleine Familie fühlt sich anders an als gedacht. Unsere junge Liebesbeziehung verändert sich, als nun immer ein kleiner Schreihals zwischen uns im Bett liegt. Uns wird klar, dass wir uns für dieses Leben entschieden haben und dass es nun kein Zurück mehr gibt. Die Karten sind, so fühlt es sich an, gelegt. Wir ahnen, wie hart die Arbeit sein wird, die es braucht, um eine lange, lebendige Beziehung zu führen. Wir bekommen eine Idee davon, wie schwer es sein kann, verbunden zu sein und zu bleiben.

Wir müssen lernen, arbeiten, das Kind versorgen. Erst legt Axel sein drittes Staatsexamen ab, ein halbes Jahr später ich. Danach ist das schöne Studentenleben vorbei. Axel beginnt, als Assistenzarzt im Schichtdienst zu arbeiten. Ich versorge das Kind und orientiere mich um. Ich kann es mir nicht vorstellen, dass wir beide als Ärzte in der Klinik arbeiten. Wann würden wir uns dann überhaupt noch sehen? Wer würde Moritz versorgen? Ich bin im Konflikt: Denn einerseits will ich unbedingt arbeiten, andererseits habe ich aber keine Lust auf die Hierarchie in der Klinik. Ich finde nicht die richtige Fachrichtung für mich. Frauenheilkunde, Kinderheilkunde, Innere Medizin? Ich kann mich nicht entscheiden und will es auch gar nicht. Unbewusst bin ich längst dabei, nach Alternativen zu einer Arztlaufbahn zu suchen.

Alles ist jetzt stressig, und nichts ist mehr leicht und wild. Wir funktionieren, und wir teilen uns so gut auf, wie es geht: Einer bringt das Kind morgens zur Tagesmutter, der andere holt es nachmittags ab, mit dem Fahrrad, bei Regen und Schnee. Ich erinnere mich an eine Zeit, in der ich nur gehetzt war, morgens auf dem Weg zur Arbeit, tagsüber auf der Station, nachmittags im Berliner Feierabendverkehr, auf Reisen.

Als Moritz drei wird, geht es wieder besser, und wir haben uns als kleine Familie sortiert und ein wenig Kraft gesammelt. Mit einem Haufen junger US-Amerikaner, Briten und ein paar Berlinern gründen wir eine deutsch-englische Kita – es wird die erste bilinguale Kita in Berlin überhaupt. Wir wollen für unsere Kinder einen Ort schaffen, wo sie sich zu Hause fühlen und gleichzeitig Englisch und Deutsch lernen, wo sie unterschiedliche Menschen, Sprachen, Kulturen erleben und die Welt kennenlernen werden.

Das hört sich alles super an. In der Umsetzung ist es trubelig, bunt und zeitintensiv. Wir Eltern streichen am Wochenende die Räume der alten Ost-Kita und bauen um. Das ist chaotisch, denn die eine Kleinfamilie kommt zu spät, die andere gar nicht, weil sie zu lange gefeiert hat oder das Kind krank ist. Keiner weiß so richtig, wie renovieren eigentlich geht. Alles dauert länger. Alles stinkt nach Farbe, überall liegt Holz rum. Trotzdem sind wir gut drauf und in der Gruppe gemeinsam motiviert. Wie werkeln rum, trinken dabei Bier aus Flaschen und essen Selbstgebackenes. Die Kinder spielen draußen im Garten. Dort gibt es einen Sandkasten, Turngeräte und einen Dschungel, der direkt an die S-Bahn grenzt. Später werden die Jungs hier den kleinen Fuchs jagen, der in den Büschen wohnt.

Wir sind ein verrückter Haufen, jung, unkonventionell, international, inspiriert. Anfangs wird Moritz nur von neun bis 14 Uhr bei den »Berlin Kids International« betreut. Es gibt noch nicht genug Geld, um die Erzieherinnen Vollzeit zu bezahlen. In dieser kurzen Zeit arbeiten zu gehen, ist unmöglich, doch wir reden uns die Situation schön. Es ist ja schließlich eine Kita einer Elterninitiative, da läuft eben nicht gleich alles rund! Viel wichtiger ist uns, dass wir Gleichgesinnte getroffen haben.

Wir finden ein zweites Zuhause für Moritz, denn er gehört jetzt zur »Fische-Gruppe«, so wie Toco, Rahel, Nike, Emma und Joanna. Heute sind das alles bemerkenswerte, selbstbewusste, tolle junge Erwachsene, mit denen Moritz teilweise immer noch befreundet ist. Wir ahnen damals nicht, dass auch die bilinguale Erziehung tatsächlich ein guter Start ist. Woher sollten wir wissen, dass es Moritz mal in die USA verschlagen wird? Wir sind eher zufällig durch Freunde in die zweisprachige Szene geraten und suchten erst einmal nur nach einem offenen Umfeld und guten Leuten um uns rum. Bei den »Berlin Kids International« bekommen wir alles zusammen.

Dann kommt Franz, unser zweites, properes Kerlchen. Er wird wie Moritz auch im Geburtshaus geboren und bringt 4900 Gramm auf die Waage. Mit diesem stattlichen Geburtsgewicht wiegt er noch ein bisschen mehr als sein großer Bruder, der war bei seiner Geburt 4200 Gramm schwer. Auch Franz ist gesund, lang und schlank. In seinen ersten Wochen nennen wir ihn Jacob – sein erster Rufname. Bald trinkt er aber so eifrig, dass er schnell ein richtig kräftiger Franzi wird. Wir switchen auf seinen Zweitnamen.

Im Sommer drauf heiraten Axel und ich standesamtlich im Palais am Festungsgraben nahe der Spree. Moritz ist da gerade fünf Jahre geworden, Franz ist noch kein Jahr alt. Bei der kirchlichen Trauung in einer kleinen Dorfkirche in Brandenburg überreicht

Moritz uns aus einer kleinen herzförmigen Silberdose vor dem Altar die Eheringe. Seine Freunde aus der Fischegruppe streuen Blumen, und Franz krabbelt mit Schnuller im Mund und im weißen Hemdchen unter den Stühlen herum. Der Kirchengang bis vorn zum Altar ist mit großen Sonnenblumen gesäumt. Als ich die kleine Kirche betrete, bin ich überwältigt wie nie wieder in meinem Leben. Mehr als 100 Menschen stehen da in den Reihen, Groß und Klein, in Kleidern, im Anzug, mit Hüten und Blumen. Alle lachen uns an, und jedes Gesicht kenne ich. Alle sind nur für uns und für diesen Moment (und die Party danach) angereist.

Anschließend feiern wir ein ganzes Wochenende in einem alten Gutshaus auf dem Brandenburger Land. Es wird ein wildes Fest. Viele Leute finden es übrigens heute noch komisch, wenn ich erzähle, dass wir bewusst erst nach der Geburt unserer Kinder geheiratet haben. Unsere Familie war eben erst nach der Geburt der Kinder vollständig. Wir hatten beide erst danach Lust zu »hochzeiten«, wie Moritz damals sagte.

Die Jungs wachsen heran. Wir brauchen mehr Platz, und wir finden eine große Wohnung in einem Altbau in Prenzlauer Berg. In dem 1896 erbauten Haus wohnen wir bis heute, auch wenn es hier mittlerweile sehr anders aussieht. Als junges Studentenpaar mit Baby hatten wir das Glück, dass wir unter etwa 100 Bewerbern ausgewählt wurden, in diese Wohnung mit noch billiger Miete einzuziehen. Als wir damals mit Sack und Pack ankommen, liegen in der Wohnung noch die alten Dielen. Es gibt Kohleöfen, und die Decken waren abgehängt. So konnte die Familie, die hier 30 Jahre zu Ostzeiten gewohnt hat, Heizkosten sparen. Wir haben sofort in den Wochen nach unserem Umzug renoviert, die Öfen und Holzvertäfelungen rausgerissen und das Bad selbst gefliest. Die Umbauarbeiten liefen ähnlich chaotisch wie in der Kita, aber es fühlte sich toll an, unser eigenes Nest zu bauen.

Das Kinderzimmer in der ersten Wohnung geht zum Hof raus, und die Jungs schlafen dort zusammen in einem großen Bett. Oft liegt Moritz auf dem Bett und schaut von da aus auf die alte Kastanie. Der Baum schluckt alles Licht im Hinterhof. Als dann das ganze Haus modernisiert werden soll, muss als Erstes der riesige Baum weg. Ich erinnere mich wie heute an den Tag, an dem die alte, knorrige Kastanie gefällt wird. Draußen ist es diesig, und im Hof riecht es modrig. Der alte Sandkasten liegt wie unter einem grauen Schleier. Dann kommen Männer mit Motorsäge und Kletterseil, und wenig später steigt einer geschickt wie ein Äffchen bis in die Baumspitze. Man hört die Motorsäge, und der Mann sägt und sägt. Ein Ast nach dem anderen fällt zu Boden, bis dieser übersät ist von Blätterwerk. Übrig bleibt nur der dicke Stumpf, die Kastanie ist weg, und an ihre Stelle tritt Leere. Der Baum war hier sicher gut 100 Jahre gewachsen. Um ihn zu fällen, brauchte es einen Vormittag. Jetzt scheint zwar die Sonne ins Kinderzimmer. Man kann in den Himmel schauen. Die Luft duftet nach frischem Holz und Grün. Trotzdem geht etwas zu Ende, und wir sind traurig.

Bald wird das Haus dann komplett modernisiert. Jetzt stehen wir unter »Bestandschutz«. Wir dürfen als »Altmieter« in eine schicke, noch größere Wohnung einen Stock höher ziehen. Nach der Modernisierung hat das Haus eine Tiefgarage. Der Hinterhof ist professionell begrünt. Von der neuen Dachterrasse aus kann man nun weit über die Dächer Berlins blicken.

Doch ganz gleich in welchem Stockwerk wir wohnen: Unser Leben bleibt erst einmal stressig. Der Alltag mit zwei kleinen Kindern fühlt sich über Jahre an wie eine anstrengende Bergtour. Ich liebe die Alpen, ich liebe das Wandern. Aber es kann zäh werden, manchmal richtig wehtun. Man kommt nur ans Ziel, wenn man stetig einen Schritt vor den anderen setzt. Nie aufgibt, am besten gar nicht verschnauft, nicht so viel denkt, einfach immer nur weitergeht. Wohlwissend, dass es hinter der nächsten Scharte noch weiter hinaufgeht. So hat sich mein Leben als junge Mutter oft angefühlt. Ich habe versucht, das nicht zu nah an mich rankommen zu lassen. Ich bin einfach immer weiter gewandert.

Axel und ich sind im Funktionsmodus. Wir haben immer viel auf dem Zettel, versuchen uns wenigstens gut abzusprechen. Oft sehen wir uns nur, wenn einer gerade geht, der andere zur Haustür reinkommt. Axel arbeitet in der Notaufnahme der Charité, macht seinen ersten Facharzt als Internist. Ich schreibe, gehe auf Kongresse, spinne mein Netzwerk, werde Wissenschaftsjournalistin statt Ärztin. Oft reise ich in andere Städte. Zu Workshops, auf Recherche, zu Redaktionsdiensten.

Unsere Tagesmutter Heidi hilft uns, wo sie kann. Die Jungs lieben die ältere Dame. Heidi backt auch abends noch Pfannkuchen. Sie legt mit den Jungs eine Spur aus Kastanien durch die ganze Wohnung. Sie malen zusammen, spielen Verstecken, bauen Höhlen aus Decken. Wenn wir Zeit haben, kümmern wir uns natürlich auch um unsere Jungs, bolzen auf dem Fußballplatz oder toben im Hinterhof. Gern kommt auch meine Schwester Ines und geht mit den Jungs raus. Oder Opa und Oma sind zu Besuch und gehen mit den Jungs nach der Kita zum Bäcker in der Wichertstraße und auf den Spielplatz.

Wir jonglieren zwischen Schichtdienst in der Klinik, Redaktions-Hospitanz in Hamburg, Tagesmutter anleiten, die Kita putzen und mal brunchen mit Freunden am Wochenende. Unser Alltag hat sich gewandelt: Von dem einst entspannten Studierendendasein mit Baby im Tuch in die Rushhour des Lebens. Die Zeit rennt, aber wir verzichten nicht auf familiäre Rituale. Dazu gehört viele Jahre das abendliche Vorlesen. Axel liest mit den Jungs zusammen alle Harry-Potter-Bände. Das gemeinsame Frühstück, zu Schulzeiten morgens um sieben. Gemeinsam frühstücken ist Teambuilding. Heute vergleiche ich es mit den

Auszeiten beim Basketballspiel: Der Coach ruft kurz die Spieler auf die Bank. Alle stecken die Köpfe zusammen. Es gibt Anweisungen, man bespricht sich. Dann gibt es einen Handshake, und jeder verschwindet wieder auf seine Position.

Wir sitzen also regelmäßig zum Teambuilding zusammen. Oder versuchen es. In der Pubertät werden die Beine der Kinder immer länger. Es gibt Verteilungskämpfe unter dem schmalen Tisch in unserer Berliner Wohnung. Wer ist Coach am Tisch, redet schon frühmorgens munter? Moritz und ich. Wer schweigt? Franz oder Axel. Die Rollen sind nicht klar verteilt. Wir haben auch keine Stammplätze. Beim Schmieren der Stullen wechseln Axel und ich uns ab. In Wachstums-Höchstzeiten müssen jeden Morgen acht bis zehn Stullen her. »Mit einem Blick in die Brotbox war klar, wer am Morgen dran war mit Schmieren«, erinnert sich Moritz. »Bei Mama ging die Box kaum zu, so viel Brote, Gemüse und Müsliriegel waren drin. Außerdem tropfte die Box regelmäßig den Ranzen voll. Bei Papa war alles übersichtlich: rechts das Brot, links eine Karotte, fertig.«

Ansonsten: Kein Toast, keine Marmelade, keine Wurst, das alles fand ich schon als Kind eklig. Im Sommer gibt es bei uns Bircher Müsli, im Winter Porridge. Dazu je nach Jahreszeit Apfel, Banane, Melone oder was die silberfarbene Obstschale in der Küche sonst hergibt. »Der Haferbrei war viel zu flüssig«, entrüstet sich Franz gern immer noch. »Das war gar kein Porridge.«

Heute wird ernährungsphysiologisch noch durchdachter gefrühstückt. Die Jungs essen morgens viel Protein, pro Kopf vier Eier. Dazu Avocado, Tomaten, anderes Gemüse und möglichst keine Kohlehydrate wie Brot oder Pancakes. Statt Milch gibt es Haferdrink. Wenn ich in Florida bei ihnen bin, bereite ich das Frühstück immer noch gern vor. Auch wenn ich mich dabei anstrengen muss, sonst bekomme ich direkt eine Ansage. Das Rührei darf weder zu fest noch zu labberig sein. Die Avocado muss die richtige Reife haben. An meinem Tomate-Mozzarella-Rucola-Salat haben sie nichts auszusetzen. Da kann man ja aber auch nicht so viel falsch machen.

Das Porridge war manchmal vielleicht zu flüssig, aber wohl ausreichend nahrhaft. Die Jungs wachsen jedenfalls bis zur Pubertät geradezu um die Wette: jedes Jahr mindestens fünf Zentimeter. Wir sind eine große Familie, aber sie sind besonders. Das begreifen unsere Jungs schon sehr bald. Kürzlich fand ich beim Aufräumen einen kleinen Zettel von Franz. Er hat ihn – ein genaues Datum steht nicht drauf – etwa mit acht Jahren geschrieben.

»Hallo, ich bin Franz. Ich bin 1,50 m groß. Ich bin sehr schwer ich wiege 38 kg. Meine Haare sind 10 cm lang und ich bin sportlich. Meine Beine sind sehr lang mit meiner Körpergröße bin ich der größte in meiner klasse. Ich bin frech und schnell.«

Frech und schnell. Und groß. Vom ersten Tag an sprichwörtlich überragend. So sind unsere Kinder. Als Moritz drei Monate ist, gehe ich oft mit ihm ins Freibad. Ich lege ihn auf die Decke meiner Nachbarinnen, damit ich schwimmen kann. Sie wundern sich, dass er noch nicht sitzen kann. Auf den Fotos der Grundschulzeit überragen die Jungs ihre Mitschüler um einen Kopf. Als Franz nach der ersten Klasse eine Stufe überspringt, ist er in der dritten Klasse – und auch hier zwar der Jüngste, aber schon wieder der Größte. Als Moritz beim Fußball überragend spielt, beschimpfen uns gegnerische Trainer, dass wir im Spielerpass bei seinem Geburtsjahr geschummelt hätten.

Größe wird eines unserer Lebensthemen. Vor allem ich bin auf der Hut, dass die Kinder keinen Schaden davontragen. Große Kinder werden beäugt, überschätzt, beurteilt und oft überfordert. Das weiß ich aus eigener Erfahrung. Das steht in der Fachliteratur. Ich will verhindern, dass meinen Kindern das passiert. Werden sie wegen ihrer Größe ausgegrenzt oder gemobbt? Ich will, dass sie einen guten Umgang mit ihrem Körper finden. Unbewusst will ich sie beschützen. Ich entscheide, die Sache offen zu thematisieren. Axel ist entspannter, unterstützt mich aber. Wir sprechen fortan über das Thema, wann immer es auftaucht. Wir versuchen den Jungs ein Gefühl zu vermitteln, dass das Leben vielfältig ist und jeder Mensch einzigartig. Mir ist wichtig, dass es einen Raum gibt, in dem sie sich angenommen fühlen, so wie sie sind. In dem sie sich sicher fühlen und gleichzeitig neugierig und offen eigene Erfahrungen mit ihrer Größe machen können.

Meine Befürchtungen bleiben unbegründet. Sie fallen mit ihrer Größe aber trotzdem auf. Sobald sich Fremde nähern, kommt der Spruch »Ihr seid aber groß«! Ich weiß genau, wie sich das anfühlt. Ich bin immer überall das größte Mädchen, die größte Frau gewesen. »Wegducken ging nicht, das nervte schon manchmal«, sagt Moritz. »Oder dass die ganze S-Bahn lacht, wenn ich mir beim Einsteigen den Kopf stoße. Heute stört mich das aber nicht mehr. Ich bin froh, dass ich so bin, wie ich bin.«

Rund zweieinhalb Millionen Deutsche überragen die Masse. Der durchschnittliche deutsche Mann misst 1,80 Meter, die Frau 1,66 Meter[15]. Als »hochwüchsig« gelten Männer jenseits von 1,92 Meter, Frauen ab 1,80 Meter. Internationale Forschungen zeigen: Im Schnitt ist der Deutsche heute gut zwölf Zentimeter größer als vor 100 Jahren. Gründe sind eine proteinreiche Kost und ein gutes Leben. Seit den 1980er-Jahren stagniert die Längenzunahme. Im weltweiten Vergleich liegen wir Deutsche nur wenige Zentimeter hinter den größten Menschen überhaupt, den Niederländern, Belgiern, Dänen und Letten.

Die meisten großen Menschen haben große Eltern – und tun sich selbst am liebsten wieder auf Augenhöhe zusammen. So werden die Gene weitervererbt. Experten nennen das »familiären Hochwuchs«. Auch wir sind solch ein Fall. Ich bin 1,86 Meter groß, Axel 1,96 Meter. Mein Vater war groß, mein Bruder ist es. Ich habe wohl auch noch ein paar Großcousins, die ich nicht kenne, die über zwei Meter messen. Unsere Kinder überragen uns mit ihren 2,11 beziehungsweise 2,08 Meter Körpergröße noch einmal deutlich. Heute macht es mir nichts mehr aus, dass wir alle groß sind. Ich finde es sogar richtig toll, wenn wir zu viert die Straße entlangspazieren und die Leute zu uns hochgucken.

Größe ist keine Krankheit. Aber in meiner Pubertät habe ich gelitten. Ich wollte so sein wie alle, auch mal untertauchen, nicht immer rausstechen. Ich schwor mir: Sollte ich selbst einmal Kinder haben, werde ich achtgeben, ihnen zuhören, alle Fragen beantworten. Alles tun, was machbar ist, damit sie sich gut fühlen. Mich beschäftigte die Frage: Soll man etwas unternehmen, wenn die Kinder von klein auf alle Größentabellen sprengen? Wie fühlt es sich für einen Zehnjährigen an, Schuhgröße 43 zu haben? Lässt sich übermäßiges Wachstum durch medizinische Eingriffe stoppen? Was sind das für Eingriffe? Und ganz grundsätzlich: Wie groß ist eigentlich zu groß?

Bei uns zu Hause wurde nicht viel über das Thema gesprochen. Meine Eltern waren nicht besorgt über meine Größe. Vielleicht war es ihnen gar nicht klar, dass seelische Probleme daraus entstehen können. Sie gaben mir eher das Gefühl: Deine Größe ist etwas Tolles. Brust raus, Rücken gerade. Es gibt keinen Grund, sich klein zu machen. Für mich war das trotzdem eine schwere Zeit. Ich war das größte Mädchen in der Klasse, schaute immer über alle drüber. Aber ich hatte keinen Überblick. Ich war groß, sportlich, schlank. Aber ich hatte noch nicht das nötige Selbstwertgefühl, um mich darüber zu freuen.

Auf der Toilette im Konzert wurde ich mitleidig gefragt, ob es für jemanden wie mich überhaupt etwas zum Anziehen gäbe. Im Chor schlug mir ein Mitsänger vor, ich solle mir ein Stück

Knochen aus dem Unterschenkel herausoperieren lassen. Das sei jetzt möglich. Die Tanzstunde war die Hölle. Alle Jungs reichten mir bis zur Brust. Ich wusste nicht, wie ich mit all diesen Situationen umgehen sollte. Mit diesen Gefühlen. Ich war oft allein, hätte mir mehr Verständnis gewünscht, wäre gern mehr mit meiner Sorge gehört worden, hätte mehr wissen wollen. Warum bin zum Bespiel ich als einziges Mädchen in der Familie so groß?

In der Pubertät hadern wohl alle mit irgendetwas. Meine Eltern wollten mich in meiner Größe bestärken. Das Thema sprichwörtlich »nicht so groß werden lassen«. Mir das Gefühl geben, dass ich richtig bin, so wie ich bin. Über medizinische Eingriffe haben wir nie gesprochen. Mein Vater war schließlich Arzt und hatte eine klare Meinung: Eine hormonelle Behandlung wäre nie infrage gekommen.

In den 1950er-Jahren wurden in den USA erstmals Geschlechtshormone gegen Größenwachstum eingesetzt. Auch in Deutschland verschrieben Ärzte die Drosselungs-Hormone bei extrem großen Kindern, bis in die 1990er-Jahre je nach Klinik unterschiedlich häufig. Testosteron, Östrogen und Gestagen bewirken, dass die Pubertät früher einsetzt und sich die Wachstumsfugen der Knochen eher verschließen. Die Kinder bleiben kleiner.

Das Therapie-Prinzip hat sich seitdem wenig verändert. Hormone werden aber deutlich seltener verschrieben. Man weiß um die langfristigen Nebenwirkungen: Behandelte Frauen werden später schwanger, und ihr Kinderwunsch bleibt häufiger unerfüllt. Eventuell kann eine Hormonbehandlung auch das Risiko für Brust- und Prostatakrebs erhöhen und die Spermienqualität bei Männern verändern. Abgesehen von den psychischen Folgen, beispielsweise aufgrund der früher einsetzenden Menstruation bei Mädchen. Alternativ wird die Längenzunahme bei extrem großen Kindern heute chirurgisch an den Wachstumsfugen nahe der Kniegelenke gestoppt. Bei einer sogenannten Epiphysiodese wird ein bestimmter Knochenbereich, der das Längenwachstum steuert, zerstört. Ich bin heute froh, dass ich damals keine Hormone schlucken musste. »Für mich fühlt es sich so an, als seist du sogar 1,90 Meter groß«, sagt Axel. »Ich finde das wunderbar.«

Die Gesellschaft ist heute flexibler, toleranter, diverser. In Zeiten von Instagram und Influencern gibt es andere Vorbilder. Geblieben ist trotzdem ein Bild: Frauen dürfen zwar groß sein, aber in einer Beziehung bitte nicht größer als der Mann. Dieses Ideal ist bei vielen geblieben. Und damit nicht genug: Für Männer ist Größe mit vielen Vorteilen verbunden. Jeder zusätzliche Zentimeter – zumindest bis 1,91 Meter – bringt mehr Gehalt: Pro zehn Zentimeter etwa 2000 Euro jährlich, das zeigt eine Studie des Deutschen Instituts für Wirtschaftsforschung (DIW).[16] 90 Prozent der Geschäftsführer umsatzstarker Unternehmen sind überdurchschnittlich groß. Große Männer haben im Laufe des Lebens ein bis drei Sexualpartner mehr als kleine. Und je nach Sportart sorgt Länge für haushohe Überlegenheit. Stichwort Dirk Nowitzki, er misst 2,13 Meter, der Boxer Wladimir Klitschko ist 1,98 Meter groß. Auch unsere Jungs sind wegen ihrer mehr als zwei Metern heute da, wo sie sind.

Für sehr große Frauen sind die Vorteile eher überschaubar. Klar gibt es auch für groß gewachsene Mädchen Klamotten. Das Klischee ist aber immer noch: Lieber zierlich und niedlich statt einen Kopf größer. Auch ich habe das als Mädchen zu spüren bekommen. Mit 16 hatte ich dann meinen ersten Freund. Von da an war meine Größe nie wieder ein Problem. Ich kann heute auf alle(s) gelassener herunterblicken. Ich habe mit meiner Größe Frieden geschlossen.

Dass auch Moritz und Franz groß werden würden, war seit der Schwangerschaft klar. Dass sie »riesig« werden könnten, zeigte sich in der Pubertät. Wir sind vorbereitet auf die langen Kerle. Als Moritz 15 Jahre wird, ist mir trotzdem noch mal mulmig zumute. Er ist damals 1,98 Meter groß. Er wächst und wächst, gefühlt jede Nacht einen Zentimeter. Wenn der junge Mann morgens in die Küche kommt, ist er wieder ein Stückchen größer als am Tag zuvor. In dieser Zeit wächst er 20 Zentimeter in einem Jahr.

Ich erinnere mich an meine Kindheit, grüble und spreche mit Axel. Dann rufe ich in der Charité an. Dort gibt es eine sogenannte Größensprechstunde. Mittels Röntgenbildern der Hand und Vergleichstabellen bestimmen Kinder-Endokrinologen die Prognose für die »Endgröße«. Liegt diese über einem gewissen Wert, diskutieren sie mit den Familien, wie es weitergehen und ob ein medizinischer Eingriff das Wachstum stoppen soll. Wir bekommen einen Termin. Mir ist klar, dass er – unabhängig davon, was der Arzt herausfinden würde – keine Konsequenz haben würde. Es gibt keinen Grund, in die Größensprechstunde zu gehen. Bis auf meine Sorgen.

Wie eine zu groß geratene Entenfamilie watscheln wir alle vier in das unscheinbare Gebäude auf dem Klinikgelände des Charité Campus Virchow. »Schön, euch alle zu sehen, was führt euch her?«, begrüßt uns der Arzt. Er lächelt. Er durchschaut sofort, worum es geht. »Das weiß nur meine Frau«, antwortet Axel und grinst zurück. Ich stammele rum, versuche zu erklären, was mich belastet. Der Arzt holt tief Luft. »Die Größe eurer Kinder liegt in der Familie. Das ist sicher keine Neuigkeit für euch. Wir nennen das familiären Hochwuchs. Wenn es Sie aber beruhigt, machen wir jetzt Röntgenbilder, nehmen Blut ab und wälzen unseren Atlas mit den Vergleichstabellen.«

Gesagt, getan. Franz wird beim Blutabnehmen ohnmächtig. Er muss sich kurz auf einer Untersuchungsliege ausruhen. Kurze Zeit später sitzen wir wieder zusammen, über die Ergebnisse und Röntgenbilder gebeugt. »Beide Jungs sind total fit, der eine wird etwa 209 Zentimeter groß, der andere 206«, sagte der Endokrinologe. »Herzlichen Glückwunsch. Es gibt absolut keinen Grund, sich Sorgen zu machen.«

Okay, sie werden weit über zwei Meter. Sie werden lange Kerle. Das ist in Ordnung. Ich beruhige mich. Kurz schäme ich mich für das ganze Theater. Ich bin Axel, Moritz und Franz dankbar, dass sie so geduldig mitgemacht haben. Wir ziehen von dannen. Die Jungs haben nicht ewig Zeit, die kleinen Riesen haben Training.

Sie trainieren jeden Tag, über Jahre. Laufen, spielen, werfen, schießen, von Kindestagen an. Sie sind nicht müde zu kriegen. Sommers wie winters. Draußen, drinnen. Sport ist ihr und damit unser Lebenselixier. »Ihr Bewegungsdrang war irre«, erinnert sich Axel. »Seit sie sich auf den Beinen halten können. Nach der Kita und Schule, am Wochenende, im Urlaub. Wir kennen alle Plätze im Kiez: den Fußballplatz an der Marienburger Straße, im Friedrichshain, am Wasserturmplatz.«

Moritz beginnt im Fußballverein zu spielen, schwärmt für den tschechischen Fußballer Jan Koller. Der ist auch über zwei Meter groß. Zusätzlich beginnt er mit Basketball, erst in der Schul-AG, bald bei Alba Berlin. »Ich wollte da erst gar nicht hin, ich fand es richtig doof«, erinnert er sich. »Auch weil alle so groß waren.« Bald merkt er, dass ihm Basketball Spaß macht. Dass er gut darin ist. Dass ihm der Teamgeist zusagt. Bald trainiert er täglich. Bis zur fünften Klasse spielt er gleichzeitig Fußball und Basketball. Neben dem Training gibt es noch Cello, Freunde. Das Kind eilt von Hobby zu Hobby. Wir machen uns Sorgen.

Als Moritz auf das Gymnasium kommt, in die Rosa-Luxemburg-Oberschule in Pankow, muss eine Entscheidung her. Fußball oder Basketball? »Uns war es nur scheinbar egal, welchen Sport er wählte«, erinnert sich Axel an die Situation damals. »Wir haben versucht, ihm die Entscheidung zu überlassen.« Moritz ist traurig, hat intuitiv längst gespürt, dass er sich entscheiden muss. Er will Basketballer werden. »Ich habe damals mitgenommen: Wirklich Großes kann entstehen, wenn es allein aus dir selbst kommt, wenn du es einfach willst, egal was die anderen sagen«, so Moritz. »Ich spiele gut Basketball, weil ich mich dafür entschieden hatte. Ich habe mich täglich dafür eingesetzt, egal ob nach der Schule, nachmittags oder sonntagmorgens um sechs.«

Moritz trifft eine weitreichende Entscheidung. Er will Basketballer werden. Sie wird nicht nur seine Nachmittage in der Pubertät bestimmen, sondern sein ganzes Leben. Er wird seinen Weg gehen, aber er wird auch Opfer bringen müssen. »Ich verstehe erst jetzt, mit zunehmendem Alter, dass der Sport auch etwas Isolierendes hatte. Das kennt jeder Leistungssportler, aber beim Basketball ist es noch etwas anderes«, reflektiert Moritz. »Wenn einer als Jugendlicher bei Hertha BSC Berlin Fußball gespielt hat, fanden das alle toll.« Moritz stand vor allen seinen Klassenkameraden auf, mehrmals in der Woche ging er schon vor der Schule zum Frühtraining. Nach der Schule standen täglich zwei bis drei Stunden Teamtraining an. Am Wochenende waren meistens am Samstag und Sonntag Spiele. Er hat oft verpasst, wenn die Freunde aus der Schule in der Woche nachmittags im Schlosspark Sterni (ein Berliner Billigbier) getrunken und Bierball gespielt haben. Oder am Wochenende abends auf Partys gegangen sind. »Ich realisiere erst jetzt, dass mich das auch manchmal einsam gemacht hat.«

Parallel wächst der kleine Franz in der Basketballhalle auf. Wir nehmen ihn mit zu Moritz' Spielen am Wochenende. Der Dreijährige stürmt in jeder Auszeit mit den anderen Geschwisterkindern aufs Feld, schnappt sich den großen Ball und stößt ihn wie ein winziger Kugelstoßer Richtung Korb. Mit sieben wird auch Franz Basketballer. Sein erstes Punktspiel für Alba Berlin findet in der Westberliner Pallasstraße statt. Der Sonntagmorgen ist verregnet, die Halle kalt und in keinem guten Zustand. Das Alba-Team verliert haushoch. Für uns ist es trotzdem eine Freude: Franz macht alle Körbe für Alba.

Basketball strukturiert mehr und mehr unseren Alltag. Zunächst geht es noch um Spaß an der Sache. Die Jungs sollten Basketball spielen, weil sie es wollen. Dann kommt der Leistungsaspekt dazu.

Dass beide schließlich Profisportler werden, hat viele Gründe und mit großem Glück zu tun. Wir Eltern spielten wohl auch eine Rolle. Axel und ich waren immer sportlich. Trotzdem haben wir familiär und gesellschaftlich höchst unterschiedliche Erfahrungen mit Sport gemacht. Wir besetzen zwei Pole. Axel hat Sport getrieben, um eine Aufgabe zu erfüllen. Als er selbst Vater wird, hat er längst Frieden mit dem Sportlerdasein geschlossen. Er braucht kein Kind, das seine unerfüllten Sportträume erfüllt. Ich hingegen habe viel ausprobiert, bin aber nirgendwo wirklich angekommen. Ich hätte gern mehr Sport gemacht. Ich habe es aber allein nicht geschafft dabeizubleiben.

Die Jungs haben sich aus dem Potpourri das rausgesucht, was für sie am besten passt. Von ihrem Vater zum Beispiel die Passion für Sport, für den Wettkampf, das »Sich messen«. Axel wuchs in der DDR als Leistungssportler heran. »Ich habe mich als Kind immer draußen rumgetrieben und Fußball gespielt. Irgendwann kam ich in die Betriebssport-Gemeinschaft zum Handball. Das war so in der ehemaligen DDR: Wenn man talentiert war, wurde man rausgefischt. Handball fand ich gut. Ich war wie gemacht für schnelle Bewegungsabläufe. Ich hatte ein gutes Ballgefühl, mochte den Rhythmus, das Kämpferische. Ich war kompetitiv, wie meine Jungs heute. Ich wollte immer gewinnen, hab mich nicht abschütteln lassen.«

Mit zwölf kam Axel in die Bezirksauswahl, mit 14 Jahren an eine der fünf Handballschulen des Landes. Mit 17 Jahren war er landesweit einer der besten Torhüter in seinem Jahrgang und wurde in die U18 der DDR-Nationalmannschaft berufen. »Es war nie primär mein Ziel, DDR-Leistungssportler zu werden«, sagt er heute. »Das hat sich eher so ergeben, weil ich sehr ehrgeizig war; ein Streber.« In der DDR hatte Sport eine große gesellschaftliche, soziale und politische Bedeutung. Man berichtete darüber in den Nachrichten, in der Zeitung. Sportschüler genossen einen besonderen Status. »Ich habe das selbst nie als so etwas Tolles empfunden. Vielleicht war da unbewusst sogar innere Ablehnung«, resümiert Axel. »Für andere war der Sport sehr bedeutsam. Auch meine Eltern waren stolz.«

Dann kam die Wende. Von heute auf morgen und ganz allein beendete er seine Sportkarriere. »Sport hat mir schon Spaß gemacht. Es war meine Heimat. Zum Schluss war ich aber nicht mehr inspiriert. In der DDR war Sport gesellschaftlich begrenzt. Da wurde nicht viel mehr vermittelt als Leistung, Disziplin, solche Sachen. Am Ende des Tages habe ich eine Aufgabe erfüllt. Es gab keinen emotionalen Bezug. Ich habe einfach funktioniert.«

Die Aufbruchstimmung der Wende war für ihn das Signal, sich zu emanzipieren, mit dem Sport aufzuhören. »Ich wollte erleben, wie sich das Leben ohne Sport anfühlt«, sagt Axel. »Ob ich auch ohne den Status des Leistungssportlers wertgeschätzt werde. Vielleicht wäre ich beim Sport geblieben, wenn ich diese Erfahrung bereits hätte vorher machen können.«

Und was habe ich meinen Kindern mitgegeben? Zuallererst sicher meine Größe. Wenn Kinder sehr groß wachsen, wird das zu einem bedeutenden Teil den Müttern zugeschrieben. Mir war das gar nicht so bewusst, bis ein ehemaliger Trainer der Jungs mir eine nette Anekdote erzählte. Sie muss sich bei einem von Moritz' ersten Sichtungsturnieren in Berlin für den Landeskader abgespielt haben. Er ist noch keine zwölf und auch noch keine zwei Meter groß. Ich komme als Mutter – wie so häufig – zu spät zum Turnier fröhlich in die Halle spaziert. Ich will Moritz anfeuern. Kaum dass mich der BBV-Landestrainer sieht, stürzt er – so beschreibt es sein Kollege – wie ein Irrer in den Geräteraum. Dort sitzen gerade alle Trainer zusammen. »Welches Kind gehört zu dieser Mutter?«, fragt er aufgeregt. Ich will nicht behaupten, dass das der Moment war, der über Moritz' Basketballkarriere entschieden hat. Schlecht war es aber wohl trotzdem nicht, dass ich an jenem Nachmittag in der Halle gewesen bin.

Ich bin im Westen aufgewachsen und war immer schon ein großes, sportliches Kind. In der Grundschule war ich die Schulschnellste beim 50-Meter-Lauf. Dann kam Leichtathletik. Viele Jahre habe ich im Verein Tennis und Schwimmen trainiert. Ich war zwar in allem gut, der Funke wollte aber nicht überspringen. Es gab niemanden, der mich unterstützt, motiviert, gefeiert hat. Wenn ich zum Training wollte, musste *ich* mich kümmern. Wenn ein Wettkampf mit dem Schwimmverein anstand, saß ich allein mit meinen Stullen am Beckenrand. Oft setzte mich meine Mutter am Wettkampftag in aller Frühe vor der Schwimmhalle mit dem Flachdach ab. Abends sammelte sie mich wieder ein.

Kein Mitfiebern, kein Mitfahren, kein Anfeuern. Meiner Erinnerung nach waren meine Eltern bei keinem einzigen Wettkampf dabei. Ich werfe ihnen das nicht vor. Sie tragen keine Schuld, dass aus mir keine Olympiasiegerin geworden ist. In den 1980er-Jahren war noch nicht die Zeit, in der Eltern ihre Kinder unterstützt haben wie heute. Die Kinder mussten sich selbst kümmern, eine emotionale Begleitung gab es meist nicht. Zumindest kann ich mich nicht daran erinnern. Vielleicht hätte sie mir aber gutgetan. Vielleicht wäre ich länger bei einer Sportart geblieben – und darin richtig gut geworden –, wenn ich meine Erfahrungen mit jemandem hätte teilen können. Unbewusst war das sicher mein Antrieb dafür, meine Kinder später in allem besonders zu unterstützen.

Wir haben versucht, unsere Kinder in ihrer sportlichen und persönlichen Entwicklung mitfühlend zu begleiten. Wir wollten keinen Druck ausüben. Wir haben sie immer wieder gefragt, ob es noch ihr Wunsch ist, weiter Basketball zu spielen. »Wir hatten beide nie das Gefühl, dass wir zu irgendetwas gezwungen werden, dass wir das hundertprozentig durchziehen müssen«, sagt Franz in einem Interview. »Die Einstellung unserer Eltern war: Solange ihr Bock habt, macht ihr das.«

Die Kinder sollten sich aus freien Stücken individuell entscheiden können. Vielleicht war das sogar nur möglich, weil zum Beispiel Axel zuvor bewusst seine Sportkarriere abgebrochen hatte. Weil er dadurch gelernt hatte: Es geht mit Sport, es geht aber auch ohne. »Ich werde geliebt, egal ob ich Sportler bin oder nicht«, sagt Axel. »Wenn ich allein nur dieses Gefühl an meine Kinder weitergeben konnte, hat sich meine Sportkarriere und deren Ende schon gelohnt.«

Die ersten Tore

Meine Karriere als »Athlete Mom« beginnt im Nebel. Ein kalter Samstagmorgen im Herbst Anfang der 2000er-Jahre. Ich stehe auf dem Fußballplatz im Friedrich-Ludwig-Jahn-Sportpark in Prenzlauer Berg. Unter mir Kunstrasen, über mir grauer Berliner Betonhimmel, vor mir das weite Spielfeld, knapp zwei Dutzend Kinder darüber verstreut. 100 Meter neben mir lehnen Erwachsene an der Metallbande. Dazwischen Geschwisterkinder, die an der Absperrung turnen.

Die Familien stehen in zwei Grüppchen: Wir, die Empor-Berlin-Eltern, tragen die Vereinsfarben Blau und Weiß über unseren dicken Jacken. Die anderen tragen rote Schals, rote Mützen und rote Hoodys. Ein Vater schwenkt eine Fahne des gegnerischen Clubs. Sie schwatzen und lachen, hüpfen von einem Bein auf das andere, vor Kälte und Aufregung vermutlich. Auf jeden Fall warten alle auf den Anpfiff des ersten Punktspiels der F-Jugend des SV Empor Berlin gegen den 1. FC Marzahn 94.

Meine Mutter, der kleine Franz und ich stehen abseits. Wir sind neu hier und kennen weder das Spiel noch die Gepflogenheiten, noch irgendjemanden auf dem Platz. Wir kennen nur Moritz. Er läuft über den Rasen – und man erkennt ihn selbst aus weiter Ferne an seiner Größe und seinen langen blonden Haaren. Moritz winkt fröhlich und ruft: »Franziiii, hallo, Oma hallo, hier bin ich.« Ich sehe heute den damals Sechsjährigen in seinem blau-weißen Trikot noch genau vor mir. Seine schon sehr langen, dünnen Beine stecken bis zu den Knien in blauen Strümpfen, darüber wuchtige Schienbeinschoner. Die dicken, schulterlangen Haare wehen bei jedem Schritt. Ein orangefarbenes Wilde-Kerle-Stirnband bändigt die blonde Mähne zumindest ein wenig, und seine Augen strahlen.

Ich bin heute zum ersten Mal auf einem Fußballplatz. Ich fühle mich unsicher. Fußball hat mich noch nie interessiert, bis auf Vorurteile habe ich wenig beizutragen. Mich stört, dass Fußball fast immer draußen gespielt wird. Auch jetzt hat das Spiel noch nicht mal begonnen, und ich bin schon durchgefroren. Aber ich reiße mich zusammen, schließlich ist das hier Moritz' erstes Punktspiel. Er war schon die ganze Woche über aufgeregt und hat sich so auf diesen frühen Samstagmorgen gefreut.

Am Spielfeldrand steht der Trainer Frank Lehnert. Er trägt eine blaue Trainingsjacke, eine schwarze Trainingshose und schwarze Fußballschuhe. Wir haben vor ein paar Wochen zum ersten Mal nett gequatscht, bevor er Moritz in sein Team genommen hat. Der Empor-Trainer ist Mitte 20, hat ein rundes Gesicht, kleine blaue Augen, kurzes blondes Haar und ein Oberlippenbärtchen. Ein weiteres Hobby von Lehnert, so erzählt man mir später, ist, dass er Schaffner der Berliner Kindereisenbahn im Freizeitpark Wuhlheide ist. Keine Ahnung, ob das stimmt.

Interessante Mischung, denke ich. Auf jeden Fall sind mir seine Berliner Schnauze und das ruhige Gemüt sympathisch. Ich vertraue ihm gern mein Kind an. »Legende, der Herr Leeehnert«, platzt es noch heute aus Moritz heraus, als ich ihn nach seinem ehemaligen Fußballtrainer frage. Das E in »Lehnert« zieht er lang. Moritz tippt in sein Handy, um zu gucken, was dieser heute macht. »Der ist immer noch Trainer bei Empor, nach 17 Jahren«, ruft er. »Absoluter Ehrenmann.«

Als Frank Lehnert mich damals am Spielfeldrand sieht, hebt er den Arm und lacht. Die Trillerpfeife hängt im Mundwinkel. Ich winke verhalten zurück, denn ich habe immer noch Berührungsängste. Ich weiß immer noch nicht so recht, wohin mit uns dreien. Sollen wir einfach stehen bleiben, zu den anderen Eltern rübergehen, uns hinsetzen? Ich sondiere die Lage, leider gibt es keine Bank weit und breit. Von oben wird es nass, und von der Seite weht Ostwind. Wir steuern auf eine kleine Hütte an der Stirnseite des Platzes zu, die an eine Bushaltestelle erinnert. Meine Mutter schiebt den Kinderwagen. Ich hebe Franz heraus und setze mich mit ihm auf dem Schoß auf die karge Holzbank. Hier sind wir geschützt, vor dem feinen Niesel und den Unterhaltungen mit all den anderen, erfahreneren Spielereltern.

Für Small Talk ist jetzt aber ohnehin keine Zeit mehr. Eine Trillerpfeife schrillt. Frank Lehnert läuft am Spielfeldrand auf und ab, Trainer und Schiedsrichter zugleich. Die Eltern an der Bande schreien in Richtung der Sechs- und Siebenjährigen auf dem Feld. Einige Väter spielen sich wie richtige Hobbytrainer auf. So habe ich mir das vorgestellt. »Los jetzt, mal wach werden«, ruft ein Vater. »Zieh durch, Mario, zieh durch …«, ein anderer. Ihr herrischer Ton, ihre aufpeitschenden Stimmen gefallen mir nicht, und auch den Kindern scheint es nicht zu helfen. Sie suchen unsicher ihren Platz. Und laufen alle wie in einem Pulk zusammen über das Feld.

Meine Mutter, ich und Franz auf meinem Schoß sitzen in der Hütte. Sein warmer Kinderpo wippt freudig auf und ab. In der rechten Hand hält er ein weich gekautes Brötchen, die linke streckt er in die Höhe, sobald sich Moritz nähert. Ich bin erleichtert, dass wir einen Platz gefunden haben, der gar nicht so ungemütlich ist. Wir sind zwar noch nicht das, was ich mir unter eingefleischten, richtigen Fans vorstelle, aber meine Angst vor unserem ersten Fußballspiel ist verflogen.

Der Moment in der Bushaltestelle ist 20 Jahre her, trotzdem erinnere ich mich an ihn, als wäre er gestern gewesen. Das Fußballspiel markiert den Beginn meines Spielermutter-Daseins. Seitdem habe ich etliche Spiele vom Spielfeldrand aus überall auf der Welt miterlebt. Bei einigen war ich ähnlich unsicher wie bei dem ersten Punktspiel, bei anderen schreie ich genauso engagiert mit wie die Väter damals. Die Wochenend-Spiele prägten über Jahre auch meinen Montag im Büro. Oft bin ich so heiser, dass ich nicht sprechen kann.

Ich habe mich entwickelt in dieser Zeit: von der unsicheren Fußballmutti hin zur halbprofessionellen »Athlete Mom« in College-, NBA- und World Championship-Arenen. So nennt man in den USA die Mütter, die bei jedem Spiel dabei sind und ihr ganzes Leben der Athletenkarriere der Kinder widmen. Die zum Teil ihr ganzes Gehalt dafür ausgeben, die Flüge für das Kind zu den Turnieren (und wenn es reicht, auch noch für sich zum Anfeuern) finanzieren zu können. Auf meinem Weg habe ich viel gelernt. Über Fußball, Basketball, Fans, Disziplin, Leidenschaft und vor allem wohl über mich selbst. Meinen Sohn aus voller Kehle anzufeuern, traute ich mich bei dem ersten Spiel noch nicht. Doch auch das sollte sich bald ändern.

Das Spiel gegen den 1. FC Marzahn 94 gewinnt der SV Empor damals klar mit 4:1. Moritz verewigt sich mit einer besonderen Leistung als Stürmer. Das gesamte Spiel über ist er konzentriert, motiviert und fröhlich. Er läuft flink und ist geschickt mit dem Ball. Er lacht und schießt, verteidigt, will mit den anderen Jungs aus seinem Team gewinnen. »Ich habe alle fünf Tore gemacht«, weiß Moritz heute noch. »Das erste war ein Eigentor, die anderen vier Tore für unser Team!« Die Szene ist »typisch Moritz«. Er will nicht nur im Team gewinnen. Er bringt auch eine eigene, besondere Energie mit. Und manchmal schießt er mit seinem Enthusiasmus auch ein wenig über das Ziel hinaus. Dann gibt es eben mal ein Eigentor.

Moritz fühlt sich wohl beim Fußball. Am Wochenende findet man unsere Familie fortan am Spielfeldrand, mal in Prenzlauer Berg, mal in Reinickendorf oder Lichterfelde. Ich bemühe mich, aber ich werde nicht heimisch beim Fußball. Meist ist es mir zu nass, zu kalt, zu früh, und ich tue mich schwer mit den anderen Eltern. Wenn ich mit meiner Zeitung unterm Arm auf dem Platz aufschlage, gibt es manchmal einen Spruch. Wenn die Kinder nicht so spielen, wie die Eltern oder der Trainer sich das wünschen, schlägt die Stimmung um, als würde alles von diesem Punktspiel im Herbstregen abhängen.

Ich versuche, das Fußball-Drumherum nicht abzuwerten und offen an die Sache ranzugehen, schließlich spielt mein Sohn. Ich stehe also weiter samstags um sechs Uhr morgens auf und fahre die Fußballbande zum gegnerischen Verein. Ich stelle mich mit Tee auf den zugigen Kunstrasen. Ich will mein Kind unterstützen, ganz egal wobei. Moritz hätte auch Eiskunstläufer werden können – ich hätte mir in der Eishalle an den Wochenenden die Beine in den Bauch gestanden. Wenn er Cellist, Komiker, Schachspieler hätte werden wollen, hätte ich auch diese Haltung gehabt.

Denn es geht nicht um den Sport an sich. Ja, noch nicht mal um Sport überhaupt. Mir ist wichtig, dass Moritz und später Franz wissen, dass sie sich einen Sport aussuchen können, der ihnen gefällt. Sie sollten spüren: Ich werde dabei unterstützt, egal, ob ich das gut kann, ob ich heute Lust habe oder ob ich vielleicht auch mal hadere. Wie auch immer die Situation gerade ist, ich werde mit meinen selbst gesteckten Zielen wahrgenommen. Ich fühle mich ernst genommen, und ich muss *keine* Bedingungen oder eine Funktion (für meine Eltern) erfüllen. Bis heute bin ich überzeugt: Wenn Kinder das spüren, werden sie sich selbst annehmen, wertgeschätzt fühlen, Vertrauen entwickeln, aus den positiven und negativen Erfahrungen eigene Wünsche, Ziele und Interessen erkennen und Verantwortung für das eigene Handeln übernehmen.

Ich war neugierig, ob das schon andere Menschen so gesehen oder gefühlt haben – und startete eine Recherche. Ich wollte wissen, was Kinder brauchen, um sich selbstbewusst zu entwickeln und welche Rolle die Bindung zur Mutter dabei spielt. Dabei habe ich eine irre Entdeckung gemacht, die meine Haltung zu 100 Prozent bestätigt. Und das berührt mich sehr. Denn das vermittelt mir das Gefühl, dass plötzlich alles zusammenpasst, dass vieles in meinem Leben nun einen Sinn ergibt.

»Glanz in ihren Augen« steht auf dem Cover dieses Buches. Wer nach der Weltmeisterschaft in Manila das Magenta-Sport-Interview mit Axel und mir gesehen hat, weiß: Das ist bei uns in der Familie seitdem ein geflügelter Begriff. »Ja, der Pokal glitzert«, sagte Axel im WM-Sommer 2023 ins Mikrofon. »Was uns als Eltern aber noch viel glücklicher macht, ist der Glanz in den Augen unserer Kinder.« Dieser Satz kommt mir auch nach dem Interview immer wieder in den Sinn. Es bewegt mich, wie Axel ihn aus dem Nichts so formuliert hat und dass er so passend unsere Stimmung umschrieben hat. Es stimmte: Moritz und Franz hatten glänzende, ja strahlende Augen. Ich beschloss, dass »Glanz in ihren Augen« der Titel meines Buches werden sollte.

Dann recherchierte ich weiter zum Thema Entwicklung des kindlichen Selbst – und stieß über eine Freundin auf diese Redewendung. Dieses Mal ging es bei dem »Glanz in ihren Augen« um die Mutter. Ich fand eine Arbeit, die von mir hätte sein können, denn sie bringt meine Intuition, meine Idee von einer Mutter-Kind-Bindung so exakt auf den Punkt, dass ich kurz das Gefühl hatte, der Autor habe Zugang zu meinem Herzen gehabt, als er sie verfasste. Ich war immer überzeugt, dass ich das Richtige tue, wenn ich zum Beispiel mit meinen Jungs wieder und wieder zum Fußball oder Basketball ging, nur weil sie sich genau das wünschten. Nie hätte ich jedoch für möglich gehalten, dass es für mein Gefühl sogar eine wissenschaftliche Grundlage gibt.

In den 1970er-Jahren beschreibt der Psychoanalytiker Heinz Kohut das Phänomen »Der Glanz in ihren Augen«.[17] Kohut erklärt: Mütterliche Liebe und der Stolz auf das Kind sind notwendig, damit sich das Kind gut entwickelt. So entsteht eine gute Mutter-Kind-Bindung. Die Mutter-Kind-Bindung wiederum ist wichtig, damit das Kind ein kohärentes, also ein mit sich verbundenes, Selbst entwickeln kann. Das Phänomen von »Der Glanz in ihren Augen« beschreibt sozusagen die mütterliche, begleitende, freundlich-stolze einfühlsame Aufmerksamkeit für ihr Kind in den ersten Wochen und Monaten. Ohne Forderungen zu stellen. Im Glanz der mütterlichen Augen spiegelt sich das Kind und entwickelt sein Selbst. Die mütterliche, bedingungslose Empathie oder ihre glänzenden Augen sind unerlässlich für die gesunde, seelische Entwicklung und die Konstituierung des Selbst beim Kind.

Intuitiv habe ich also versucht, meinen Kindern mit »Glanz in meinen Augen« gegenüberzutreten. Natürlich habe ich es – trotz bester Vorsätze – nicht immer geschafft. Manchmal wäre ich – zum Beispiel nach einer Party am Vorabend – lieber noch eine halbe Stunde länger im Bett liegen geblieben. Hätte so manchen Samstagmorgen lieber im Café mit einer Freundin verbracht oder mir wenigstens eine warme Turnhalle gewünscht, in der man auf der Bank sitzen und Kaffee trinken kann. Das habe ich ab und an auch zum Ausdruck gebracht. Keineswegs war alles immer Friede, Freude, Eierkuchen bei uns. Das ist aber auch nicht entscheidend. Die Einstellung zählt. Der Glaube und das Wissen darum, dass es ein Kind lebenslang stärkt, wenn man es ernst nimmt, wie es ist.

Athlete Mom ist heute mein zweiter Beruf. Ich schreibe hier sogar ein Buch über den Zustand. Ich bin stolz, eine Athlete Mom zu sein, mittlerweile sogar regelrecht begeistert. Der Kern dieses Jobs ist immer noch, meine Kinder zu unterstützen, wo ich kann. Es gibt allerdings ein paar Unterschiede: Erstens sind meine Kinder heute erwachsene Männer. Zweitens sind sie Profisportler. Drittens spielt sich der Job heute auf größeren, internationalen Bühnen ab. Ich schmiere keine Stullen mehr und fahre keine Kinder mehr von Halle zu Halle. Ich habe heute die Zeit und Gelegenheit, in tollen Hotels und VIP-Areas rumzusitzen, viele spannende NBA-Spiele zu sehen oder den Jungs gemütlich von zu Hause aus am Laptop die Daumen zu drücken.

Unsere Rolle als Eltern hat sich geändert, wir wirken heute aus dem Hintergrund. Wünschen sich die Jungs ein bisschen Geborgenheit oder ein vertrautes Gespräch, sind wir da. Wollen sie ihr Leben als junge, unabhängige NBA-Spieler genießen, ziehen wir uns zurück. »Je präsenter sie in der Öffentlichkeit sind, desto weniger sichtbar wird unsere Unterstützung«, sagte Axel mal in einem Podcast. »Früher haben wir bei jedem Schritt, den die Kinder gehen, den Austausch mit den Trainern gesucht und uns bei Verletzungen oder Entscheidungen mit allen besprochen. Heute sind wir so etwas wie ein emotionales Rückgrat im Backstage-Bereich. Wir sind immer da, geben mal Sicherheit, mal Mitgefühl, mal Halt – und machen sonst unser Ding und versuchen nicht zu nerven.«

Leider kann ich es mir noch nicht so gut wie er verkneifen, Tipps zu geben – zudem oft noch schlechte. Axel hat mir da etwas voraus. Die Jungs haben versucht, uns beide dazu zu erziehen, weniger Ratschläge zu geben. Bei ihrem Vater hat das schon mehr Früchte getragen. Seit die NBA in unserem Leben ist, ist die Familie aber noch einmal näher zusammengerückt – wie bei vielen NBA-Spielern übrigens. In einer Welt voller Druck, Öffentlichkeit, Business kann ein vertrauter Rückzugsort manchmal heilsam sein.

Unsere Beziehung zu unseren Söhnen ist schon immer eng gewesen, und sie ist es bis heute. Dafür gibt es viele Gründe. Neben der NBA gehört zum Beispiel die weite Entfernung dazu, die zwischen uns liegt. Würden die Jungs in Heidelberg oder Bamberg studieren, hätten wir wahrscheinlich seltener Kontakt. Derzeit facetimen wir mehrmals die Woche. Wir sind oft in Florida. Wenn die Jungs in Berlin sind, wohnen sie meist zu Hause bei uns.

Für unseren Kontakt wurde ich oft belächelt, selbst von guten Freunden. Dass ich meine Kinder nicht loslassen könne, dass ich betüddele und bemuttere. Das hat mich verletzt. Es gehört zum Erwachsenwerden dazu, dass sich Kinder von ihren Eltern abgrenzen, keine Frage. Wer aber bestimmt – außer den Beteiligten selbst –, wie bei uns die Beziehung zwischen den Eltern und Kindern konkret auszusehen hat? Als junge Familie sind wir zusammen auf eine Reise gegangen. Wir Eltern hatten kein definiertes Ziel, einzig den Wunsch, dass sich unsere Kinder zu selbstständigen, selbstbewussten und toleranten Menschen entwickeln, die Beziehungen knüpfen und ihren Platz in dieser Welt finden. Wir haben sie dabei begleitet, so, wie es sich für uns stimmig anfühlte. Wir sind unserem inneren Kompass gefolgt – und reisen bis heute zusammen.

Die Kritik an meinem Erziehungsstil hat mich verunsichert, sodass ich weiter recherchierte und interessante Studien fand.[18] Sie zeigen beispielsweise, dass Kinder sogenannte Selbstkompetenz erfahren, wenn sie im Austausch mit Bezugspersonen stehen, die sie als sicher und wirkungsvoll erleben und von denen sie »ohne Wenn und Aber« unterstützt werden. Mit Selbstkompetenz beschreiben Psychologen die Fähigkeit, etwas selbstorganisiert hervorzubringen, das Motivation voraussetzt und auf einem Interesse beruht. Sich also für etwas einzusetzen, das man wirklich will. Selbstkompetenz befähigt uns Menschen, besser mit Misserfolgen umzugehen, Vertrauen zu haben, innere Zustände wahrzunehmen und Widersprüche auszuhalten. Wenn ich all das am Spielfeldrand anstoßen konnte, warum nicht? Dann war das für mich jedes Anfeuern wert.

Aber hatten wir denn überhaupt einen wohlwollenden, zugewandten Austausch mit den Kindern, oder war es doch mehr ein Klammern, das ich mir nicht eingestand? War meine Haltung nicht so selbstlos, wie ich es mir einredete? Denn auch wenn wir uns für diesen Weg entschieden hatten, war klar, dass wir als Paar zum Beispiel einen Preis gezahlt haben. Ich hätte mich auch mehr in meinen Beruf stürzen können. Wir haben uns aber bewusst auf die Bedürfnisse der Jungs konzentriert, auch wenn diese unseren eigenen ab und an zuwiderliefen.

Wenn ich ehrlich bin, kam mir der Sport der Jungs manchmal sogar zupass. Ich konnte mich an meiner Rolle als Sportmutti festhalten. Mir fällt es bis heute immer mal wieder schwer, meine eigenen Bedürfnisse von denen der Kinder zu trennen. Mitunter war es tatsächlich nicht immer klar, um wessen Bedürfnisse es ging. Prinzipiell ist das wohl ein normaler Vorgang in allen langen Beziehungen. Man muss sich der »gegenseitigen Abhängigkeiten« eben nur bewusst sein.

Heute versuche ich, selbstkritischer mit mir umzugehen und klarer zwischen meinen Bedürfnissen und denen anderer zu unterscheiden. Ich versuche, öfter innezuhalten, Situationen zu nehmen, wie sie wirklich sind, und nicht, wie ich sie mir wünsche. Ich arbeite daran, eigene Narrative aufzudecken, die es mir in dem Moment vielleicht einfacher machen, mit einer schwierigen Situation umzugehen, die am Ende des Tages aber inneres Wachstum verhindern. Ich weiche Konflikten nicht mehr aus, sondern übe mich darin, sie als willkommene Herausforderungen zu sehen. Ich versuche Veränderungen zu begrüßen, statt mich an Gewohntem festzukrallen.

Auch in der Familie gibt es – vor allem seit die Kinder in den USA leben – einen regen Diskurs. Wir diskutieren schwierige Fragen, und die Jungs grenzen sich eher ab. Wir reden darüber. Was auch immer herauskommt – es bringt uns persönlich weiter. Die Beziehung zu unseren erwachsenen Söhnen ist gut, eng und vor allem ehrlich. Über die Zeit haben wir uns einen konstruktiven Nährboden erarbeitet. Der selbstkritische Blick von uns Eltern auf den eigenen Prozess, die teils schonungslose Reflexion des eigenen Verhaltens und auch das Bedauern der Fehler, die wir gemacht haben, sind dafür eine wichtige Voraussetzung gewesen.

Zurück auf den Fußballplatz. Unsere gemeinsamen Momente sind nach etwa sechs Jahren gezählt. Moritz' Zeit beim SV Empor Berlin geht zu Ende. Er ist in Fußball und in Basketball gut und muss sich entscheiden. Bei einem seiner letzten Fußballspiele ereignet sich dann noch einmal eine Situation, die mich darin bestärkt, dass es an der Zeit für Moritz ist, den Sport zu wechseln. Es ist mal wieder ein nebeliger Morgen, und es steht ein Auswärtsspiel an. Wir fahren mit unserem alten BMW nach Lichtenberg. Hinten quetschen sich vier lange Jungs zwischen elf und 13 auf der Bank zusammen. Sie lachen und leeren ihre Frühstücks-Brotboxen. Auf dem Platz angekommen, werden, wie bei jedem Punktspiel, vor Spielbeginn die Spielerpässe geprüft. Alles ist korrekt. Das Spiel beginnt und läuft gut für Empor.

Doch die Freude währt nicht lang. Plötzlich grölt der Trainer der Lichtenberger Mannschaft unfassbar laut Richtung Feld. »Dit is doch kein 97er, dit könnt ihr mir nicht erzählen«, entfährt es dem rotgesichtigen Mann in schnoddrigem Berlinerisch. Dann hebt er den rechten Arm, fuchtelt wütend in der Luft umher und schaut böse zu mir. Er hat uns wohl vorher schon beobachtet. Jedenfalls weiß er, dass wir zu Moritz gehören. »Runter mit dem Jungen vom Platz!« Mein Herz bleibt stehen. Er meint tatsächlich Moritz. Ich will zurückbrüllen, doch es kommt kein Laut aus meinem Mund. Ich stehe wie angewurzelt da und bin für einen Moment wie benommen. Der Trainer steht jetzt an der kleinen Bude am Eingang und blättert durch Moritz' Spielerpass. Darin steht, dass Moritz, genau wie alle anderen Spieler auf dem Platz, im Jahr 1997 geboren ist. Er schüttelt den Kopf und zieht von dannen. Wahrscheinlich glaubt er sogar, dass er immer noch recht hat, dass wir den Spielerpass gefälscht haben und Moritz wegen seiner Größe viel älter ist. Was für ein Idiot! Ich kann es nicht fassen. Jetzt ist klar: Das hier muss ein Ende haben, ich will keinen Sport, in dem mein Kind gemobbt wird. Das ist kein guter Ort mehr für uns. Ich schaue auf das Feld. Moritz läuft fröhlich hinter dem Ball her. Er hat die Situation gar nicht mitbekommen. Ich atme auf.

Eltern on fire

Es ist ein warmer Sommertag, perfekt, um an den See zu fahren. Leider haben wir keine Zeit, sondern sitzen bei einem Turnier im Zuschauerbereich der Halle des VfB Hermsdorf im Norden Berlins. Das Turnier geht über mehrere Tage. In den verschiedenen Hallen auf dem weitläufigen Gelände finden zeitgleich mehrere Spiele statt. Die gesamte Basketballszene aus der Hauptstadt ist anwesend. Franz spielt in der U12 für Alba Berlin gegen RSV Eintracht Stahnsdorf. Er ist bereits über die Grenzen des Prenzlauer Bergs als Talent bekannt.

Die Tribüne der großen Halle ist bis auf den letzten Platz gefüllt. Links sitzen wir Alba-Eltern, auf der rechten Tribünenhälfte die Stahnsdorfer Fans. Das Spiel beginnt unruhig, unsere Spieler finden ihren Rhythmus nicht. Auf der Tribüne wird es laut. Alle Eltern schreien. Zusätzlich heizt die Schiedsrichterin die Stimmung an. Sie trifft – in unseren Augen – eine schlechte Entscheidung nach der anderen. Nach etwa 20 Minuten läuft die Situation aus dem Ruder. Axel, der schon die ganze Zeit unruhig ist, springt plötzlich von seinem Platz. »Mickey-Maus-Pfiff, das kann doch nicht dein Ernst sein«, schreit er die Schiedsrichterin an. »Bullshit, ich glaube es nicht.« Ich halte die Luft an. Mir wird warm im Gesicht. Ich möchte weg, mich unter der Tribüne verkriechen, bleibe aber wie angewurzelt sitzen und schaue zu Franz.

Der versucht, sich weiter auf das Spiel zu konzentrieren. Alle anderen sind abgelenkt, drehen immer wieder die Köpfe nach dem Mann neben mir, der mit seinen 1,96 Metern wahrscheinlich bis in die letzte Ecke zu sehen ist. Wer ihn nicht sieht, hört ihn. Axel hat nämlich auch eine sehr laute Stimme. Mit dieser blökt er weiter unentwegt und ungebremst umher. Ich zerre an seinem

Arm, will, dass er sich hinsetzt. Mir ist die Szene unfassbar peinlich. Ich bin wütend, dass das jetzt hier derart ausartet, dass er sich nicht zusammenreißt, dass er nicht an Franz denkt. Nicht merkt, dass er seinem Sohn mit diesem Auftritt keinen Dienst erweist.

Es hilft alles nichts. Axel setzt sich hin, steht wieder auf, setzt sich wieder, stört weiter. Ich fühle mich unwohl, spreche Gebete, verfluche mich dafür, dass ich diesen Mann liebe. Nach etwa einer Viertelstunde reißt der Schiedsrichterin der Geduldsfaden. Sie unterbricht das Spiel und kommt auf uns zugeschossen, pfeift und streckt den linken Arm nach Axel aus. »Sie verlassen jetzt sofort die Halle«, sagt sie. »Sie haben hier Hausverbot.« Kein Mucks mehr in der Halle. Alle Augen sind auf Axel gerichtet. Der murmelt etwas, erhebt sich und schlendert, als sei nichts geschehen, in seinem blauen T-Shirt und Shorts zum Ausgang. Die Stahnsdorfer Eltern feixen, als er an ihnen vorbeiläuft.

Kurz bevor Axel die schummrig beleuchtete Halle durch die Tür in Richtung Sommersonne verlässt, dreht er sich noch einmal um. Schaut frech in die Runde, hebt sein T-Shirt kurz bis über die Brust – und ist weg. Mein Atem stockt. Ich kann nicht glauben, was gerade passiert. Doch ich träume nicht, der Platz neben mir ist leer. Reicht es nicht schon, dass er rausgeschmissen wurde? Jetzt noch das T-Shirt. Ich sehe Franz auf dem Spielfeld, er schüttelt nur den Kopf. Wie lange es dauert, bis das Spiel weitergeht, kann ich nicht sagen. Gefühlt vergehen Stunden. Wie es ausgeht, weiß ich auch nicht mehr. Für mich ist der Tag gelaufen.

Es ist der Höhepunkt der Peinlichkeit unserer Eltern-Karriere. Das Theater in der Hermsdorfer Halle bleibt, wie man sich vorstellen kann, nicht folgenlos. Wir streiten, diskutieren und versuchen in der Familie und auch als Eltern, einen neuen Weg zu finden. Die Szene beschäftigt uns lange. Das Drama mit der Schiedsrichterin war unfassbar unerfreulich, aber dann doch auch ein Wendepunkt. Axel geht immer noch leidenschaftlich mit, wenn seine Söhne Basketball spielen. Er ist schließlich ehemaliger Sportler und ein willensstarker Mensch. Eine solche Szene würde er heute aber nicht mehr bringen. Axel bereut sie mittlerweile zutiefst. Er hat in den letzten Jahren einen Prozess durchlaufen, der zunächst gar nichts mit dem Spielfeldrand zu tun hat. Er blickt anders in die Welt – und das wirkt sich, was ein Glück, positiv auf alle Lebenslagen aus.

Nach dem Ausraster in Hermsdorf beschäftigen wir uns bewusster mit unserer Rolle. Es ist gar nicht einfach, die Balance zu halten, wenn man einerseits euphorisiert ist und andererseits seine Gefühle kontrollieren muss. Man ist ja schließlich begeistert und stolz auf das eigene Kind. Es ist für Spielereltern verführerisch, unbewusst eigene, nicht gelebte Träume auf den vermeintlich talentierten Spross zu projizieren, sich in dessen Erfolg zu verlieren oder sich gar in der Beliebtheit oder dem Talent des Kindes zu sonnen.

Bei uns ging es – so meine Einschätzung – weniger um projizierte, ungelebte Träume als mehr um die Akzeptanz, dass man nicht immer zu allem etwas sagen muss, dass man als Eltern eine Vorbildfunktion einnimmt, dass man die Werte des Vereins achtet und sich unterordnet – genauso wie wir es uns von den Kindern wünschen. »Mich hat damals wütend gemacht, dass ich da von der Tribüne aus nichts beeinflussen konnte, dass ich meinem Kind während eines Spiels nicht helfen konnte«, sagt Axel. Heute könne er das besser akzeptieren. »Das war pure Hilflosigkeit.«

Es dauert eine Zeit, bis wir einen gemäßigteren Umgang mit all den aufkommenden Gefühlen finden. Ich schreibe »wir«, denn auch ich kann ziemlich laut werden beim Anfeuern. Heute erinnern wir uns auf der Zuschauerbank manchmal gegenseitig daran, dass wir unsere Kinder nur noch möglichst in positivem Sinne unterstützen möchten. Es kommt einiges zusammen, wenn man über Jahre am Spielfeldrand steht oder sitzt. Wir hatten uns die Situation ja auch nicht ausgesucht. Eigentlich habe ich erst rückblickend realisiert, wie Basketball unser Familiensystem bestimmt hat und immer noch bestimmt.

Zunächst ging es erst einmal darum, dass wir uns bei Alba Berlin einlebten, dem Club, bei dem beide Jungs Basketball gelernt und gespielt haben. (Damals wussten wir übrigens noch nicht, was auf dem College genau passiert – geschweige denn, dass es für uns einmal Realität werden würde.) Die Leute, die Atmosphäre, die Werte des Clubs, alles fühlte sich für mich bei Alba Berlin von Anfang an gut an. Ich mochte den Sport Basketball an sich. Ich mochte, dass Basketball eng verknüpft ist mit Lifestyle, Musik, Fashion. Mit dem Viertel, in dem wir wohnen. Der Stadt. Ich war froh, dass wir vom Fußball weg waren. Die Alba-Trainer der Jungs waren entspannt. Sie teilten unsere Vorstellung, dass Kinder eine ganzheitliche Ansprache als Menschen brauchen, dass man mit ihnen kommuniziert, sie einbindet, ernst nimmt. Und dass Basketball zwar oberste Priorität hat, aber nicht immer die Lösung für alles sein kann. Auch unter den anderen Eltern gab es viele Gleichgesinnte. Alba Berlin wurde unser zweites Zuhause. Wir waren angekommen.

Jahrelang standen wir an den Wochenenden früh auf, kutschierten die Jungs in Hallen am Stadtrand, schnippelten Salate für Turnierbüfetts, buken Kuchen für das Team, wenn eines unsere Kinder den 100. Punkt gemacht hat, feuerten an. Ich kann mich – in Erinnerung an die klammen Fußballjahre – bis heute an einer trockenen, warmen Basketballhalle erfreuen.

Wir verbrachten viel Zeit mit Menschen, die wir gar nicht kannten, die aus anderen Welten kamen: andere Spielereltern eben. Die einzige Gemeinsamkeit waren unsere Kinder im Team. Zu einigen hatten wir gleich einen Draht. Mit ihnen sind wir im Auto zusammen zum Turnier bis in den Ruhrpott gefahren. Haben Hotelbetten, Kaffee, Proviant und Trillerpfeifen geteilt, Plakate gemalt oder Fan-T-Shirts getauscht. Andere Eltern waren anstrengend, hier hielten wir Distanz. Sie waren entweder selbst früher Sportler gewesen – wenn man nicht aufpasste, hatte man sofort die Story auf dem Tisch, was sie früher mal für sportliche Schwergewichte gewesen waren. Es gab aber auch das Gegenteil: Eltern, die eben selbst keine (oder wenigstens keine erfolgreiche) Karriere hingelegt hatten und – nun mit Stift und Zettel bewaffnet und oft offensichtlich motivierter als ihre Kinder – in der ersten Reihe saßen, um jeden Punkt des Sohnes für die Diskussion am Abendbrottisch zu notieren.

Anfangs waren wir immer als ganze Familie unterwegs. Als Franz auch Basketballer wurde und am Wochenende gespielt hat, teilten Axel und ich uns auf. Wir waren jetzt überall und jederzeit mit unseren beiden Basketballspielern unterwegs. An den Wochenenden, in den Ferien, über Ostern, an Silvester, eigentlich immer. Wir kamen rum, zunächst in Berlin, später begleiteten wir die Jungs nach Sachsen, Bayern, Schweden, Griechenland, Montenegro, Prag, Wien, Madrid, Virginia, Michigan, Las Vegas, Los Angeles, Washington, D.C. und Florida, Japan und auf die Philippinen.

Die Berliner Hallen wuchsen mir in ihrer Schrägheit ans Herz. Mal war die Halle alt, das Holzparkett knarzte. Mal war sie gerade gebaut, hell und alles glänzte. In dem einen Geräteraum roch es nach alten Socken, in dem nächsten nach Gummi. Mal gab es große Sprungmatten, auf denen die kleinen Geschwisterkinder toben konnten. Mal hingen diese den ganzen Tag an der Sprossenwand oder sprangen permanent von den Mattenwägen – was natürlich nicht erlaubt war. Mal saßen wir auf einer schicken Tribüne und blickten von oben runter auf das Geschehen. Mal saßen die Eltern aufgereiht auf einer kargen Holzbank wie die Hühner auf der Stange. Dann war zum Spielfeld kein Meter Platz. Wir konnten noch nicht einmal die Beine ausstrecken, sonst wären die vorbeiflitzenden Spieler gestürzt. Ich mochte die Vorstellung, jeden Sonntag wieder in irgendeiner

Sporthalle rumzuhängen, meine Kinder zu beobachten, wie sie das taten, was sie lieben, nur da zu sein und nicht groß über irgendwas nachdenken zu müssen. Spätestens wenn das Spiel begann, war ich wieder aufgeregt. Es war immer spannend.

Die Stimmung unterschied sich von Bezirk zu Bezirk. Nach Teltow bin ich immer gern gefahren, auch wenn es von Prenzlauer Berg eine Ewigkeit bis in den Süden Berlins gedauert hat. Dort erwartete uns ein reichhaltiges Büfett. Die Stahnsdorfer Eltern standen im zugigen Flur hinter mehreren, mit Papiertischdecken geschmückten Schultischen und boten ihre Teltower Köstlichkeiten feil: selbst gebackenen, russischen Zupfkuchen, Wurst- und Käsebrötchen, Gewürzgurken, Nudelsalat, Bockwürste, dazu Filterkaffee mit Kondensmilch. Während die Jungs sich in der Halle die Lunge aus dem Hals liefen, konnten die Zuschauer hier draußen schmausen. Ich habe immer viel Kaffee getrunken, in der Halbzeit gab es ein Stück Käsekuchen. Herrlich!

Bei TuS Lichterfelde ähnelten die Spiele oft größeren Familientreffen. Mit Opa, Oma, Tante, Onkel – alle wie zum Sonntagsausflug fein gemacht – besetzten sie überpünktlich die besten Plätze auf der Zuschauertribüne. Ihre Kinder feuerten sie konzentriert an. Manchmal schien es, dass neben Spaß vor allem ordentlich Druck im Kessel war.

Und dann gab es noch Lichtenrade. Hier ereignete sich eine kleine Szene, ich würde sagen, wir waren kurz vor Mütter-Wrestling. Franz spielte damals in der U14. Ich saß mit den anderen Alba-Eltern auf einer Holzbank links von der Tür, direkt neben dem Eingang. Rechts von der Tür quetschten sich die Lichtenrade-Eltern auf ihre Bank. Das Spiel war spannend und eng. Unsere Jungs hatten einen Lauf, Lichtenrade fiel zurück. Dann traf Franz mehrere Dreier. Am Ende gewannen die Lichtenrader in der Nachspielzeit. Ich wollte gerade durch die Tür die Halle verlassen, als sich plötzlich direkt neben mir eine große, blond gelockte Frau aufbaute. Sie hatte etwas Forderndes in ihrem Blick und beugte ihren Oberkörper nach vorn, als wollte sie mir drohen oder die Tür versperren. Dann schaute sie mich giftig an und zischte »Ökoschlampe«.

Ich wich zurück. Was hat sie für ein Problem? Ich kann mich nicht daran erinnern, was für Klamotten ich damals anhatte. Ich gehörte sicher nicht in die Kategorie Barbourjacke und Perlenkette, aber eine »Ökoschlampe« war ich auch nicht. Meine Zeit mit gestreiften Leggings und dicken Wollsocken lag schon Jahre zurück. Und was tat das hier überhaupt zur Sache? Es fühlte sich nicht gut an, so angezischt zu werden, nur weil ich eine Alba-Mutter war. So vermutete ich es zumindest. Die Alba-Berlin-Jugend war bei den übrigen Berliner Clubs ein wenig verschrien. Schließlich spielten bei dem Verein aus dem ehemaligen Ostteil der Stadt jetzt vornehmlich die Kids der hippen Bourgeoisie vom Prenzlauer Berg – und das sehr erfolgreich. Und selbst wenn da sogar was dran war: Ein Grund für die »Ökoschlampe« war das noch lange nicht.

Vielleicht hatte sie mich aber auch als Franz' Mutter erkannt – und deshalb auf dem Kieker. Kurz dachte ich darüber nach, ihr zu antworten. Irgendetwas Hässliches über Lichtenrade wäre mir schon eingefallen. Ich entschied mich, ihren Fehltritt zu ignorieren, und schlüpfte durch die Tür raus an die frische Luft. Ich sah die blonde, große Frau später noch mal in der Max-Schmeling-Halle wieder, auf heimischem Alba-Terrain. Sie mied meinen Blick. Zum Wrestling kam es bis heute nicht.

Wir hatten schöne Zeiten mit Alba. Die Jungs fühlten sich zu Hause und integriert. Mit den Trainern hatten wir ein freundschaftliches Verhältnis. Wir kommunizierten auf Augenhöhe, schätzten uns gegenseitig, vertrauten einander und ließen den jeweils anderen machen. Bis heute schlendern Axel und ich manchmal am Wochenende zum Falkplatz, wo in der Saison in der

Max-Schmeling-Halle immer irgendein Team der Alba Jugend spielt.

Wir schleichen uns am Hausmeister vorbei, der links in seinem Kabuff sitzt, treten in die Halle – und alles ist wie immer. Auf dem Court laufen die Spieler, gegenüber sitzen die Eltern. Es duftet nach Kaffee, Bockwurstwasser, Schweiß, verbrauchter Luft. Man hört das Quietschen der Schuhe, den Ball, wie er auf dem Parkett gedribbelt wird, an dem Metallring des Korbs abprallt oder durch die Reuse zischt. Man hört die Pfiffe der »Schiris«, die Schreie der Spieler, die Gesänge der Zuschauer. Axel steuert meist sofort auf die Männer in dunkelblauen Alba-Klamotten zu, die im Pulk hinter dem Team, sozusagen fast im Geräteraum, stehen. Trifft er unter ihnen einen unserer »alten« Trainer an, ist die Freude groß. Ich bleibe lieber etwas abseits stehen. Ich bin dort nämlich immer noch ziemlich bewegt und möchte vor den Jungs nicht so emotional rüberkommen. Ich hole mir – in den Momenten der Erinnerung an alte Zeiten – lieber einen Kaffee, stelle mich in die Ecke und schaue mich in der Halle um.

Ich erinnere mich gern an die alten Alba-Zeiten. Mich interessiert, ob Trainer meine Erinnerungen teilen und wenn ja, in welcher Form. Eigentlich hätte ich schon längst mal wissen wollen, wie wir als Familie bei Alba damals gewirkt haben. Ich habe mich aber nie so richtig getraut zu fragen. Jetzt, im Rahmen meiner Buch-Recherche, ist endlich die passende Gelegenheit! Ich schreibe Norbert Opitz an, der JBBL-Trainer bei Alba meldet sich sofort zurück. Er ist gerne zu einem Gespräch bereit. Wir treffen uns im »Kaffe« (wirklich mit einem e) gegenüber unserer Berliner Wohnung. Es ist kurz vor den Sommerferien. Norbert fährt mit seinem Rennrad vor, lacht und wirkt entspannt. Wir bestellen frisch gepressten Orangensaft. Der Anfang-40-Jährige hat braune Augen, braune Haare, einen Dreitagebart und eine weiche Stimme. Er strahlte schon immer eine große Ruhe aus.

Norbert kennt beide Jungs seit Jahren. Gegen Moritz hat er selbst noch in der Berliner Regionalliga gespielt. »Moritz muss man ernst nehmen. Bei allen anderen weißt du, was sie als Nächstes tun, bei Moritz nie«, hat Norbert Axel mal erzählt. Bei Franz war er als Trainer mit am nächsten dran, er erinnert sich noch an viele Details. Bevor wir aber ins Schwelgen verfallen, entlastet Norbert mich, als ich ihn auf den T-Shirt-Skandal anspreche. Er weiß sofort, dass sich das Drama damals in Hermsdorf zugetragen hatte. »Mir ist aufgefallen, dass ihr als Eltern danach oft nicht mehr zusammengesessen habt«, sagt er. »Da habe ich mich gefragt, ob ihr nicht mehr zusammen seid?« Irgendwann sei ihm aber klar geworden, dass das wohl eher mit Axels spezieller Art anzufeuern zu tun gehabt haben muss.

Aber apropos Zusammensein: Wie hält eine Ehe das überhaupt aus, wenn man zwei so erfolgreiche Kinder hat? Das werden wir immer wieder gefragt. Darum geht es jetzt auch im Gespräch mit Norbert. »Keine Ahnung«, sage ich. »Früher ging es mal besser, mal gar nicht. Heute sind wir professioneller als Ehepaar und einfach nur happy.« Die kleinen, schwierigen Geschichten von damals habe ich tatsächlich alle vergessen. Die großen Konflikte wie zum Beispiel den T-Shirt-Skandal nicht, sie zwangen uns immer wieder, auch unsere Paar-Dynamik zu hinterfragen und nach neuen Lösungen zu suchen. Nach Hermsdorf saß ich – das hatte Norbert richtig beobachtet – tatsächlich öfter mit anderen Eltern zusammen. Axel stand hinten an der Sprossenwand. Das hat die Situation entzerrt und über die Zeit Ruhe reingebracht.

Wir haben als Eltern – zumindest was die Jungs anging – meist an einem Strang gezogen. Wir waren uns einig, dass und wie wir unsere Söhne unterstützen wollten. Heute, wo der ganze Stress hinter uns liegt, gehen wir erwachsener mit unserer Beziehung und mit den Kindern um. Dachte ich kurz nach Moritz' Draft zum Beispiel noch, ich müsste unbedingt sofort auch in die USA ziehen, egal, was mein Mann sagt, bin ich davon längst abgekommen. Ich liebe es, mal hier und mal da zu sein. So halten wir es auch als Paar. Wer Lust hat, die Jungs in den USA zu besuchen, macht das. Wer lieber zu Hause bleiben will, tut das. Natürlich ist es aber nicht nur eine Frage der Lust, schließlich arbeitet Axel als Psychotherapeut. Er kann und möchte seine Patienten nicht so lange allein lassen und ständig durch die Welt kutschieren wie ich als Freelancerin. Wir haben mittlerweile einen guten Weg gefunden, machen vieles, ja das meiste, gern als Paar zusammen, akzeptieren aber auch Alleingänge. Wir haben ausprobiert und festgestellt: Je mehr wir die Dinge sich entwickeln lassen, desto besser fühlt sich das für uns an.

Zurück zu Nobert und dem Orangensaft auf unserem Tisch. »Axel weiß ja mittlerweile, wie er damals gewirkt hat«, sagt er. »Es ist schön, dass er da eine Entwicklung durchlaufen hat, das spürt man heute sofort.« Manchmal müsse man einen schmerzlichen Punkt erreichen, damit sich etwas ändere. Prinzipiell erinnert sich Norbert aber an einen guten Kontakt mit uns. »Es gab bei euch immer eine kümmernde Distanz«, sagt Norbert. »Ihr habt die Jungs genug gelassen und ihnen Vertrauen geschenkt.« Gleichzeitig wurden seiner Meinung nach aber die Strukturen auch unterstützt. »Wenn Franz und ich uns zum Beispiel im dunklen Winter morgens um kurz nach sechs vor der Schule zum Frühtraining getroffen haben, wusste ich, dass er nicht allein aufgestanden war, sondern dass ihr ihn unterstützt habt, dass er gefrühstückt hatte, all das, was in so einem Prozess eben wichtig ist.« Wie Moritz hatte auch Franz in seinen letzten Jahren bei Alba Berlin mehrmals die Woche morgens vor der Schule Training – und zusätzlich meist jeden Nachmittag.

An die Arbeit mit Franz erinnert sich Norbert aus mehreren Gründen noch sehr genau. »Zunächst diese wachen Augen«, sagt er, »da ist jemand, der will es wissen. Wenn Franz etwas interessiert, steht da über seine Augen eine Tür direkt zum Gehirn offen, Menschen wie er betteln dich regelrecht um Information an. Du schaust ihn an, er will aufnehmen. Kaum hat er es verstanden, will er das selbst umsetzen und fordert die Challenge für sich ein.« Franz sei überdies ein Mensch, der, wie wenige andere, in der Lage ist, auch ungewohnte Bewegungen sofort präzise auszuführen.

Er habe die Gabe, Neues so anzunehmen, dass es so wirke, als könne er vieles zeitgleich, was nachgewiesenermaßen unmöglich ist. »Franz kann aber quasi die Herausforderung entzerren und für sich machbar gestalten«, sagt Norbert. Ich höre Norbert zu und bin fasziniert, wie präzise er sich an alles erinnert, wie konkret er die gemeinsame Arbeit schildert. Norbert schraubt an dem Deckel seiner Wasserflasche. Er will mir veranschaulichen, wie unterschiedlich Menschen mit neuen Aufgaben umgehen, wenn es beispielsweise darum geht, den Verschluss der Flasche anders als gewohnt aufzudrehen. »Franz verstand kognitiv sofort, wie das am besten funktionierte, was ein ungewohnter Bewegungsablauf für seinen Körper bedeutete und wie er das umzusetzen hatte.«

»Wenn Franz beim Training war, hat sich niemand anderes getraut, Scheiß zu machen«, so Norbert weiter. »Seine pure Anwesenheit hat dazu geführt, dass die anderen mitmachen wollten.« Franz habe die Leute aber auch schon früh angesprochen, wenn sie keinen Bock hatten – und zwar nicht, um seine Person in den Vordergrund zu stellen, sondern weil das sonst eine Stimmung kreiert hat, in der alle zusammen nicht weitergekommen wären. »Durch Franz haben es auch andere Spieler auf eine Leistungsstärke gebracht, die sie allein nie erreicht hätten.«

Als besonders hat Norbert auch die Zeit in Erinnerung, als Franz mit etwa 13 Jahren einen Knorpelriss im Knie hatte. Die Lage war ernst. Niemand wusste, ob er je wieder Basketball würde spielen können. Neun Monate lang durfte er weder laufen noch springen. Er ging normal zur Schule, brauchte keine

Krücken. Aber beim Training war er eingeschränkt. Es war eine harte Zeit für ihn und für uns alle. Franz ist täglich in die Halle gegangen, als wenn nichts wäre. Sein Haupttrainer Marius Huth hat ihn eng begleitet, das Individualtraining hat damals Norbert übernommen. »Wir trainierten im Sitzen«, sagte Norbert. Franz hat also auf der Bank oder auf dem Stuhl gesessen, was unser Orthopäde ihm gerade erlaubt hatte, dann ging es los. »Bälle dribbeln, passen, fangen, kreuz und quer.« In der Zeit haben sie auch viel mit seinen Händen, den Fingern gearbeitet. »Franz hat geworfen, ich musste die Bälle wieder fangen, den Wurf bewerten und mir gleichzeitig die nächste Übung ausdenken«, sagt Norbert. Er springt vom Stuhl auf, verrenkt die Arme, hüpft um den Stuhl, macht Passbewegungen. »Wir haben nichts wiederholt, immer nur Neues gemacht, es war crazy!«

Es war wirklich verrückt, denn letztendlich kam alles so, wie wir gehofft hatten. Der Knorpelriss verheilte – und Franz hat durch das intensive Sitztraining noch zusätzliche Skills erlernt, die er heute noch anwendet und die er ohne die intensive Zeit mit Norbert nicht so perfektioniert hätte. Ich verabschiede mich von Norbert, einem smarten, aufmerksamen, wirklich netten Trainer und laufe die Straße wieder hoch nach Hause. Ich denke noch oft über das Interview nach. Es hat mich zwei Dinge gelehrt: Die Situation mit Franz' Knorpelriss ist damals glimpflich ausgegangen. Und am Ende des Tages geht aus schwierigen Situationen meist auch etwas Gutes hervor.

Das Gefühl, Angst vor Verletzungen zu haben, kennen wir gut, es hat uns oft herausgefordert. Franz' Knorpelriss war nicht die erste Situation dieser Art. Auch Moritz war in der Pubertät neun Monate lang verletzt, er hatte einen Ermüdungsbruch in der Ferse. Heute weiß ich: In beiden Fällen konnten wir längst nicht so viel beeinflussen, wie ich damals dachte. Wir waren gezwungen, die Dinge so zu nehmen, wie sie sind. Wir mussten lernen, mit Hilflosigkeit umzugehen. Trotzdem haben wir weiter Angst gehabt und uns gefragt, was passiert, wenn Moritz und Franz ihrem geliebten Sport nicht mehr würden nachgehen können. Gott sei Dank ist es nicht dazu gekommen.

Was mich zu der nächsten Baustelle bringt, zu dem Thema Schule: Auch hier gab es anfangs viele offene Fragen – aber im Nachhinein hat alles gut geklappt. Zum Hintergrund muss man wissen: Wer in Deutschland sportlich talentierte Kinder hat, ist zunächst ziemlich auf sich allein gestellt. Die Eltern suchen einen Verein, bringen die Kinder zum Training, steuern den Prozess. In den USA läuft das anders: Der Sport ist integriert in das Highschool- und College-System, sodass jedes Kind von Kindesbeinen an in irgendein Schul-Sportteam integriert ist. Die Mädchen und Jungen wachsen in einer Gemeinschaft auf. Über den Sport lernen sie Selbstbewusstsein, Zugehörigkeit und Wertschätzung kennen.

In Deutschland sind es vor allem die Eltern, die ihre Kinder zum Sport bringen, die sie motivieren, anfeuern, unterstützen. Der Sport läuft separat neben der Schule her. Das führt nicht selten dazu, dass Kinder, die engagiert und erfolgreich im Vereinssport sind, von ihren Klassenkameraden – die keinen Sport machen – als »nerdy« wahrgenommen werden. Leistungssportler – alle außer Fußballer – müssen sich hierzulande oft fast rechtfertigen, wenn sie beispielsweise täglich trainieren gehen. Sie sind hierzulande sozial also oft isolierter, treffen irgendwann nur noch andere Sportler. Andererseits buhlt plötzlich ein weitverzweigtes, unübersichtliches Vereins- und Verbandsnetzwerk um die begehrten Talente. Die Deutsche Sportförderung, der Deutsche Olympische Sportbund, die Partner- und Eliteschulen des Sports, die Internate: Alle zerren an dem Kind – so richtig sozial eingebunden ist es aber weiter nicht. Für Jugendliche, die leistungsorientiert Sport betreiben, verengt sich der Weg. Statt auf eine normale weiterführende Schule zu gehen, entscheiden sich viele Leistungssportler für eine Sportschule – wo sich dann alles nur noch um Trainingszeiten, Turniere, das Dasein als Athlet dreht. Auf den Eliteschulen des Sports gibt es nur noch einen Fokus: die sportliche Leistung des Kindes. Ein gewachsenes soziales Gefüge sieht anders aus.

Wir wollten das für unsere Kinder nicht. Wir haben uns daher trotz der Wünsche einiger Trainer bewusst gegen die Eliteschule des Sports entschieden und unsere Jungs auf ein breit aufgestelltes Gymnasium in der Nähe geschickt. Die Jungs hatten ohnehin schon genug mit Basketball zu tun. Auch hatte ich Angst, dass die Bildung zu kurz kommt. Auf einer Sportschule oder einem Sportinternat hätten sie sich, nach unserer Einschätzung, nur noch mit dem Sport beschäftigt und sich viel zu früh auf eine Sportkarriere festgelegt. Uns war ja bewusst, dass der Leistungssport an sich Moritz und Franz schon ein Stück unbeschwerte Kindheit raubt. Mehr Einschränkung wollten wir nicht. Das war unsere Haltung – sie war sicher mehr ein Bauchgefühl als eine strategische Karriereplanung, im Nachhinein aber richtig.

Wir wollten, dass unsere Kinder so normal wie möglich aufwachsen, mit Hausaufgaben, Klassenarbeiten, dem ersten Kuss, Toben auf dem Schulhof, Langeweile, mit Schulfesten in einem sozial durchmischten, lebendigen Umfeld. Mit Freunden, die andere Hobbys haben, vielleicht andere Sprachen sprechen oder aus anderen Kulturen stammen – und die nicht alle Sportler waren.

Unsere Jungs sollten sich individuell entwickeln können und die Welt draußen kennenlernen, wie sie ist: bunt, vielfältig, ein bisschen chaotisch, immer neu, immer anders. Auch wenn es gerade für Moritz auf dem leistungsorientierten Gymnasium anstrengend war, bin ich überzeugt, dass wir uns damals richtig entschieden haben. Denn beide Kinder blicken, wenn ich das als Mutter sagen darf, heute weit über ihren eigenen Tellerrand. Sie denken differenziert, sind tolerant, hinterfragen kritisch und sind sozial intelligent. All das hat auch damit zu tun, wer sie über die Jahre beeinflusst hat, mit und von wem sie gelernt haben.

Was wir nicht absehen konnten: Letztendlich lief auf der allgemeinbildenden Schule selbst die sportliche Entwicklung der Kinder dann sogar besser, als es je hätte auf einer Sportschule laufen können. Beide Kinder haben eine Klasse übersprungen – Moritz die achte Klasse im Gymnasium, Franz die zweite Klasse in der Grundschule – und haben so ein Jahr früher Abitur gemacht. Durch den vorgezogenen Schulabschluss bekamen sie die Chance, erste professionelle Erfahrungen mit Alba Berlin in der Bundesliga zu sammeln, während ihre gleichaltrigen Teamkollegen noch fürs Abi lernten.

Wir haben viel abgewogen und ausprobiert mit unseren Sportjungs. Wir hatten keine Vorbilder. Nur ein Problem konnten wir bis zum Schluss nicht zufriedenstellend klären: die Urlaubsplanung. Mit ist bewusst, dass es kein wirkliches Problem war, sondern mein Luxusproblem. Seit die Jungs Basketball spielten, tauchte vor den Ferien regelmäßig die Frage auf: Was ist mit dem Sommercamp, was mit dem Kader und der Natio? Müssen wir früher aus dem Sommerurlaub zurückkehren, weil die Kinder Training haben? Können wir überhaupt in den Urlaub fahren? Wie halten sich die Jungs fit, wenn wir ans Mittelmeer oder nach Sardinien an den Strand fahren? Also an Orte, die viel zu heiß sind für beispielsweise tägliche körperstabilisierende Übungen (KSÜ), Sprints und andere Lauf-Tests, die sie die Sommerpause über regelmäßig machen sollten. Wie soll man trainieren, wenn es weder Basketballkörbe noch Schatten gibt? Wenig besser sah es im Winter aus. Wir fahren seit Jahren einmal im Jahr meist in die Alpen zum Skifahren und Snowboarden. Genau in den Skiferien gab es aber auch wichtige Trainingslager. Jedes Jahr standen wir von Neuem vor einem Dilemma: Dürfen wir unseren Familienurlaub so planen, wie wir es möchten, oder müssen wir unseren Skiurlaub dem Basketball opfern?

Meist habe ich entschieden, dass wir in den Sommer- oder Skiurlaub fahren. Ich habe es nicht eingesehen, dass wir unsere Familienzeit nach Alba Berlin und dem Deutschen Basketball Bund ausrichten sollten. Ich wollte nicht verzichten, und es ging um meine Kinder. Ich war überzeugt, dass es ihnen guttut, wenn sie mal raus aus dem Alltag kommen, weg vom Basketball, wenn sie Urlaub haben und zwar genau so lange, wie ich das denke, und genau an den Orten, die ich dafür ausgesucht habe. Frankreich, Italien, USA, solche Sachen.

Ich habe mich durchgesetzt, Tatsachen geschaffen und alle informiert, wo, wann und wie lange wir weg sind. Ich habe in Kauf genommen, dass die Kinder ein Vorbereitungstraining, ein Trainingslager oder sogar Turniere verpassten, zu dem das Team nicht alle Tage eingeladen war. Das ging nicht ohne kleine und manchmal auch größere Dramen zu Hause ab. Oft sind auch Tränen geflossen. Denn die Jungs wollten keine Mutter, die längst über die Landesgrenze hinweg dafür bekannt ist, dass sie so gerne in den Urlaub fährt. Die nicht rafft, dass ihre Kinder gesegnet sind. Das Problem tauchte Jahr für Jahr wieder auf.

Auch als ich kürzlich über Facetime mit den Kindern über die Urlaube und die verpassten Trainingslager spreche, liegt sofort diese altbekannte Spannung in der Luft. Die Jungs sitzen ausgeschlafen im Garten, sie haben gerade gefrühstückt. Im Gespräch wird schnell klar, dass sie mein Verhalten damals nervig und schwierig fanden und dass sie das eigentlich immer noch so sehen. »Mich regt heute noch auf, dass du es damals wirklich nicht verstanden hast, wie privilegiert wir alle sind und waren«, sagt Franz. »Mich regt auf, dass es dir nicht wirklich bewusst oder vielleicht auch egal war, teilweise fand ich das respektlos, stur, ignorant und auch arrogant, wie du argumentiert hast.« Rückblickend ist ihm vor allem wichtig, dass ich niemals den Rückschluss ziehen möge, dass meine Urlaubsentscheidungen damals vielleicht sogar dazu beigetragen haben könnten, dass die Jungs heute da sind, wo sie sind. Keinesfalls dürfe ich davon ausgehen, dass es meine vermeintlich kluge Art gewesen sei, die sie mit in die NBA gebracht habe.

Ich bin erstaunt, wie er das denken kann. Ich verstehe aber auch, dass ihn das alles bis heute aufregt. Schließlich war es tatsächlich eine Macht, die ich als Mutter damals hatte und ausgespielt habe. Franz kann auch heute offensichtlich sofort noch abrufen, wie er sich bei dem Thema gefühlt hat. Moritz folgt der Diskussion etwa lockerer aus dem Hintergrund, er taucht zwischendurch am Bildschirm auf. »Natürlich ist es immer doof, wenn über den eigenen Kopf entschieden wird«, sagt er. »Gleichzeitig war ich auch im Zwiespalt, schließlich bin ich gern in den Urlaub gefahren. Es war schwierig, weil wir keine Extrawurst haben wollten. Es geht nicht darum, dass du irgendwas falsch gemacht hast, Mama«, sagt Moritz weiter. »Es ist ja alles gut ausgegangen, ich bastele an meiner Edel-Barista-Maschine, das Wasser im Pool glänzt in der Sonne. Es geht nur darum, dass du eingestehst, dass eben nicht alles richtig war, was du entschieden hast. Dass du nicht der Jesus der Erziehung bist. Dass es schon blöd war, dass du keinen Kompromiss gemacht hast. Du hattest deine klaren Prioritäten, du hast es gut gemeint, und wir hatten uns unterzuordnen. Wir wünschen uns ja nur, dass du dafür heute geradestehst.«

Sie haben recht. Ich stehe dazu, dass ich über den Urlaub nicht mit mir habe reden lassen. Dass wir als Eltern die Entscheidung abgewogen und dann über die Köpfe der Jungs hinweg, aus für uns gut nachvollziehbaren Gründen, getroffen haben. Und dass es mir tatsächlich nicht so klar war, dass dieses Verhalten natürlich auch riskant gewesen ist – und sich negativ auf die Basketballkarriere der Kinder hätte auswirken können.

All das ist lange vergangen. Die vermeintliche Urlaubsproblematik hatte sich mit der Pubertät der Jungs entspannt. Denn wie für alle Heranwachsenden üblich, ließ auch bei Moritz und Franz irgendwann der Wunsch nach, mit den Eltern wochenlang Urlaub zu machen. Mal sind sie noch mitgefahren, mal nicht. Irgendwann hat sich die Sache umgekehrt: Mittlerweile machen wir dort Urlaub, wo unsere Kinder Basketball spielen.

Unser Leben hat sich verändert, seit die Jungs nicht mehr bei Alba Berlin spielen, seit sie weg aus Deutschland sind. Geblieben sind die gemeinsamen Erinnerungen und Erfahrungen, die wir mit den Kindern, den Trainern, mit der Alba-Familie gemacht haben. »Abgerechnet wird zum Schluss«, sagte Norbert an dem milden Sommermorgen in dem Kaffe (mit einem e). »Im Nachhinein habt ihr vieles richtig gemacht, denn die Meilensteine und die damit verbundenen Gefühle werden bleiben.« Das Zusammentreffen mit Moritz und Franz habe auch sein persönliches Leben beeinflusst, sagt Norbert dann noch. »Ich habe auch durch die Arbeit mit den beiden gelernt: Die größte Stärke, die wir als Trainer haben, ist Kommunikation«, sagt Norbert. »Wir verbringen so viel Zeit mit den Jungs, wir haben die Chance, die Eltern kennenzulernen und sie einzubinden. Leider unterschätzen viele Trainer, wie wichtig in unserer Arbeit die Beziehung zu den Spielern als Menschen ist. Ich arbeite gern mit jüngeren Spielern, zu denen ich eine feste, vertraute Bindung aufbaue und auf die wir dann – wie bei Moritz und Franz – Jahre später noch zurückgreifen, egal wie erfolgreich die Spieler zwischendrin geworden sind. Moritz und Franz haben für mich die Grundlage gelegt, auch mit so was zufrieden zu sein«, sagt Norbert. Dass die beiden dort sind, wo sie sind, und vor allem, wie sie sind, ist für Norbert auch ein Beweis für die gute Jugendarbeit bei Alba. »Alle, die es von hier aus zu Höherem geschafft haben, sind normale, tolle Menschen geblieben und nicht abgehoben«, sagt Norbert. »Das finde ich toll, und es bedeutet mir viel. Das Mindset wird schließlich in jungen Jahren aufgebaut – eine Zeit, in der man auch viel falsch machen kann. Daher ist es mir ein großes Anliegen, da bei jedem Spieler wieder neu mit Ruhe und Besonnenheit ranzugehen.«

TEIL 3
Immer weiter

Erwachsen werden am College

Er kündigt seinen Besuch für Samstag an. Auf einen Lunch will er vorbeikommen, bei uns zu Hause. Hat er am Telefon von Würstchen mit Sauerkraut gesprochen – wie so viele Amerikaner, wenn sie an deutsches Essen denken? Nein, hat er nicht. Auf jeden Fall bitte nichts Großes. Nur zwei Stunden. Und ein kleines, deutsches Bier. Das will er zusammen mit Axel trinken. Kein Problem, kriegen wir alles hin. We are excited! See ya soon. Bye!

Moritz schmeißt das Handy auf das schwarze Ledersofa. Schaut hoch zu uns. Reißt die langen Arme in die Höhe, lacht, schreit. Oh my god, ist das wirklich wahr? Wir tanzen durch unsere Küche. Raufen uns die Haare. Wir können es nicht fassen. John Beilein, der USA-weit bekannte College-Coach der Michigan Wolverines aus Ann Arbor, wird mit uns zu Mittag essen.

Er will Moritz kennenlernen, unsere Familie. Für nur 24 Stunden setzt der bekannte Mann sich ins Flugzeug. Detroit – Berlin, Freitag hin, Sonntag zurück. Er wird inkognito reisen, sagt er. Schließlich ist es Anfang Oktober 2014 – mitten in der Basketballsaison. Niemand soll wissen, dass John Beilein in der Welt unterwegs ist, um einen deutschen Spieler zu rekrutieren. Auf dem Airport Schiphol in Amsterdam erkennt man ihn trotzdem, erzählt die Basketballlegende uns später. Michigan ist überall. Das wissen wir damals noch nicht.

Der Samstagmorgen beginnt hektisch. Ich bin angespannt. Wenn Gäste kommen, mache ich mir meist Stress. Wie wird der Coach es bei uns finden? Ist alles aufgeräumt und sauber? Ich putze hier, ich räume da. Ich stopfe in jeden Schrank ein paar riesige Turnschuhe, über die man sonst direkt im Eingang fällt. Entsorge kleine Häufchen aus alten Stiften, Gummibärchentüten und Visitenkarten, die sich überall angesammelt haben. Die Wohnung soll glänzen.

Axel ist schlauer, wenn es darum geht, seine Gefühlslage zu kaschieren. Das war er schon immer. Auch an diesem besonderen Tag weiß er zu verbergen, wie es in seinem Inneren brodelt. Da ist Aufregung, Freude, eine große Traurigkeit, ein Schmerz, so erzählt er es mir später. Er widmet sich lieber dem Kochen. In unserer Familie ist Axel der Experte für Stahlpfannen, Messer und Fleisch. Direkt nach dem Aufstehen wässert er zunächst den Römertopf. Es dauert ein paar Stunden, bis der Ton Wasser zieht. Er schnippelt Lauch, Möhren, Knoblauch und Rosmarin. Er wäscht und trocknet die rohe Lammkeule und legt sie auf das Arbeitsbrett. Wenn Axel kocht, kommt man ihm am besten nicht in die Quere. Er kann sonst schon mal laut werden. Die Jungs schnappen sich den Ball. »Um zwölf sind wir zurück, safe«, sagen sie. »Okay, gut. Bis gleich.« Dann zischen sie ab Richtung Freiplatz am Wasserturm.

Ich bin beim Kochen die Frau fürs Drumherum. Ich zupfe den grünen Salat und decke den Tisch. Ich dekoriere die Teller mit den essbaren Blüten, die ich extra am Tag zuvor gekauft habe. Ich schnippele Äpfel und backe damit die Tarte. Ich krame nach frischen Kerzen. Die Servietten stopfe ich in die Gläser, wie es früher meine Mutter getan hat, wenn zu uns nach Hause Gäste kamen. Axel drapiert das Fleisch auf dem Gemüse-Zwiebel-Knoblauch-Bett, versenkt die Spitze des Thermometers in dem Muskelklotz. Dann schiebt er die großen Keule in den kleinen Ofen. Wir setzen uns kurz zum Verschnaufen an den gedeckten Tisch. Die Keule soll zart werden, unvergesslich zart. So wie Coach Beilein noch nie eine Lammkeule gegessen hat. Nach Provence soll sie schmecken. Wir wollen alles richtig machen.

Der Head Coach hat sich für zwölf Uhr angekündigt. Moritz steht – gerade vom Werfen draußen zurück – am Wohnzimmerfenster. Er schaut vom vierten Stock unseres Altbaus runter auf die Straße mit dem Kopfsteinpflaster. Seine rechte Wange drückt er dabei fest an die Scheibe. Nur so lässt sich die Straße bis ganz unten zur Ecke mit dem Weinladen einsehen. »Da kommt er, eine schwarze Limousine, sie biegt jetzt um die Ecke«, schreit er in Richtung Küche. »Franz, Franz, schnell!« Der Schlaks tänzelt jetzt regelrecht vor Aufregung.

Franz rennt zum Fenster, ich hinterher. Schließlich fahren nicht so oft elegante schwarze Autos mit Chauffeur am Steuer bei uns vor. Wir stehen in einer Reihe am Fensterbrett. Jetzt sehe ich es auch: Ein schweres Auto brettert regelrecht unsere Straße hoch. Es hält vor unserer Haustür. Die hintere Tür öffnet sich. »Jetzt steigt er aus. Er ist es wirklich!«, schreien die Jungs im Chor. Ich bin schon wieder bei meinen Servietten. Moritz und Franz stehen weiter gemeinsam am Fenster. Der Große hinter dem Kleinen. Beide blond, barfuß, in Basketballshorts. Sie halten einander fest. Sie schauen still hinunter.

Dieses Bild hat sich in meinen Kopf eingebrannt. Es steht für einen Moment, in dem sich ein Abschied ankündigt, von einer Kindheit mit Sommern am Liepnitzsee, Urlauben in der Toskana mit Freunden, Camping mit Oma und Opa, Pizza beim Due Forni in der Schönhauser Allee, Basketballturnieren in der deutschen Provinz. Es geht etwas zu Ende in unserem Adlerhorst. Das macht mich – trotz des freudigen Anlasses – gerade sehr traurig.

Ich habe diese beiden Kinder bekommen. Sie werden immer bei mir bleiben. So war mein Gefühl. Als die Jungs an diesem Samstag am Fenster stehen, verstehe ich, dass das nicht stimmt. In meiner Kehle wird es eng. Dann höre ich die Klingel. Moritz schlüpft in seine Schlappen, eilt die Treppe hinunter. Wenig später kommt er gemeinsam mit unserem Gast im Fahrstuhl wieder hoch. »Coach, ich bin so happy, dass du da bist«, höre ich ihn auf der Treppe draußen. Moritz' Stimme klingt ganz ähnlich tief wie die von Axel. »Was für eine Ehre. Mein Vater wartet auch schon, er hat ein tolles Essen gekocht.«

John Beilein tritt in den Raum. Der damals Anfang-60-Jährige ist mittelgroß und gut in shape. Er trägt ein blau kariertes, gebügeltes Oberhemd, das Michigan-M links auf der Brust. Das graue, leicht schüttere Haar frisch gekämmt. Die beige Chino-Hose sitzt locker auf der Hüfte. Unterm Arm hält er ein I-Pad. Ohne dass wir ihn darum gebeten hätten, hat er seine braunen Lederschuhe ausgezogen. So steht er jetzt da, in gelben Socken und mit einem breiten Schmunzeln über das Gesicht. Er ist wach, neugierig, und seine blauen Augen leuchten.

»Ich hatte das Gefühl, dass ich ihn treffen muss, wenn ich ihn rekrutieren will«, erzählt Beilein später amerikanischen Journalisten. »Als ich ankam, fuhr ich mit Moe im Aufzug hoch in das Appartement. Es war der kleinste Aufzug, in dem ich je gefahren bin. Als wir oben ankamen, hatte ich mich entschieden: Wenn dieser Junge wirklich spielen kann, will ich ihn in meinem Team haben.«

John Beilein scheint sich sofort bei uns wohlzufühlen. Er freut sich über Moritz' Erscheinung. »Großartig, dass Moritz wirklich so lang ist, wie er versprochen hat.« Er ist wirklich ein typischer US-amerikanischer Coach, denke ich. Die, so hatte ich gelesen, sind nämlich oft skeptisch gegenüber europäischen Basketballern. Europäische Spieler kündigten sich wohl oft als weit über zwei Meter an. Beim sogenannten Official Visit gebe es dann oft eine Enttäuschung. Dann messen die Rekruten selten mehr als 6,4 Feet, was etwa 1,95 Zentimeter entspricht. Der Official Visit ist ein Wochenende, zu dem College-Teams einen potenziell interessanten Basketballer auf Kosten der Uni einladen. Der Spieler lernt das Team, das Programm und den Campus kennen. Danach bietet das Team ihm ein Athletenstipendium an – oder nicht.

Den ersten Small Talk haben wir unfallfrei überstanden. Trotzdem sind wir noch mindestens eine Lammkeule von Moritz' Official Visit und einem Athletenstipendium entfernt. »Coach, wir alle in der Familie sind Michigan Fans«, richtet Moritz sich mit strahlenden Augen wieder an John Beilein. »Und jetzt stehst du in meiner Küche!«

Das ist außergewöhnlich, nicht nur für uns. Es ist nicht üblich, dass ein Head Coach mehr als 6800 Kilometer zurücklegt, einzig um einen Spieler kurz zu treffen. Er durfte Moritz nicht einmal spielen sehen, er darf die Halle nicht betreten. Das verbieten die Regeln der College-Liga. Es geht nur darum, sich kennenzulernen. Coach B. – wie er kurz genannt wird – scheint das bis jetzt zu reichen. Wir sitzen zusammen und quatschen. Die erste Scheu verfliegt. Unser Englisch ist noch mehr als holperig.

Doch Beilein ist Profi. Er coacht seit den 1980er-Jahren – übrigens immer nur als Head Coach. Mittlerweile ist er Anfang 70 und arbeitet als Senior Advisor for Players Development bei den Detroit Pistons. Er hat in seiner Laufbahn sieben College-Teams geführt, vier davon auf höchstem College-Basketball-Niveau, der NCAA Division I. Er hat schon etliche junge Basketballer rekrutiert. Er ist weltweit dafür bekannt, Talente zu entdecken, die »unter dem Radar« laufen. Coach Beilein hat schon alles gesehen, kann Familien lesen, Mütter verzaubern, Situationen einschätzen. Er ist geduldig und höflich, und er weiß genau, was er will und sucht. Er ist ein Familienmensch und hat vier erwachsene Kinder und mehrere Enkel.

Wir sitzen mit unserem amerikanischen Gast zusammen am Tisch und essen. Das fühlt sich gut an, fast familiär. Coach B. beobachtet genau, was um ihn herum passiert. Ich spüre, dass er mag, was er sieht, was er fühlt. Die Atmosphäre stimmt. Nur eines ist mir aufgefallen, dass er viel redet und wenig isst. Er stochert eher mit der Gabel im Lammfleisch herum. Ich frage mich, warum er das tut. Das Fleisch ist doch wunderbar zart! Es gibt nichts auszusetzen an Axels Kochkünsten. Ich versuche, ruhig zu bleiben. Anders als angekündigt ist sein Interesse an dem Lunch zusammengeschrumpft auf das Häufchen Kartoffelpüree, das er schließlich aufisst. Selbst ein Bier will er nicht – und dabei sind wir bestens vorbereitet: Im Kühlschrank stapeln sich Flaschen einiger der besten deutschen Brauereien. Das Essen ist Nebensache, das Bier egal. Ich versuche, mich zu entspannen. Vielleicht isst er einfach generell nicht so gern? Oder es ist noch zu früh? Oder er ist seit zwei Wochen Vegetarier? Wir erfahren erst Monate später aus der Zeitung, warum Coach Beilein an diesem Samstag so gut wie nichts zu sich nimmt: Er hasst Knoblauch. Es wird ein Running Gag. Eine Geschichte, wie Journalisten sie lieben. The German garlic meal!

Doch wir haben Glück, und der Lunch ist tatsächlich nur ein unwichtiges Rahmenprogramm für Coach Beilein. Er hat den Kopf ganz woanders, denn er ist auf Werbetour und will uns sein College-Basketball-Programm vorstellen – eines der besten im ganzen Land. Er will schauen, ob Moritz in sein Team passt.

Moritz kennt Coach Beilein und sein Team, die Michigan Wolverines, bisher nur aus dem Internet. Er hat ihn das erste Mal bei einer NCAA-Championship im Jahr 2013 gesehen. Die NCAA-Championship ist das jährliche Finale der US-amerikanischen Colleges, einer der sportlichen Höhepunkte in den USA. Die Michigan Wolverines verloren damals mit sechs Punkten gegen Louisville. Axel und Moritz saßen mit dem Laptop auf dem Sofa und fieberten wild mit. Auch in dem darauffolgenden Jahr sind die beiden Fans der Wolverines aus Michigan. 2014 schafft es das Team bis ins Elite Eight gegen Kentucky. »Da musst du hin. Die Leute, die Stimmung, das Spiel, das ist der Wahnsinn«, rief Axel Moritz schon damals zu.

Nun sitzt Coach Beilein in bester Stimmung mit Moritz und Franz auf unserem Sofa. Er hält sein Tablet auf dem Schoß, wischt mit seinem Stift über den Bildschirm, markiert gelbe Kreise, erläutert Spielzüge. Seine Beine liegen ausgestreckt auf dem Sofa, so als wäre er bei sich zu Hause. »Go blue!«, lese ich auf den gelben Fußsohlen. Der Slogan der Michigan Wolverines.

Es fühlt sich surreal an – und gleichzeitig stimmig. Alles ist viel weniger fremd, als ich erwartet habe. Ich habe fast das Gefühl, als sei dieser Mann schon einmal bei uns gewesen. Ich versuche, mich nicht beirren zu lassen und trotz der Freude ein wenig Distanz zu halten. Wahrscheinlich hat Coach Beilein bei allen Müttern seiner Spieler einen Schlag. Schließlich ist er Vollprofi. Er weiß, wie man Mütter dazu bringt, den geliebten Sohn in seine Hände zu geben. Auf den Trick will ich nicht reinfallen. Mich überzeugt schließlich etwas anderes: Coach B. erzählt auch von sich, ist väterlich und zugänglich. Er interessiert sich für Deutschland, was die Jungs in der Schule lernen, wo wir in den Urlaub hinfahren, wie alt die Häuser im Prenzlauer Berg sind, solche Sachen. Ein bisschen erinnert er mich an meinen Vater. Das beruhigt mich, und ich beschließe, ihm zu vertrauen.

Nach drei Stunden »Special Official Visit in Berlin« steigt Coach Beilein wieder in die Limousine. Die Jungs stehen wieder oben am Fenster. Axel und ich räumen die Küche auf. Wir sprechen nicht viel. Jeder ist vertieft in Gedanken. Wahrscheinlich haben wir alle ähnlich gemischte Gefühle. Aus einem Traum ist in wenigen Stunden ein realistisches Szenario geworden. Im März 2015 reisen wir zum ersten Mal nach Ann Arbor zu Moritz' Official Visit. Kurz darauf bietet Coach Beilein ihm ein Vollstipendium über vier Jahre an.

Es ist ein großes Glück, dass Moritz den Weg zu den Michigan Wolverines findet. Denn fast hätte es, trotz oder wegen des Internets, nicht geklappt, dass Coach Beilein und Moritz miteinander in Kontakt kommen. Moritz entschied sich 2014 nach einer Niederlage mit der Jugendbundesliga (JBBL) in Leverkusen, dass er ans College möchte. Wir Eltern liegen nachts wach, haben Angst und freuen uns. Was für ein Traum, wenn das klappen könnte? Ist er wirklich bereit? Was ist unsere Aufgabe? Wir haben keine Ahnung, welche nächsten Schritte nötig sind und wie wir Kontakt in die USA bekommen. Wen sprechen wir an, wer hilft uns? Axel fragt sich durch. Trifft zufällig die Mutter von Nils Giffey beim Physiotherapeuten. Nils ist ehemaliger Alba-Spieler und hat vier Jahre erfolgreich bei dem College-Team der University of Connecticut Huskies gespielt. Sie vermittelt uns den deutschen Agenten Yenal. Er schneidet ein Highlight-Video von Moritz zusammen und schickt das Tape an die University of Michigan und andere Colleges in den USA.

Mit Yenal geht es endlich voran, wir sind erleichtert, dass er uns hilft. Gleichzeitig wissen wir, dass es nur ein Versuch ist. Jedes Jahr bewerben sich Zehntausende Highschool-Jungs am College. Die Chance, dass ein Head Coach all die eingesandten Highlight-Videos anschaut, ist gering. Die Wahrscheinlichkeit, dass ein bekannter amerikanischer Coach den Film eines unbekannten, deutschen Basketballspielers anschaut, ist noch viel geringer. Die Aussicht, dass er von unserem Basketballer so angetan ist, dass er ihn besuchen wird, tendiert gegen null.

Doch genau das tut Coach Beilein. Er schaut das Highlight-Video von Moritz an, ist begeistert und schreibt ihm sofort eine E-Mail nach Deutschland. Es passiert nichts. Keine Reaktion von Moritz. Coach B. schreibt eine zweite E-Mail. Wieder nichts, zwei Wochen lang. Was ist da los in Deutschland, in Berlin? Coach B. will es genau wissen und schreibt eine dritte E-Mail, dieses Mal an Yenal. Der leitet die Mail umgehend an Moritz weiter und ruft hinter ihm her. Moritz checkt nachts sein E-Mail-Programm und findet im Spamordner schließlich zwei ungelesene E-Mails mit John Beilein als Absender.

Bis klar ist, dass Moritz im Sommer 2015 das College-Leben an der University of Michigan in Ann Arbor starten wird, haben wir noch eine schwere Zeit. Wir wägen ab, besprechen das Für und Wider. Doch entscheiden kann nur Moritz selbst. Ich habe mich damals vor allem für ihn gefreut, wenn ich auch Bedenken hatte. Und auch Moritz hat es sich nicht leicht gemacht. »Es war die schwerste Entscheidung bisher in meinem Leben«, sagt er. »Mein Zuhause zu verlassen und nicht zu wissen, was kommt. Ich hab gefühlt über Jahre nächtelang nicht geschlafen, um herauszufinden, ob ich das will.«

Als Moritz sich entscheidet zu gehen, müssen wir noch ein paar organisatorische Hürden nehmen. Moritz muss beispielsweise noch den Toefl-Test machen – den Test of English as a Foreign Language, ein Englischaufnahmetest für die Uni. Es muss auch noch ein Studentenvisum her. Ohne Visum kein Abflug. Das Visum ist längst beantragt, doch im US-Konsulat gibt es Druckerprobleme. Wir warten auf den Anruf der US-Botschaft, dass wir endlich den Pass samt Visum im Konsulat in Dahlem abholen können. Der geplante Abflugtermin, ein Donnerstag, rückt immer näher. Niemand ruft an. Es vergeht der Montag, der Dienstag – kein Anruf.

Dann kommt Mittwoch. Wir sitzen wie auf heißen Kohlen zu Hause. Ich versuche zu arbeiten, kann mich aber nur schwer konzentrieren. Die Koffer stehen bereit. Ich habe Gastgeschenke für die Familien der Coaches gekauft, im Kühlschrank wartet Proviant für Moritz. Zwischen seine Klamotten im Koffer habe ich ein Familienfoto geschmuggelt. Nur das Visum fehlt.

Nachmittags sinkt meine Hoffnung in den Keller. Wie soll er morgen früh um sieben Uhr fliegen, wenn wir am Tag vorher noch kein Visum haben? Die US-Botschaft ist für begrenzte Öffnungszeiten bekannt. Ich schaue auf die Uhr. Es ist Mittwoch, 16 Uhr. Der Flug geht in 15 Stunden. Wir brauchen jetzt ein kleines Wunder. »Okay, ich kann jetzt hier nicht sitzen und warten, ich werde verrückt«, sagt Moritz, jetzt auch unruhig. »Ich gehe in die Halle und werfe ein bisschen. Ruf mich an, wenn sich was tut.«

Weg ist er. Ich halte die Stellung und bleibe zuversichtlich, dass das Unwahrscheinliche noch eintritt. Ich schleiche wie eine Katze um unser Festnetztelefon, auf dem seit Jahren nur noch die Großeltern oder Callcenter anrufen. Ich setze mich an den Schreibtisch direkt vor das Telefon. Ich stehe wieder auf, starre auf den grauen Apparat. Plötzlich klingelt er. Das Telefon klingelt tatsächlich! Ich kann es kaum glauben. In Zeitlupe nehme ich den Hörer ab, höre mich meinen Namen sagen. Ich lausche, ob sich am anderen Ende jemand meldet. »Frau Wagner, ich rufe von der US-Botschaft an. Sie können den Pass Ihres Sohnes jetzt abholen«, sagt eine nette Frauenstimme mit amerikanischem Akzent. »Wo genau in Berlin wohnen Sie? Ist es Ihnen möglich, gleich loszufahren? Sie müssten bis 17 Uhr vorne an der Pforte des Konsulats in der Clayallee sein. Da ist der Pass ausnahmsweise für Sie hinterlegt, danach schließt die Botschaft.«

Ich schaue auf die Uhr. 16.20 Uhr. »Ja, natürlich, alles kein Problem, ich bin schon unterwegs«, stammele ich. Im nächsten Moment renne ich in Schlappen und Yogahose runter, schwinge mich ins Auto, rufe Moritz in der Halle an, stürze mich in den Feierabendverkehr. Wer Berlin kennt, weiß: In einer halben Stunde von Prenzlauer Berg bis nach Dahlem ist schon theoretisch – also ohne Rushhour – schwer machbar. Aber ich muss es schaffen. Ich werde es schaffen. Mir ist heiß und kalt, ich bin euphorisiert, aufgeregt. Tausende Gedanken schießen mir durch den Kopf. Was, wenn ich es nicht schaffe? Wie lange wird es dann dauern, bis wir einen neuen Termin in der Botschaft bekommen? Ich fahre und fahre. Irgendwann taucht das lang gestreckte Gebäude des US-Konsulats auf. Der frühere Sitz des Luftgaukommandos mit vier großen Pfeilern und einer ausladenden Treppe vor dem Eingang ist von Weitem gut zu erkennen.

Ich steuere das Pförtnerhäuschen links vom Eingang an. Ich fahre nahe an das Fenster heran und kurbele meine Scheibe runter. Wie angekündigt sitzen im Häuschen zwei Wärter, die entspannt aussehen. Ganz im Gegensatz zu mir bestimmt. Sie warten schon auf mich, sagen sie. Ich blicke auf mein Handy, es ist fünf Minuten vor 17 Uhr. Einer der beiden steht langsam auf, nimmt den Pass vom Tisch und reicht ihn mir durchs Fenster. Dann sagt er »Auf Wiedersehen«, schließt das Fenster und lässt das Rollo runter.

Ich falle in den Autositz zurück, halte den Pass in meiner Hand, blättere durch bis zum Visum und sehe Moritz' Gesicht auf dem Passfoto. Wie wild schießen mir jetzt Tränen in die Augen. Ich heule, wahrscheinlich nur ein paar Minuten. Aber es fühlt sich an wie mehrere Stunden. Es tut gut, alle Anspannung fällt ab. Ich raffe mich hoch in meinen Sitz, wische mir die Tränen aus dem Gesicht und sortiere mich.

Rund zwölf Stunden später steht die ganze Familie vor dem Terminal A am Flughafen Berlin Tegel. Es ist halb sechs Uhr morgens, kalt, feucht, ungemütlich. Moritz ist schon eingecheckt. Uns bleiben noch zehn Minuten, dann muss er endgültig rein. Wir stehen auf dem Bürgersteig, treten von einem Bein auf das andere, beobachten andere Fluggäste, die aus Taxis steigen, Koffer auf Trolleys hieven. Vor uns parken Autos ein und aus. Wir heulen inmitten des geschäftigen Flughafentrubels. Wir umarmen uns, machen noch ein paar Fotos, versuchen, die Situation aufzulockern. Wir heulen weiter.

Auch Franz weint bitterlich. Ich kann das kaum mit ansehen. Er ist jetzt 13 Jahre – und damit in einem Alter, in dem man den großen Bruder ab und an gut brauchen kann. Auch Franz' Leben wird sich jetzt ändern. Wahrscheinlich spürt er das. Oder er ist nur traurig, so wie wir alle traurig und glücklich zugleich sind. Moritz wird jetzt seinen Traum umsetzen. Es ist eine Gefühlsachterbahn. Abschied nehmen ist verdammt mies. »So, jetzt geh ich«, sagt Moritz plötzlich. Wir hätten noch fünf Minuten, aber er will nur weg. Er schließt uns noch einmal in seine großen Arme. Zieht sich die Kapuze des schwarzen Hoodies über den Kopf und verschwindet hinter dem Schalter. »Ich wollte einfach nur raus aus dem Moment«, erinnerte er sich an die Situation. »Ich wollte nicht weg von meiner Familie, nur weg von dem Gefühl.«

Auf der Rückfahrt nach Prenzlauer Berg spricht niemand ein Wort. Ich bin hundemüde, mein Körper fühlt sich dumpf an. Mir ist kalt. Zu Hause ziehe ich eine Bluse an und steige in den Zug nach Leipzig. Ich habe einen Job auf einem Chirurgenkongress. Die riesige Kongresshalle ist voller Anzugträger. Ich gehe wie in Trance zwischen den Ärzten durch das Gebäude, arbeite meine Termine ab, bin im Funktionsmodus. Ich bin all den Chirurgen des Kongresses dankbar, dass sie mich heute vom Fühlen ablenken.

Für Moritz beginnt ein nächster Lebensabschnitt in einer neuen Welt. Es ist ein Glück und ein Wagnis zugleich. Für viele US-amerikanische Jungs ist es ein großes Ziel, als Athlet am College zu studieren. Die Konkurrenz ist riesig. Für deutsche Sportler ist es fast ein kleines Wunder, wenn das klappt. Eine vergleichbare Laufbahn hierzulande gibt es nicht.

Alle Kinder in den USA kommen früh mit Sport in Kontakt. Sport ist in die Schul- und Uniausbildung integriert. Dort schafft es kein beweglich talentiertes Kind, eine normale Schullaufbahn zu durchlaufen, ohne dass es nicht irgendwann als Sportler entdeckt wird. Die beliebtesten Sportarten sind American Football, Basketball, Baseball und Eishockey. An allen Schulen gibt es Schulteams. Wer an der Highschool sportlich erfolgreich ist, hat die Chance auf ein Athleten-Stipendium fürs College.

Ansonsten kostet ein Studium an einem College in den USA zwischen 40 000 und 100 000 Dollar pro Semester. Viele

US-amerikanische Familien eröffnen nach der Geburt eines Kindes ein Konto, um für die Uni zu sparen. Andere geben ihre Kinder früh in ein Sportteam und unterstützen die sportliche Laufbahn mit privaten finanziellen Mitteln. So steigt die Chance auf ein Athleten-Stipendium. Einige Kinder trainieren gleich eine Randsportart wie Wasserball, Schwimmen, Ringen oder Feldhockey – wo die Konkurrenz nicht so groß ist wie im Basketball oder American Football. Ihre Eltern hoffen, dass sie so eher ein solches »Scholarship« bekommen.

College- und Profisport ist in Amerika gesellschaftlich hoch angesehen – und attraktiv. Als Profisportler lässt sich sehr viel Geld verdienen. Mittlerweile ist es sogar bereits College-Spielern erlaubt, Werbeverträge zu unterschreiben und so eigenes Geld zu verdienen. Hat man es als Basketballer ans College geschafft, sitzt man eventuell trotzdem auf der Bank. Das College ist überdies kein Garant für eine NBA-Karriere. Ist man dann NBA-Spieler, muss man sich etablieren.

Moritz hat also große Pläne. Er zieht in die Fremde – und will sehen, was für ihn am College möglich ist. Alles ist ungewohnt oder gar neu: die Sprache, die Kultur, das Essen, das Team, die Region. »Dass ich selbst entscheiden musste, ob ich ans College gehe oder nicht, das hat mir geholfen für mein Selbstbewusstsein«, erinnert er sich heute. »Ich war gezwungen, als junger Mensch ein Gefühl zu entwickeln, was gut für mich ist.«

Der erste Winter in Michigan ist eisig. Wir besuchen Moritz zu Weihnachten. Ich erinnere mich, wie wir uns nach einem elendig langen Flug das erste Mal im Mietauto durch die karge Landschaft des Mittleren Westens kämpfen. Es ist bitterkalt, dunkel, die Fahrbahn ist vereist und es schneit. Die Reise von Chicago bis in das kleine Städtchen Ann Arbor dauert fünf Stunden. Auf der Landkarte sah das alles viel näher aus. Von Detroit nach Ann Arbor braucht man nur eine halbe Stunde. Der Flug über Chicago war aber billiger. Die nächsten Jahre sind wir nie wieder nach Chicago geflogen. Das war klar ein Anfängerfehler.

In Ann Arbor wohnen wir als Familie in der Rose Avenue. Das kleine blaue Haus sieht aus wie alle in der überschaubaren Studentenstadt: zweistöckig, vorn mit Veranda, in einer leuchtenden Farbe gestrichen. In Ann Arbor leben zu der Zeit rund 114 000 Menschen. Ihr Herz schlägt für die University of Michigan und deren Sportteams. Alle tragen blau-gelbe Michigan-Klamotten. Man grüßt sich mit »Go blue«. Der Uni-Campus und das »Big House« bilden das Zentrum der Stadt. Fast 110 000 Fans kommen in dem riesigen American Football Stadion unter. Es ist das größte Stadion des Landes und das drittgrößte weltweit[19]. An Spieltagen verwandelt sich die ganze Stadt in eine Tailgate-Party. Schon Stunden vor Anpfiff campieren Studenten und Fans auf Parkplätzen, machen Barbecue und trinken Bier aus roten Plastikbechern. Ann Arbor ist aber auch eine Basketballstadt. Das Crisler Center liegt direkt neben dem Big House. Die Arena samt Training Facility ist so neu, riesig und glänzend, wie ich vorher noch keine Arena gesehen hatte.

Wir feiern in der Rose Avenue Weihnachten wie zu Hause. Ein paar Tage soll alles so sein wie immer. Moritz zieht aus seinem Studentenwohnheim mit in unser kleines Haus. Unsere Airbnb-Vermieter haben uns eine echte Tanne in das Wohnzimmer gestellt. Richtige Kerzen und den hölzernen Weihnachtsschmuck habe ich mitgebracht. Wir genießen die gemeinsame Zeit und lernen die Menschen der Michigan Basketball Family kennen. Es ist eine herzliche Stimmung. Moritz ist gut angekommen. Alle begrüßen uns, als würden sie uns schon gut kennen, als gehörten wir schon lange zur Michigan-Familie.

Doch das stimmt nicht. Es ist Moritz' erstes Jahr. Er sitzt noch viel auf der Bank, ist körperlich noch unterlegen, muss sich durchbeißen, sich hart seinen Platz erkämpfen. Zum Ende der Saison zeichnet sich ab, dass sich die Arbeit lohnt. »Du musst eine Mentalität zum Kämpfen mitbringen. Du musst bereit sein, deinen Konkurrenten von seinem Spot zu verdrängen«, weiß Moritz heute. Prinzipiell fühlte er sich damals der Situation aber gewachsen. »Wir sind so aufgewachsen, dass der Schritt ans College zu unserer Persönlichkeitsentwicklung passt«, sagt Moritz. »Wir kommen aus einer großen Stadt, sind immer international unterwegs gewesen. Ich habe mich schnell in dem fremden Land zurechtgefunden.« Im zweiten College-Jahr läuft es für unseren »Sophomore« sportlich deutlich besser. Moritz startet in allen 38 Spielen, bekommt pro Spiel knapp 24 Minuten Spielzeit, macht im Schnitt 12,1 Punkte und trifft 39,5 Prozent seiner Dreipunktwürfe. Auf dem Campus erkennt man ihn jetzt als Athlet der Wolverines, er ist Student der University of Michigan.

Im Jahr darauf gewinnen die Michigan Wolverines – vor allem durch Moritz' Hilfe – das Big Ten Tournament. 1989 waren sie einmal NCAA-Champions, also bestes College-Team des Landes. 2017 werden sie dann Sieger ihrer Liga, der sogenannten Big Ten. Axel und ich sind damals auch in Washington, D.C. dabei. Am Tag nach unserer Ankunft schlendern wir über die grüne Mall im Herzen der Hauptstadt in Richtung Weißes Haus. Am Abend werden wir Moritz und sein Team im Hotel empfangen. Sie sind gerade in Ann Arbor ins Flugzeug gestiegen.

Da klingelt plötzlich Axels Telefon. Wir wundern uns. Zu Hause in Berlin schlafen noch alle. Moritz sitzt im Flugzeug. Wer ruft uns hier beim Sightseeing in den USA an? Ich höre ein Rauschen, dann Moritz' Stimme, abgehakt, hektisch. »Mama, Papa, wir mussten gerade alle ganz schnell raus aus dem Flugzeug. Laptops, Klamotten, bis auf die kleinen Kinder haben wir alles zurückgelassen und sind raus. Ein Fehlstart«, sagte er ganz aufgeregt. »Was sagst du? Fehlstart?«, höre ich Axels Stimme. Er kann kaum etwas verstehen. Auch bei uns auf dem Feld ist es windig. »Jetzt ist alles gut, wir sind in Sicherheit«, sagt Moritz wieder. Dann bricht die Verbindung ab.

Ich spüre, wie meine Knie weich werden. Ich hätte mich gern hingesetzt. Aber auf der Grünfläche vor dem Weißen Haus gibt es keine Stühle. Zuerst denke ich, dass Moritz scherzt. Manchmal macht er das in den unmöglichsten Situationen. Aber das ist kein Scherz, im Gegenteil. Das ganze Team ist nur knapp einer Katastrophe entgangen. Auf dem Weg von Ann Arbor nach Washington, D. C. schafft es die Maschine nach dem Abflug nicht in die Luft – sondern rast vollbesetzt mit dem gesamten Wolverines-Team samt Familien über das Rollfeld hinaus ins Gelände. Auf der Fahrt durch die Landschaft verliert die Maschine erst die Reifen. Dann kommt der Koloss zum Stehen. Alle Spieler, Coaches, Kinder, schwangere Ehefrauen müssen in Sekunden über die Notausgänge rausspringen und über den Rasen so weit wie möglich vom Flugzeug weglaufen. Das Flugzeug droht zu explodieren. Sie hätten alle tot sein können.

Tatsächlich dauert es eine Weile, bis Axel und ich begreifen, was passiert ist. Unser Kind hat tatsächlich nur knapp ein Drama überlebt. Wir gehen erst mal in ein Café, trinken einen Tee. Später telefonieren wir wieder mit Moritz. Das Team bleibt an diesem Tag noch in Ann Arbor, die Jungs werden psychologisch betreut. Am nächsten Tag treffen sie mit einem anderen Flugzeug in Washington ein. Wir begrüßen die Kinder gemeinsam mit den anderen Team-Eltern im Hotel. Als wir unsere Jungs durch die Lobby laufen sehen, weinen wir alle.

Am nächsten Tag beginnt das Turnier. Unser Team spielt zunächst in ihren Trainingsjerseys. Die Turniertrikots sind im Bauch des verunglückten Flugzeugs zurückgeblieben. Die Jungs legen ein Turnier hin, das in die Michigan-Basketballgeschichte eingehen wird. Der Absturz hat etwas mit ihnen gemacht, der Schock hat sie zusammengeschweißt. Die Wolverines gewinnen das Big Ten Tournament. Auf dem Ring, den die Champions des Big Ten Tournament erhalten, ist zur Erinnerung ein Flugzeug eingraviert.

Im dritten College-Jahr läuft es super für unseren »Junior«. Auch diese Saison, im Jahr 2018, gewinnen die Michigan Wolverines das Big Ten Tournament. Zum zweiten Mal in Folge. Dieses Mal im Madison Square Garden in New York City. Moritz wird zum herausragendsten Spieler des Turniers gekürt. Ich gebe einem sichtlich erfreuten Journalisten danach auf dem Court mein erstes Mommy-Interview. Es ist bis heute im Netz zu sehen – was für eine peinliche Sache. Ich stammele in schlechtem Englisch vor mich hin. Mein Gesicht ist rot vor Aufregung.

Die Michigan Wolverines ziehen außerdem in das Final Four des March Madness ein. Nach 1989 besteht für sie zum zweiten Mal die reale Chance, die College-Meisterschaft zu gewinnen. Im »March Madness« spielen die besten College-Teams der USA einen Monat lang den NCAA-Meister (National Collegiate Athletic Association) aus. Es herrscht Ausnahmezustand in den USA.

Für dieses große Ereignis fliegen auch wir Eltern mit nach San Antonio in Texas. Wir wollen bei dem Spektakel dabei sein. Franz muss wegen Schule und Basketball zu Hause bleiben. Ganz San Antonio ist auf den Beinen und im March-Madness-Fieber. Überall trinken und feiern Basketball-verrückte Fans. Das digitale Bracket hängt in riesigen Lettern an der Hauswand eines Hotels, sodass es von jedem Ort der Stadt aus zu sehen ist. Überall sind riesige Screens für das Public Viewing aufgebaut. Dabei passen in die Arena »Alamodome« mit 65 000 Zuschauern ja schon ziemlich viele Menschen.

Ein Ticket für das Final Four kostet im Schnitt 1100 Dollar[20]. Wer einen besseren Platz haben will, zahlt für alle Spiele allein 10 000 Dollar – 7000 Dollar nur für das Championship-Game. Wir wohnen in einem schönen Hotel in der 13. Etage. Manchmal sitze ich in der Woche kurz auf meinem Bett und blicke durch das riesige Panoramafenster runter auf den ganzen Wahnsinn. Schon vor dem Halbfinale werden unsere Jungs wie Superstars gefeiert. Wenn sie auftauchen, ist kein Durchkommen mehr. Zu den Spielen wird der Spielerbus von der Polizei eskortiert.

Für Axel und mich ist alles außergewöhnlich. Noch nie haben wir ein Basketballspiel erlebt, das in einem Football-Stadion ausgetragen wird, in das rund 65 000 Menschen reinpassen. Noch nie saßen wir bei so einem wichtigen Basketballspiel in der ersten Reihe. Wir saugen alles auf, aus nächster Nähe. Moritz legt ein »Monstergame« hin. Es ist wieder vor allem sein Verdienst, dass die Jungs im Halbfinale die Loyola Ramblers aus Chicago besiegen.

Das Halbfinale ist eine »Moritz-Sternstunde«. Es ist so laut, dass man sein eigenes Wort nicht versteht. Es ist so voll. Ich schaue in alle Richtungen. »Bis zum Horizont« sitzen, stehen, springen und singen Menschen in den Rängen. Noch nie vorher bin ich in einem größeren Stadion gewesen. Noch nie vorher hab ich mein Kind so gesehen: Moritz punktet und punktet, immer wieder und unaufhörlich. Es ist ein unbeschreibliches Gefühl, ihm dabei zuzusehen, wie er sich gerade von Minute zu Minute selbst übertrifft. Wie er sich gerade selbst in die NBA spielt. Er dominiert über weite Strecken das Spiel.

Mit 24 Punkten und 15 Rebounds macht er als erster Spieler seit Larry Bird (1979) und Hakeem Olajuwon (1993) über 20 Punkte und 15 Rebounds. Nach diesem Top-Four-Auftritt ist nichts mehr, wie es war. Im Hotel steigt eine Michigan-Party, wie ich sie nicht für möglich gehalten hätte. Überall Fans, Spieler, Eltern, Freunde. Alle tragen Shirts und Caps in »maize & blue«. In der Lobby stehen Menschen dicht aneinandergedrängt, das Bier fließt in Strömen.

Moritz wird belagert, sobald er das Hotelzimmer verlässt. Selbst mit seiner Mutter wollen die Leute Selfies machen. Als wir am nächsten Tag zum Finale in Richtung Arena schlendern, bildet sich eine Traube Menschen um mich. Die Aufmerksamkeit ist neu und ungewohnt. Und dann ist auch noch mein Mann einfach weg, was mich kurz ärgert. Wir haben uns in dem Getümmel verloren, es war keine böse Absicht von ihm.

Am nächsten Tag beglückwünschen uns – trotz der Niederlage im Finale – wildfremde Menschen. Moritz ist längst wieder in Michigan. Im Restaurant bezahlt eine Fan-Familie der Michigan State University – der Erzrivale der Michigan Wolverines – am Nachbartisch beim Mexikaner unsere Rechnung. »He is a Michigan man!«, erklären sie uns.

Auf dem Flughafen wollen mehrere Leute wieder Selfies. Axel und ich grinsen zusammen in die Kamera. Am Gate schlage ich die *New York Times* auf – und sehe einen Bericht über das Halbfinale. Daneben ein Foto von meinem Kind.[21] Das fühlt sich überwältigend an und ein bisschen so, als sei ich in einem Film. Das ist crazy, mein Kind prominent in einer der wichtigsten US-amerikanischen Tageszeitungen zu sehen.

Mit dem Halbfinale hat sich Moritz endgültig einen Namen als College-Spieler gemacht. »Man geht nicht ans College, um einen Basketball-IQ zu verbessern, um neue, besondere Skills kennenzulernen, um eine bessere Basketballausbildung zu bekommen«, weiß er damals. »Das College ist ein Mittel zum Zweck, zu dem du dich vollends bekennen musst, für das du extrem hart arbeiten musst. Man geht ans College, um den Sprung in die NBA zu schaffen. So war meine Logik damals: Ich muss irgendwie auf den Radar kommen, ich muss auf ESPN[22] spielen, ich muss jemandem in die Fresse dunken. Nur so werde ich sichtbar.«

Der Plan geht auf. Moritz schafft es in die Primetime. Für ihn ist das Final Four das Sprungbrett für seine nächste Station. Nach dem Halbfinale in San Antonio geht es weiter.

Das nächste Highlight wartet schon. Ich erfahre davon im Hotel auf dem Bett. Moritz liegt neben mir und verkündet, dass er sich zum NBA Draft 2018 anmelden wird. In einer schicken Limousine fahren wir kurz darauf in ein ebenso schickes Hotel und lernen Joe kennen. Er arbeitet für eine große US-amerikanische Sportagentur – und wird Moritz durch den Prozess bis zum Draft und danach begleiten. Ich weiß bald nicht mehr, wo mir der Kopf steht. Gestern noch die krasse Michigan-Party in der Hotellobby. Heute ein Treffen mit neuem Agenten und einer Powerpoint-Präsentation an der Wand, die nur ein Thema hat: Moritz' brillante Basketballzukunft. Es ist alles unfassbar. Es ist unser Leben.

Genau dieses Leben ist wie ein Fluss. Es fühlt sich so an, als würde ich von einem Höhepunkt zum nächsten gespült. Kaum komme ich dazu, mich über eine weitere Neuigkeit zu freuen – schon ist diese wieder veraltet. Dabei ist es egal, wo ich mich befinde. Ob in Ann Arbor, New York, San Antonio oder in Berlin, ständig und überall warten Überraschungen, die ich kaum verarbeiten kann. Ich versuche, den Fluss zu genießen, mich den Ereignissen hinzugeben. Gleichzeitig spüre ich, dass ich Mühe habe, meinen Platz in diesem Geschehen zu finden. Ich reagiere mehr, als dass ich agiere. Ich laufe den Ereignissen hinterher.

Moritz wird im Sommer 2018 von den Los Angeles Lakers gedraftet. Und auch, wenn das – von außen betrachtet – unseren Alltag in Berlin nicht groß verändert: Es ist doch alles anders. Axel und ich kämpfen mit der neuen Situation, unsere Beziehung wackelt. Gerade ist das eine Kind versorgt, wird auch das andere flügge.

Franz ist jetzt 17. Wie Moritz hat auch er ein Jahr früher als üblich Abitur gemacht. Wie Moritz hat auch er die Chance bekommen, ein Jahr bei den Alba-Profis in der Bundesliga und der EuroLeague zu spielen. Franz' Head Coach bei Alba ist Aíto García Reneses. Der Anfang-70-jährige Head Coach der Alba-Profis ist dafür bekannt, dass er Jungtalente groß macht, so zum Beispiel die späteren spanischen National- und NBA-Spieler Pau

Gasol, Rudy Fernandez, Juan Carlos Navarro und Ricky Rubio oder den Letten Kristaps Porzingis. Nun lernt unser Franz bei Aíto. Was wird 2019 passieren? Will Franz einen Ausbildungsvertrag bei Alba unterschreiben? Oder wird er wie Moritz nach Michigan gehen? Axel und ich versuchen, den Prozess so stressfrei wie möglich zu begleiten. Wir wollen Franz weder reinreden noch Druck ausüben. Doch Franz schweigt sich aus. Zwischendurch ist sogar Coach Beilein noch einmal in Berlin zu Besuch – um auch ihn nach Michigan zu holen. Alles bleibt unklar. Es ist eine Qual zu sehen, wie das eigene Kind sich windet. Spreche ich Franz auf das Thema an, antwortet er nicht. Wir können nur warten. Es ist eine anstrengende Zeit. »Ich wollte meinen eigenen Weg gehen«, erklärt Franz die Hängepartie. »Ich habe bei Aíto die Chance bekommen, ganz viel zu spielen. Das hat mir viel Vertrauen gegeben, ich habe viel gelernt. Und es war definitiv nicht so, dass ich sofort nach Michigan wollte. Ich fand beides gut. Ich wollte so lange warten wie möglich«, sagte Franz. Insgesamt dauert sein Entscheidungsprozess ein Jahr.

Höhepunkt des Dramas ist ein Moment auf dem Weg zum Official Visit in Ann Arbor. Franz hat sich entschlossen, Michigan zu besuchen. Wir sitzen im Flugzeug, die Türen der Maschine sind bereits geschlossen. In wenigen Minuten werden wir aufs Rollfeld fahren. Im Augenwinkel sehe ich, wie Franz eine SMS von seinem Alba-Kollegen Tim Schneider bekommt. Er starrt auf den kleinen Monitor und reicht uns das Telefon rüber. Der SMS ist ein Link angehängt. »John Beilein wechselt nach zwölf Jahren bei den Wolverines in die NBA«, lese ich eine Headline. Ich kann nicht glauben, was ich sehe. Es ist schon wieder unfassbar. Sind wir nicht gerade unterwegs zu eben diesem Coach, der Franz noch vor wenigen Wochen persönlich rekrutiert hat? Und jetzt ist der in der NBA? Er habe seine Entscheidung nach reiflicher Überlegung getroffen, hat Beilein bei der NBA-Draft-Lotterie am Abend zuvor in Chicago verkündet. Auf dem Foto neben dem Beitrag trägt er eine kastanienbraune Fliege – die Farbe seines neuen Teams, den Cleveland Cavaliers.

Franz ist den Tränen nahe. Er schlägt sich zweimal auf die Knie, flucht. Fuck! Aussteigen geht nicht mehr. Wir fliegen also wie geplant nach Ann Arbor. Der Official Visit findet ohne Coach Beilein statt. Es wird dennoch ein tolles Wochenende. Neuer Head Coach der Wolverines wird schon bald Juwan Howard, eine Michigan-Legende. Er gehörte 1991 zur den Fab Five, einer extrem erfolgreichen College-Truppe mit Chris Webber, Jalen Rose, Ray Jackson und Jimmy King. Howard spielte auch lange in der NBA, unter anderem bei den Orlando Magic.

Nach dem Official Visit kommt der Tag, an dem Franz sich entscheiden muss. Er ist mit der U18-Nationalmannschaft gerade auf Auswärtstrip. Wir warten, dass er anruft. Ich bin schon morgens unruhig. Es vergehen viele Stunden, das Telefon klingelt nicht. Am Abend sitzen Axel und ich auf dem Balkon und trinken Bier. Es ist dunkel, ich sehe »Franzi« auf meinem Display aufleuchten. Ich gehe ran und glaube zu wissen, was Franz mir jetzt gleich sagen wird, aber es kommt anders. Ich höre Franz' Stimme, sie klingt ganz ruhig. »Ich gehe nach Michigan«, sagt er kurz und knapp. Danach ist es still. »Was, wirklich?«, antworte ich. »Franz, wie großartig…!«, stimmt Axel ein. Wir freuen uns mit ihm und für ihn. Auch Moritz ist begeistert, als er von Franz' Entscheidung erfährt. »Ich bin froh, dass ich es gemacht habe«, sagt Franz später. »Ich habe mich der Situation gestellt und in Michigan viel gelernt: Wer zu weich ist, der spielt nicht – fertig. Die Amerikaner haben einen Killerinstinkt, den es in Deutschland nicht gibt. Wer es nicht will, schafft es nicht. Das hilft mir jetzt. Es geht dabei gar nicht nur um das Sportliche, sondern auch darum: Was bringt mich als Mensch weiter? Meine Teamkameraden aus Michigan, das sind nun Freunde fürs Leben. Michigan war mit die beste Zeit in meinem Leben.«

Auf die große Bühne

Ich sitze bei den Jungs am Tisch. Am Abend werden sie gegen die Denver Nuggets spielen. Die Saison ist fortgeschritten, das Team der Orlando Magic hat bereits 55 von 82 Spielen hinter sich. Die Jungs stehen an Platz 13 der Eastern Conference, es besteht noch Hoffnung auf die Play-offs. Wir haben gefrühstückt. Jetzt liest Franz auf dem Sofa, und Moritz bastelt an seiner Espressomaschine. Ein typischer Gameday-Vormittag. Doch es knistert in der Luft. Es ist der 9. Februar 2023, der Tag der sogenannten Trade Deadline. Er gehört nicht zu meinen Lieblingstagen. Trade Deadline heißt, dass bis heute Nachmittag um drei die Karten in der NBA noch einmal neu gemischt werden.

Ein Trade ist ein Handel zwischen mindestens zwei Franchises. Die Teams tauschen Spieler, Auswahlrechte beim Draft, Spielerrechte und Geld. Das hört sich aus der Ferne zunächst unspektakulär an. Transfers gehören schließlich zum Profisportgeschäft, auch im Fußball. Man stelle sich aber mal vor, was ein Trade für die Betroffenen und ihre Familien bedeutet. Dann wird schnell klar, wie hoch der Preis ist, den Spieler zahlen, um Teil der NBA zu sein.

Anders als im europäischen Fußball – wo bei einem Transfer teils hohe Ablösesummen gezahlt werden – dürfen NBA-Spieler bei einem Trade einfach so versetzt werden, wenn sich zwei oder mehrere Teams darauf einigen. Betroffene Spieler haben *kein* Mitspracherecht. Wer getraded wird, gehört von jetzt auf gleich einem neuen Team an. Egal, ob man das akzeptiert oder nicht. Wer getraded wird, packt seine Sachen und macht sich auf den Weg. Und der kann weit sein. In den USA gibt es 30 NBA-Teams quer über das Land verteilt. Ein Trade kann bedeuten, dass man über Nacht von der West- an die Ostküste versetzt wird, aus der Wüste in den Schnee muss oder aus New York nach Texas zieht.

Bis zur Trade Deadline können Teams bestimmte Spieler also neu verpflichten, um die Weichen noch konkreter in Richtung Play-offs zu stellen. Oder sie trennen sich von Spielern, die in der Saison bisher hinter den Erwartungen zurückgeblieben sind. Danach sind bis zum Saisonende keine Spielerwechsel mehr möglich. Die Trade Deadline ist daher für so manche Überraschung gut.

Wir schalten ESPN ein. Das »NBA & Trade Deadline Special« läuft. Alle News zur Trade Deadline werden in der Sondersendung regelrecht zelebriert. Das Medieninteresse ist riesig. Seit Stunden analysiert die perfekt gestylte Moderatorin im blauen Etuikleid mit zugeschalteten Experten, wer die Gewinner und Verlierer der diesjährigen Trades sind. Links oben im Bild prangt prominent ein rotes Banner »Breaking News«. Die wichtigsten Transfers sind schon gelaufen (Kevin Durant zu Phoenix!). Ich schleiche trotzdem immer wieder in Richtung Fernseher.

Ich habe nicht den Überblick über die einzelnen Spieler, wie sie stehen, was sie können, wie sie gehandelt werden. Ich bin daher viel unsicherer als die Jungs, was hier gerade passiert. Ich kann die Sache nicht einschätzen. Ich freue mich, dass die Zeit schnell vergeht. Ich versuche, möglichst wenige dumme Fragen zu stellen, glotze einfach auf den Fernseher. Die Jungs sind professioneller, steigern sich nicht so rein in das nervige Thema. Sie scheinen überhaupt keine Angst vor Überraschungen zu haben. Es ist auch unwahrscheinlich, dass einer der beiden heute getraded wird. But you never know! Sie sitzen entspannt mit freiem Oberkörper irgendwo im Raum rum, fachsimpeln über die Kommentare der Experten. Mal blicken sie auf den Monitor, mal raus in den Garten, mal auf den Laptop. »ESPN hinkt hinterher, das ist nur zur Unterhaltung«, sagt Moritz. »Brandneue News gibt es hier.« Er zeigt auf die Adresszeile des Laptop-Browsers. »Hoopshype.com heißt die Seite. Sozusagen Twitter nur für Basketball.«

Es geht auf 15 Uhr zu. Ich bin jetzt sehr aufgeregt. Die Moderatorin schielt zur Uhr. »I am watching the clock ticking down«, sagt sie. Ich finde es übertrieben, wie sie in der Sendung hier die Spannung erhöht, aber gut. Jetzt gibt es sogar einen Countdown. »Ten, nine, eight, seven …«, zählt die Moderatorin runter. Eine Glocke ertönt. Die Trade Deadline ist vorüber. Ich gebe ein komisches Geräusch von mir. »Erleichtert, Mama?«, fragt Moritz. »Schön. Dann können wir uns ja jetzt mal den wichtigen Dingen des Tages widmen. Ich mach mal Mittagsschlaf«, sagt er.

Ich bin froh, dass die Jungs heute verschont geblieben sind. Das war auch schon anders. Aber der Reihe nach. Moritz ist seit fünf Jahren NBA-Spieler, Franz in seiner zweiten Saison. Sie leben in einem Kosmos, der auf den ersten Blick glitzert. Der für viele Menschen einer Traumwelt gleicht, in der es um Sport, Ruhm, Erfolg und dicke Autos geht. Was ist falsch an diesem Bild? Was muss man noch wissen über diesen Laden? Die Sache mit dem Geld. Na klar. Woher kommen die Millionen Dollar für die Spielergehälter? Solche Sachen. Warum gibt es kein ähnliches Geschäftsmodell in Europa? Was unterscheidet die NBA von der EuroLeague? Auch spannend. Als Mutter frage ich mich noch, was die NBA eigentlich mit mir gemacht hat. Und was mir gar nicht gefällt. Die Antwort ist einfach: Es sind diese Trades!

Spieler werden ausgetauscht wie Spielfiguren auf dem Schachbrett. Manche Jungs trifft es einmal, andere fünf- oder sechsmal. Bis auf wenige Ausnahmen wie LeBron James, Kobe Bryant zu Lebzeiten oder früher Dirk Nowitzki haben heute nur wenige Spieler in ihrem Arbeitsvertrag ein explizites Vetorecht. Ich finde die Trade-Regeln an sich krass. Es ist mehr als kurios, *wie* Spieler ausgetauscht werden. Manchmal erfahren einige Spieler selbst erst auf X von ihrem Transfer. Blake Griffin zum Beispiel, als er 2017 von den Los Angeles Clippers zu den Detroit Pistons wechseln musste. Andere Spieler erwischt es im Flugzeug. Anfang der 1990er-Jahre stoppte ein Flugzeug auf dem Rollfeld kurz vor dem Start in Phoenix/Arizona und ließ den Shooting Guard Steve Smith raus. Sein Heimatverein Miami Heat hatte ihn gerade an die Atlanta Hawks abgegeben. Smith musste aussteigen, weil sein neues Team am Tag darauf ein Spiel gegen die Phoenix Suns haben würde. Also genau das Team, gegen das Smith gerade noch für die Heat gespielt hatte. Oder der Forward Harrison Barnes: Er saß 2019 auf der Bank der Dallas Mavericks. Mitten im Spiel wurde er getraded. Barnes blieb trotzdem bis zum Schluss auf der Bank sitzen und feuerte seine frischen Ex-Kollegen weiter an.

Ausnahmen bestätigen die Regel, selbst in der NBA. Nur einige wenige Spieler haben das Glück, nie getraded zu werden. So wie Dirk Nowitzki. Er spielte 21 Saisons für die Dallas Mavericks. Oder Tim Duncan, er war 19 Saisons bei San Antonio Spurs, Reggie Miller 18 Saisons bei den Indiana Pacers. Kobe Bryant 20 Saisons bei den Los Angeles Lakers, »Magic« Johnson 13 Saisons. Schön für diese Jungs. Aber kein wirklicher Trost für eine einfache NBA-Mutter wie mich. All diese Spieler waren Superstars. Die Teams, die sie verpflichtet hatten, wollten die Jungs halten. Üblicher ist es, vor allem für junge Spieler, dass sie jederzeit mit einem Trade rechnen müssen. Bis auf einige Zeitfenster, in denen die Tauschgeschäfte untersagt sind, sitzen sie auf einem Pulverfass. Natürlich steht kein NBA-Spieler morgens auf und denkt als Erstes daran, dass es heute so weit sein könnte. Er würde ja verrückt werden. Theoretisch kann das Pulverfass aber täglich explodieren. Moritz hat schon zweimal erfahren, wie sich das anfühlt … Das erste Mal passiert das im Frühsommer 2019. In Berlin ist es ein lauer Abend. Wir sitzen mit Freunden in einer kleinen Pizzeria in der Oderberger Straße. Mein Telefon klingelt. Moritz spielt zu der Zeit seine zweite Saison bei den Los Angeles Lakers. »Mama, setzt dich bitte mal«, sagt er. »Wie gefällt dir eigentlich Washington, D.C.?« Seine Stimme klingt aufgeregt, ein bisschen traurig. »Ich bin gerade nach D.C. getraded worden.« Dann ist es still in der Leitung. Mir bleibt die Pizza im Hals stecken.

Die Nachricht kam zwar nicht überraschend. Es gab Gerüchte, wir erwarteten, dass Moritz getraded wird. Trotzdem bin ich in diesem Moment überfordert. Was kann ich jetzt Mitfühlendes sagen – über dieses Handy, über die Tausenden Meilen an Entfernung? Wie kann ich meinen Jungen aufmuntern, der irgendwo in Los Angeles auf der Straße steht und gerade eben versetzt worden ist? Mit 23 Jahren, zum ersten Mal in seinem Berufsleben. Wie geht es ihm? Wie geht es mir? Was kann ich tun? Mir schießen Tausende Gedanken durch den Kopf.

Moritz erzählt ruhig, wie er von dem Trade erfahren hat, was die Hintergründe sind. Er ist gerade Teil eines Drei-Team-Trades geworden. Was das genau heißt, habe ich mir später von Axel erklären lassen: Moritz war also Teil eines Monstertrades rund um den Center Anthony Davis aus New Orleans. Anthony Davis ist ein Schwergewicht, ein Superstar. Um ihn nach Los Angeles zu holen, haben die Lakers sechs andere Spieler abgegeben: Lonzo Ball, Brandon Ingram und Josh Hart wurden zu den New Orleans Pelicans getraded, dazu verschiedene zukünftige Picks und 1,1 Millionen Dollar. Moritz muss zusammen mit Isaac Bonga, Jemerrio Jones und einem Zweitrundenpick für den Draft 2022 nach Washington, D.C. Ein »Zweitrundenpick« bedeutet, dass die Washington Wizards Auswahlrechte für die zweite Runde beim kommenden Draft erhalten.

Sechs junge Spieler gegen einen Center. Er muss ja wirklich gut sein, denke ich. Mich interessiert gerade vor allem, wie es Moritz geht. Seine Stimme klingt aufgeräumt. Er spricht normal, weint nicht, schreit nicht. Er scheint klarzukommen. Anders als

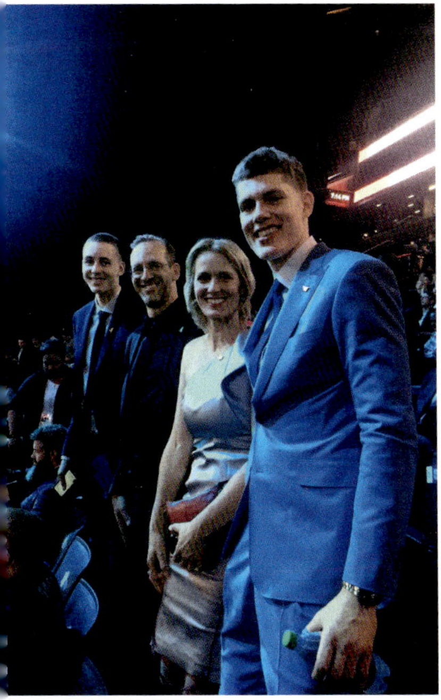

Draft von Moritz 2018

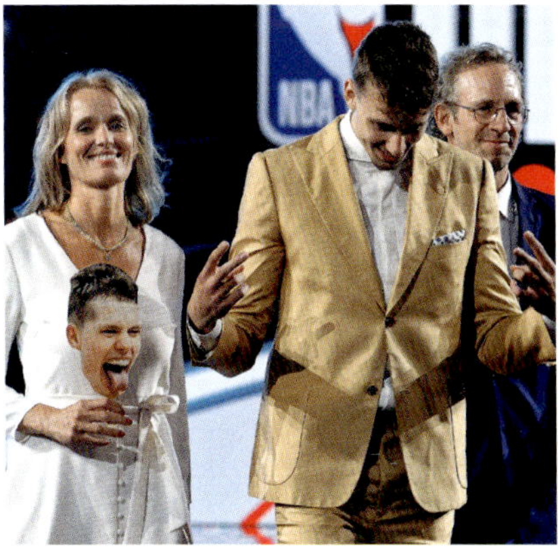

Draft von Franz 2021

Franz gratuliert Moritz zu seinem Draft 2018

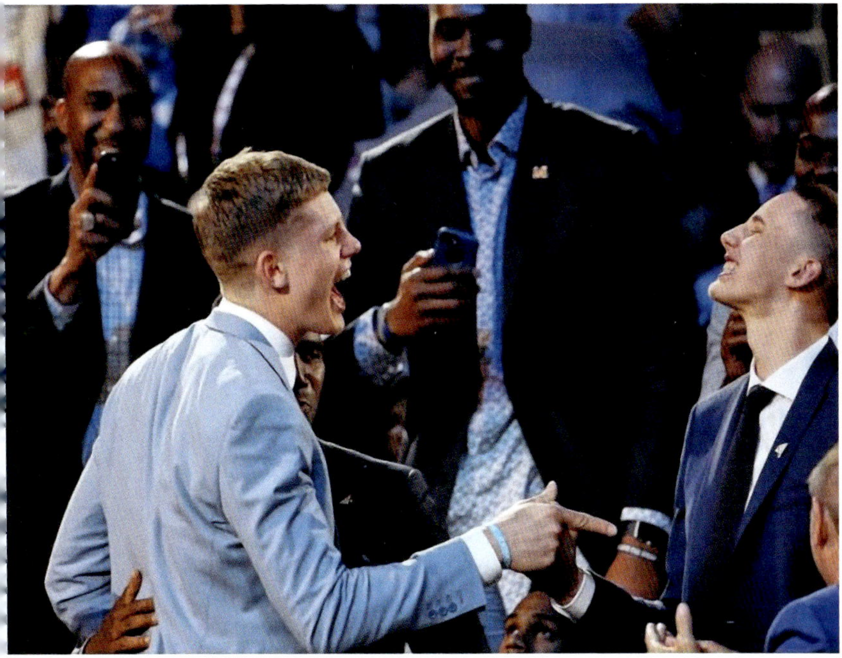

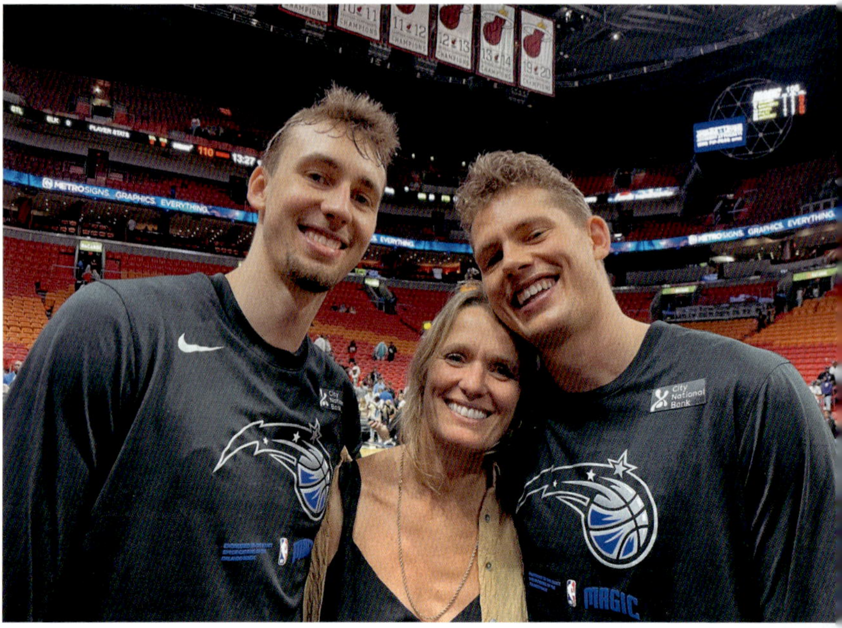

Letztes Saisonspiel Orlando Magic gegen Miami in Miami,
April 2023

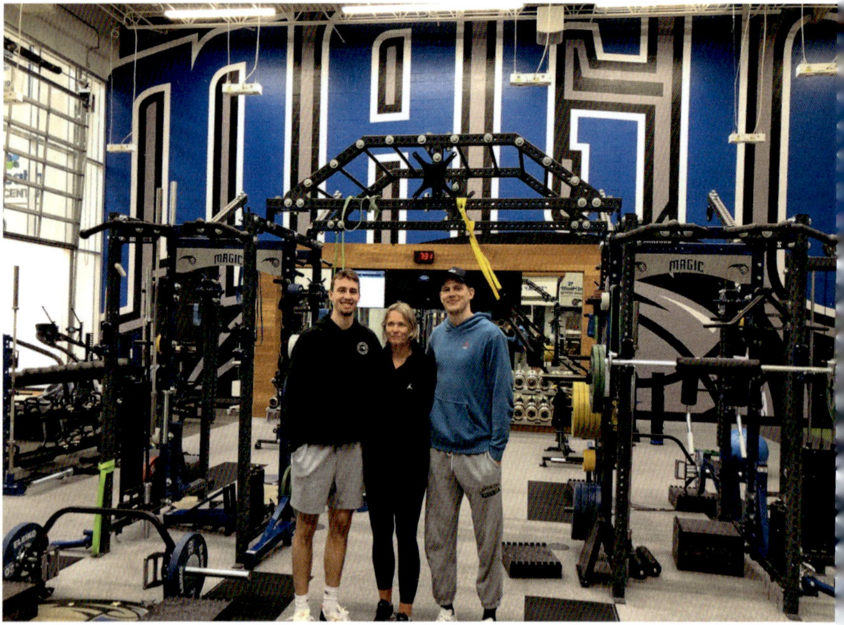

Kraftraum in der AdventHealth Trainings Facility in Orlando,
Frühjahr 2023

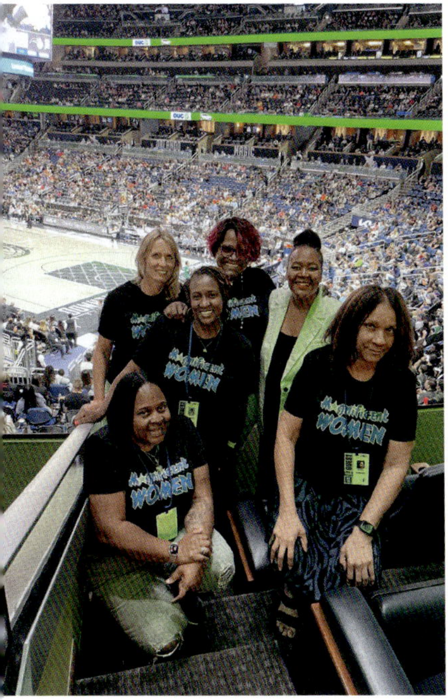

Basketball-Mütter beim
Heimspiel Orlando Magic
gegen die Utah Jazz im März 2023
im Amway Center Orlando

Wir Basketball-Mütter auf dem Podium des Orlando Magic Gamechang(her)
Empowerment & Leadership Summit im März 2023

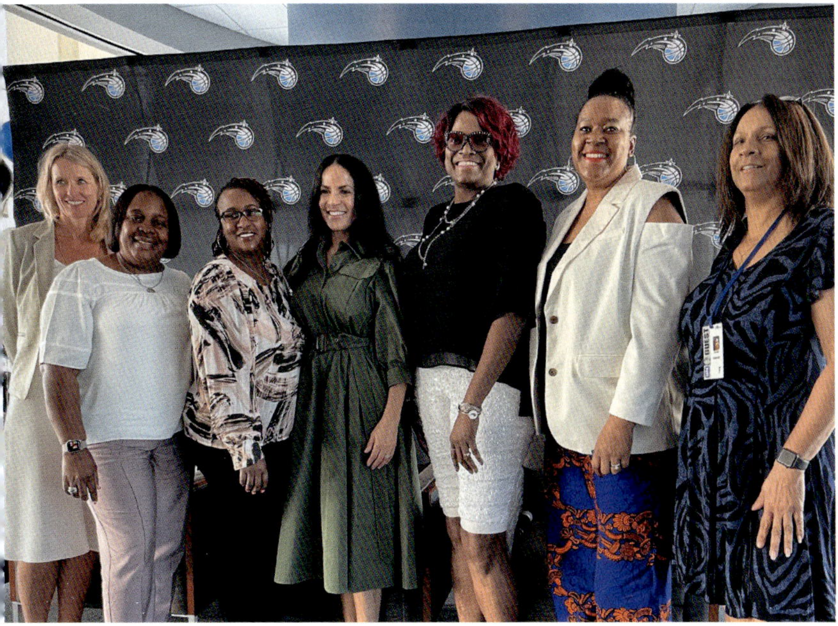

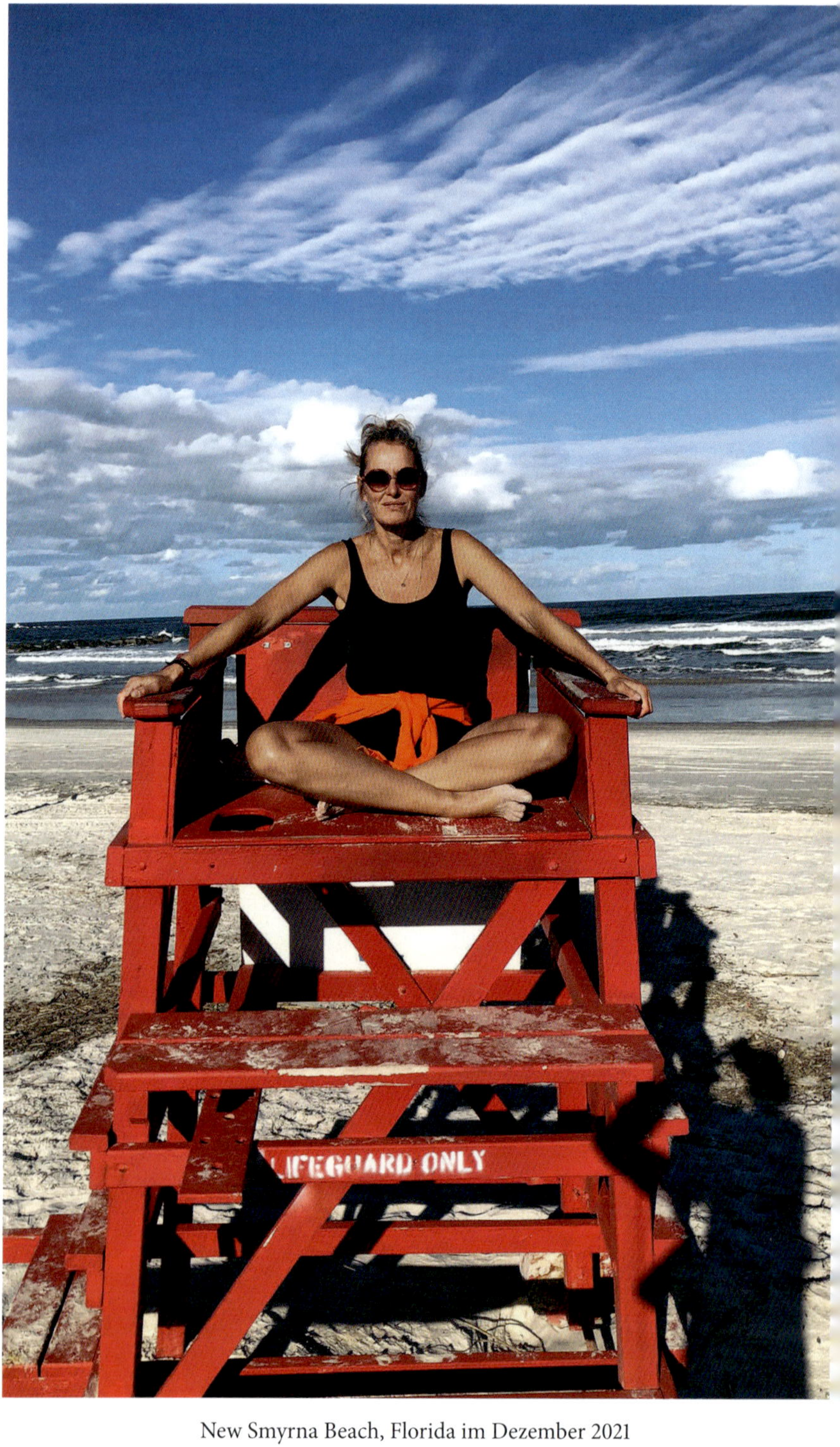

New Smyrna Beach, Florida im Dezember 2021

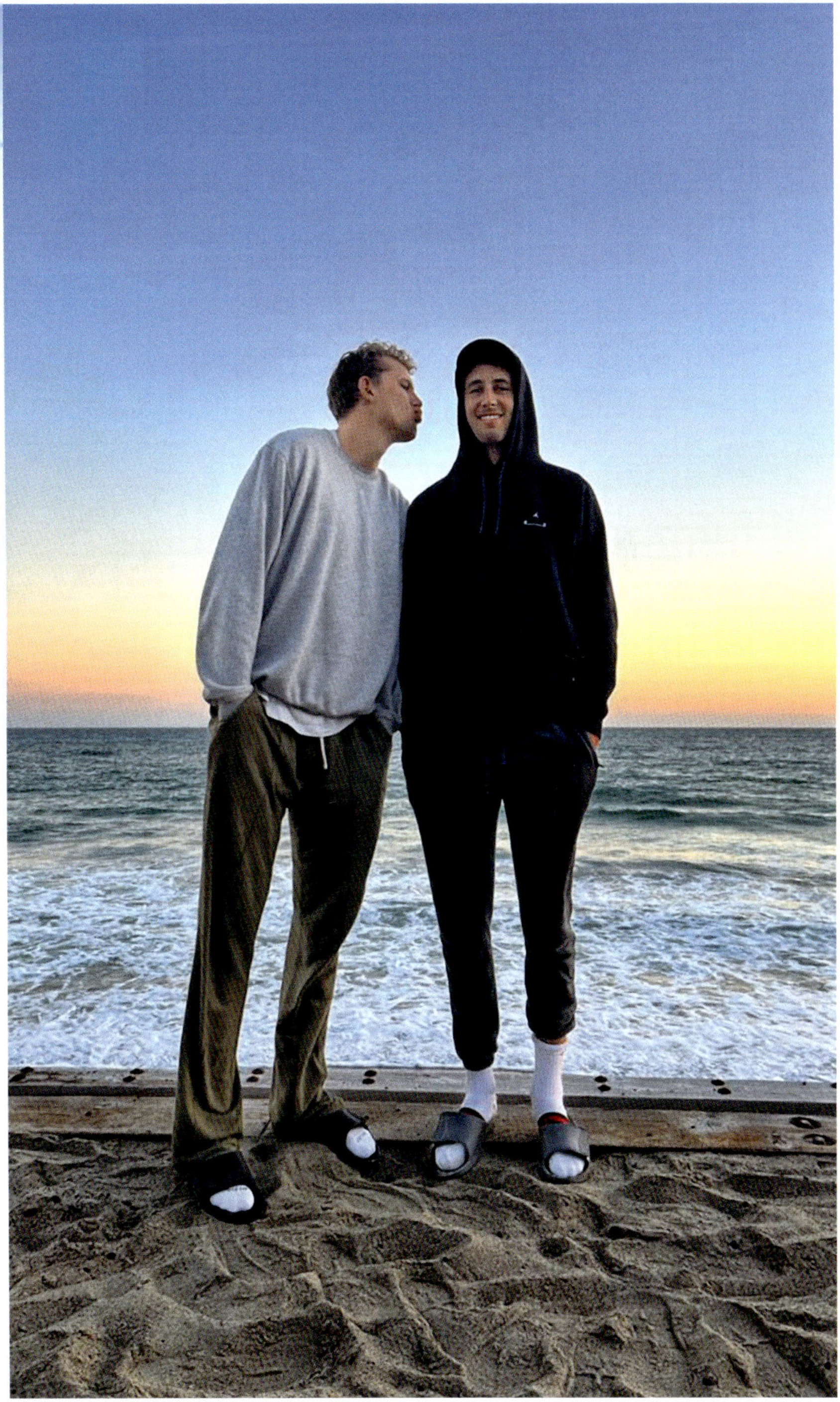

Off-Season in Los Angeles im Juli 2023

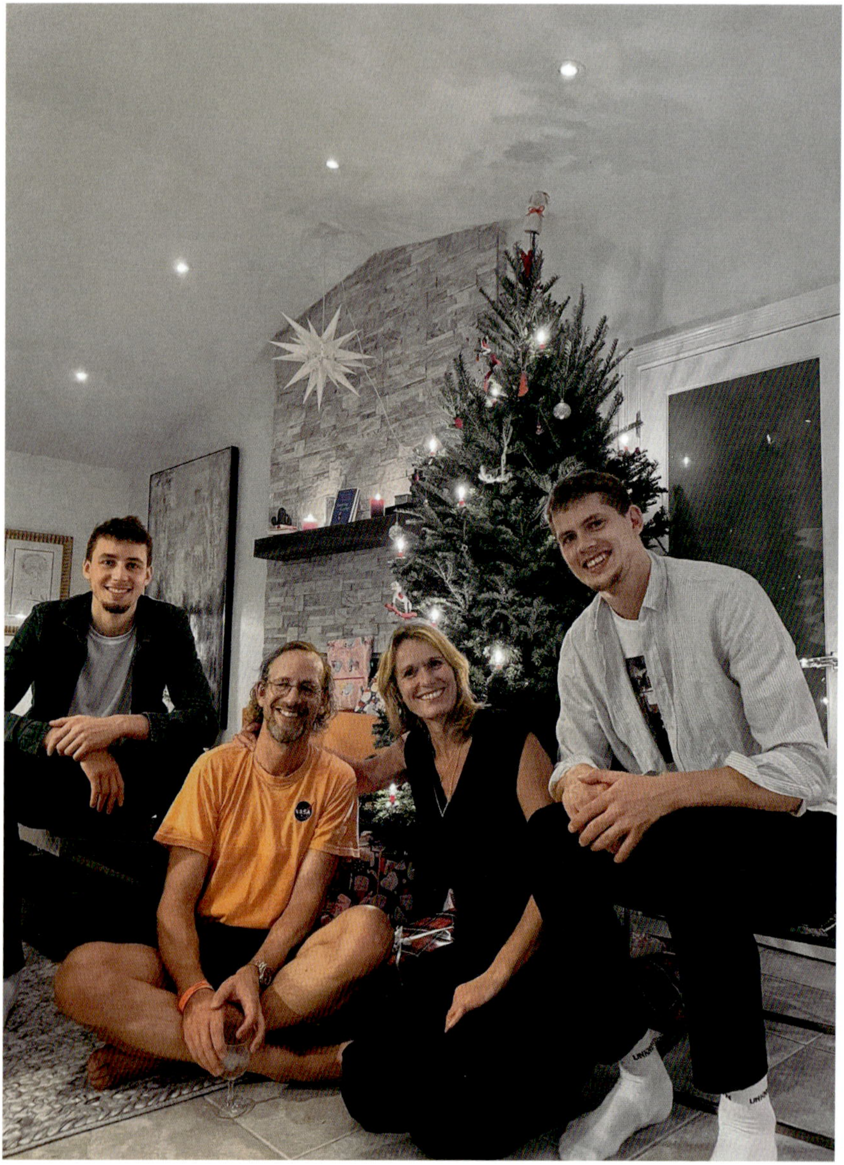

Weihnachten in Florida 2021/2022 in Winter Park

Die Jungs und Oma beim Supercup der Nationalmannschaft in Hamburg 2023

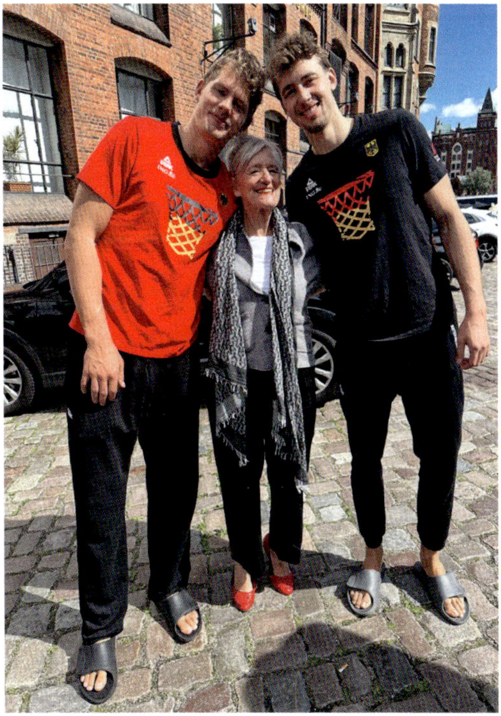

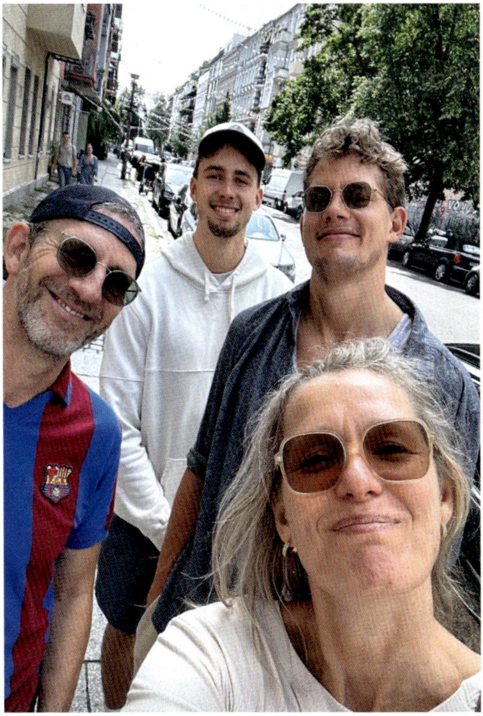

Spaziergang durch die Choriner Straße in Berlin Mitte im Sommer 2023

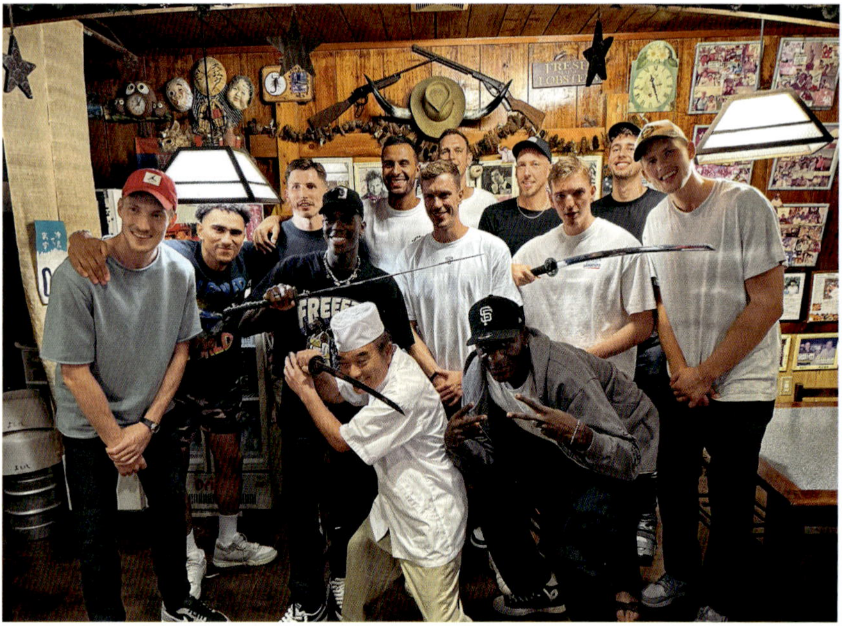

Franz' 22. Geburtstags-Team-Dinner in einem Sushi-Laden auf Okinawa, Japan am 27. August 2023

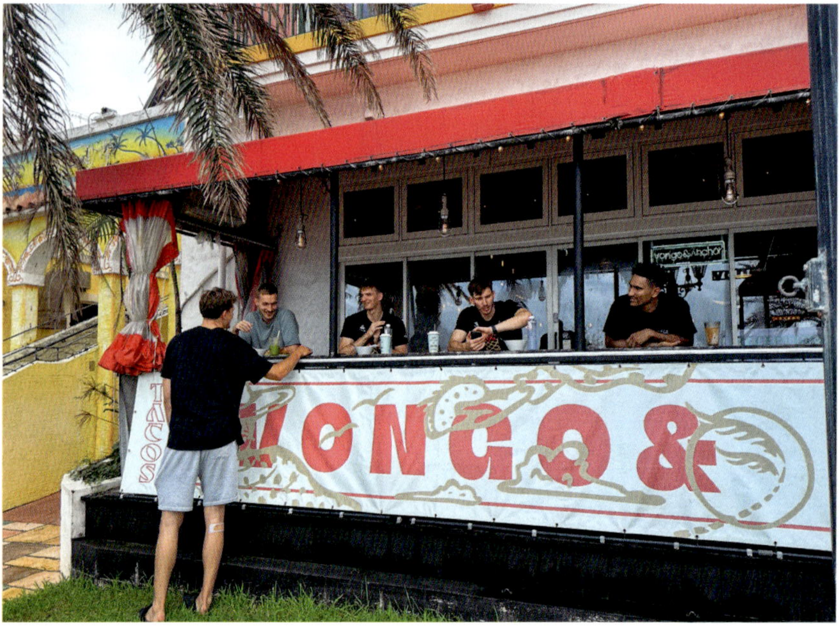

Team unterwegs auf der Promenade im American Village, August 2023, Okinawa

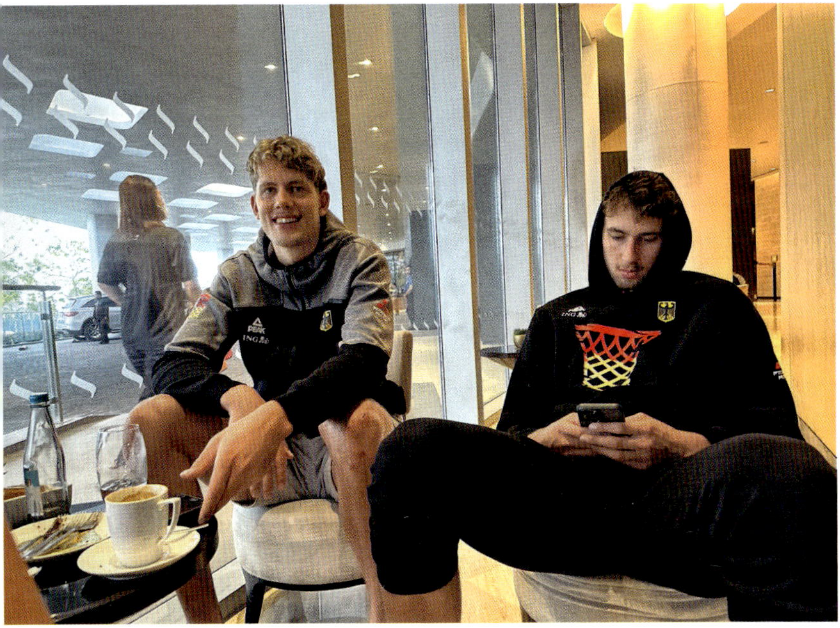

Kaffeepause im Conrad Team-Hotel in Manila, September 2023

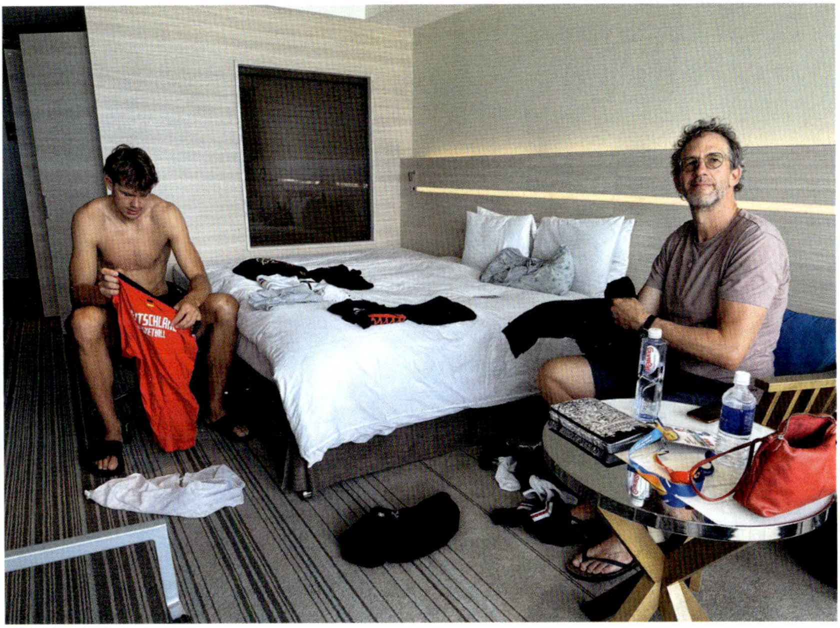

Family-Time im Hilton Team-Hotel, August 2023, Okinawa

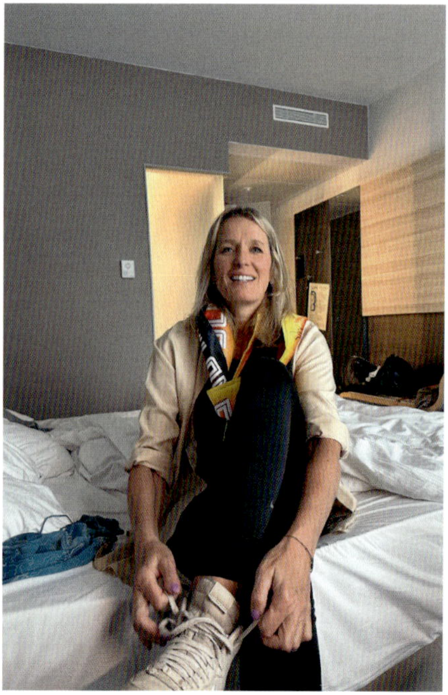

Spielvorbereitung im Hotel auf Okinawa, August 2023

Moritz und Axel geben Autogramme auf Okinawa

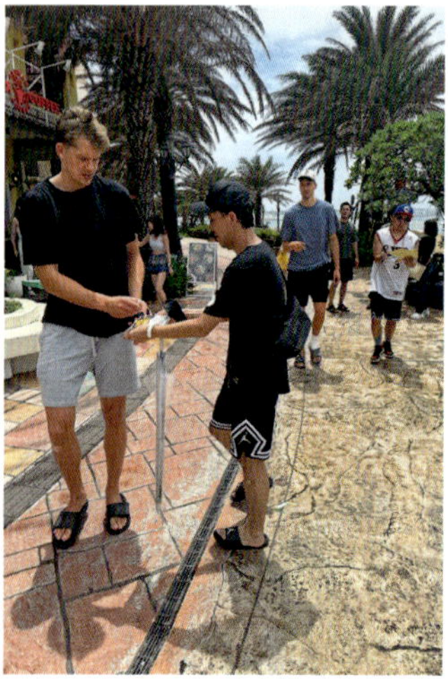

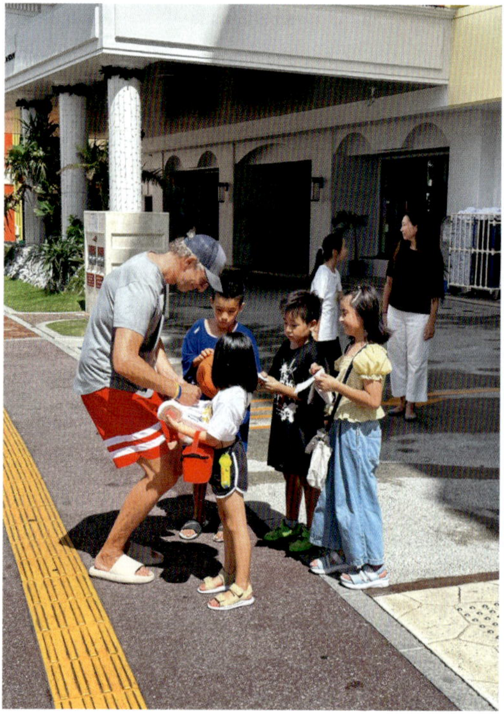

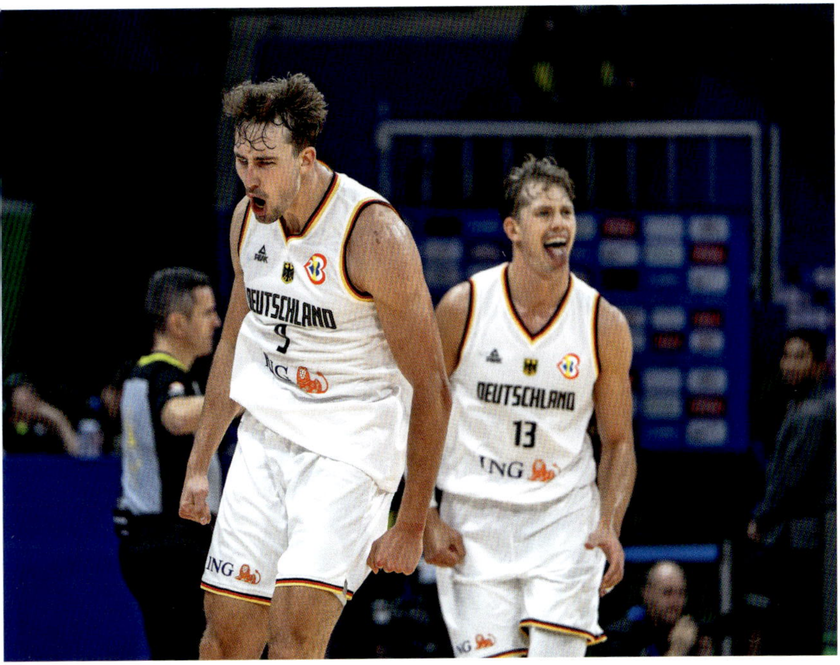

WM-Finalspiel gegen Serbien am 10. September 2023

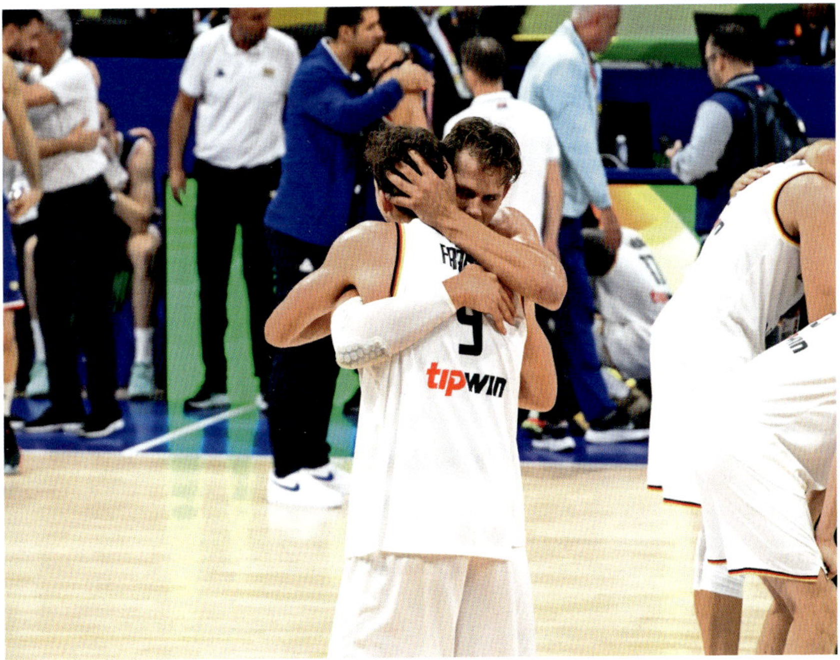

Moritz und Franz sind Weltmeister

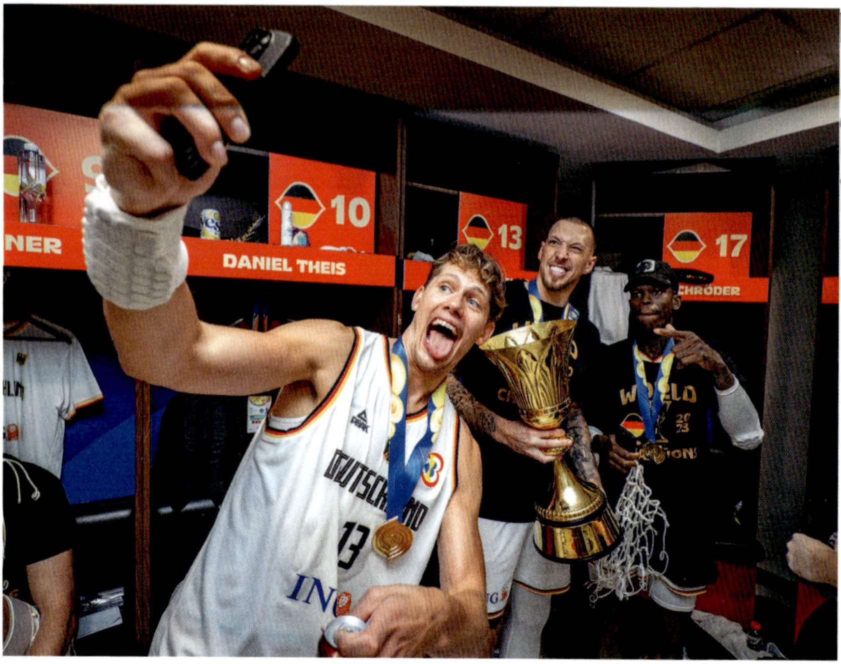

Party nach dem Spiel im Lockerroom

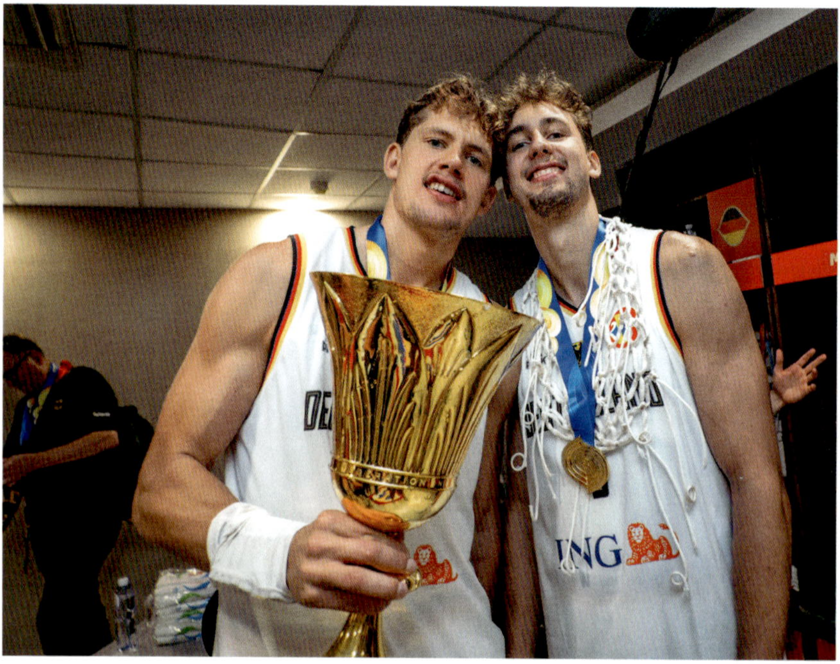

Moritz und Franz mit dem WM-Pokal

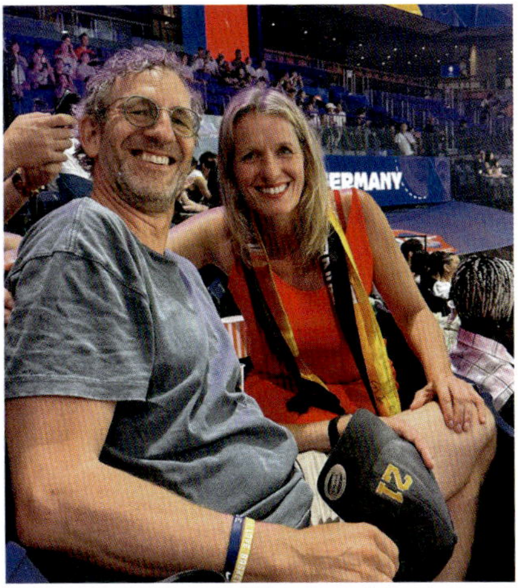

Axel und ich während des Finales gegen Serbien

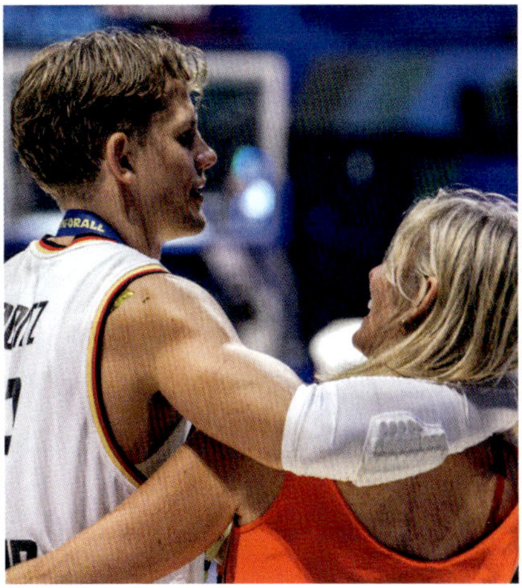

Moritz und ich

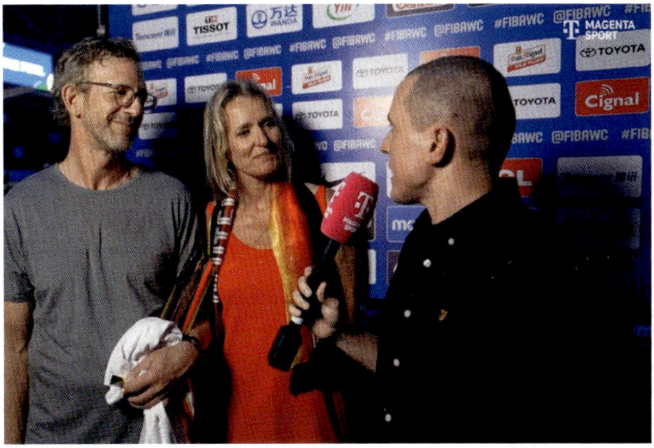

Finale gegen Serbien, Magenta-Interview

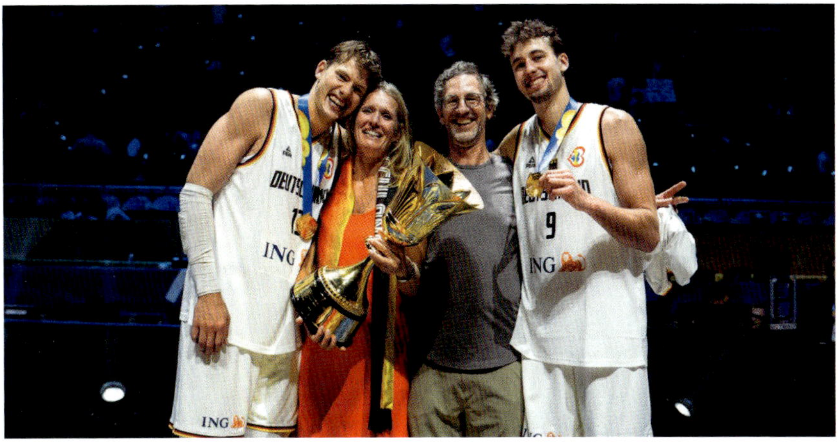

Pure Freude der Wagner-Family nach dem Finale

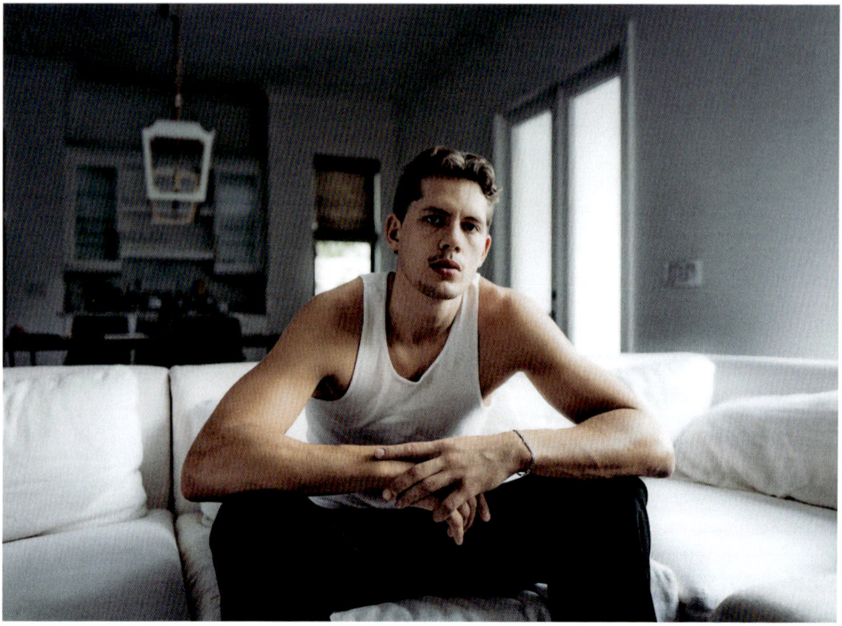

Moritz zu Hause in Winter Park

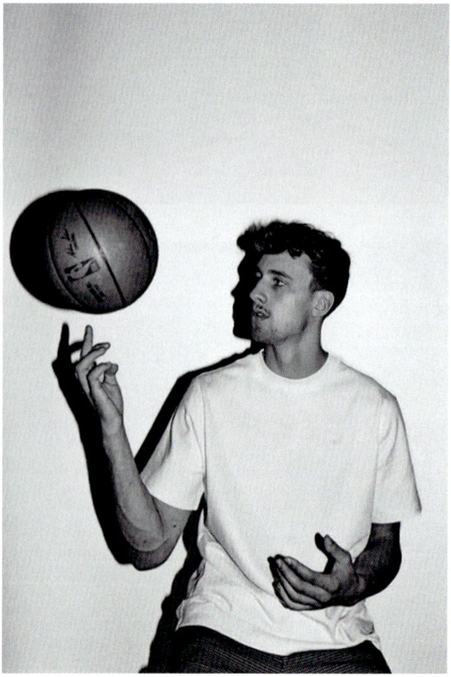

Franz und der Basketball

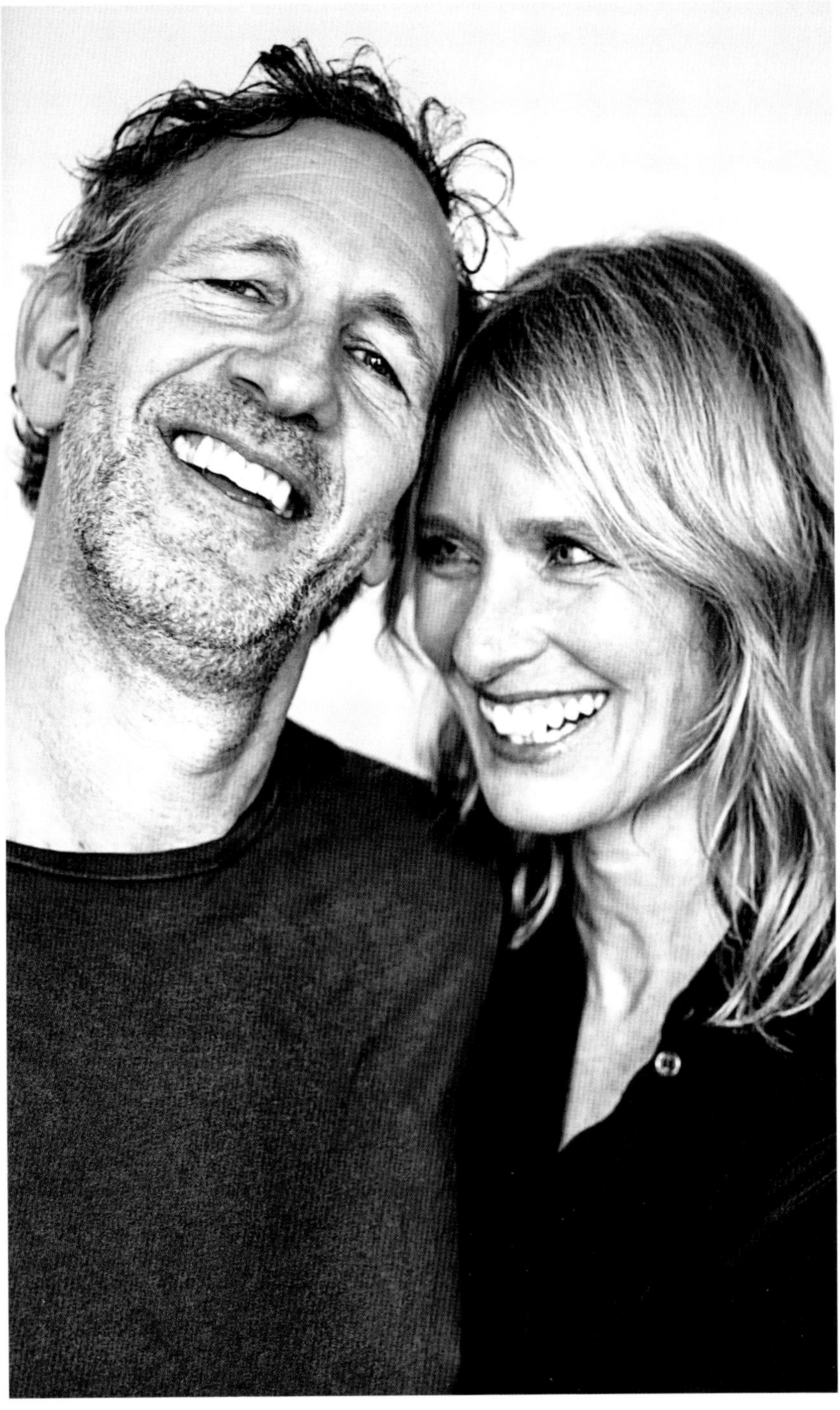

Die stolzen Eltern: Axel und Beate

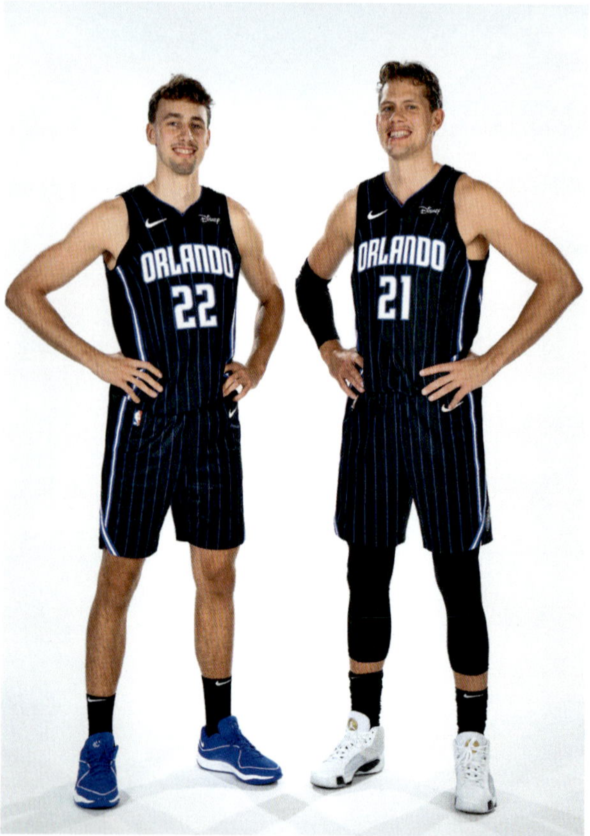

Moritz und Franz bei Orlando Magic

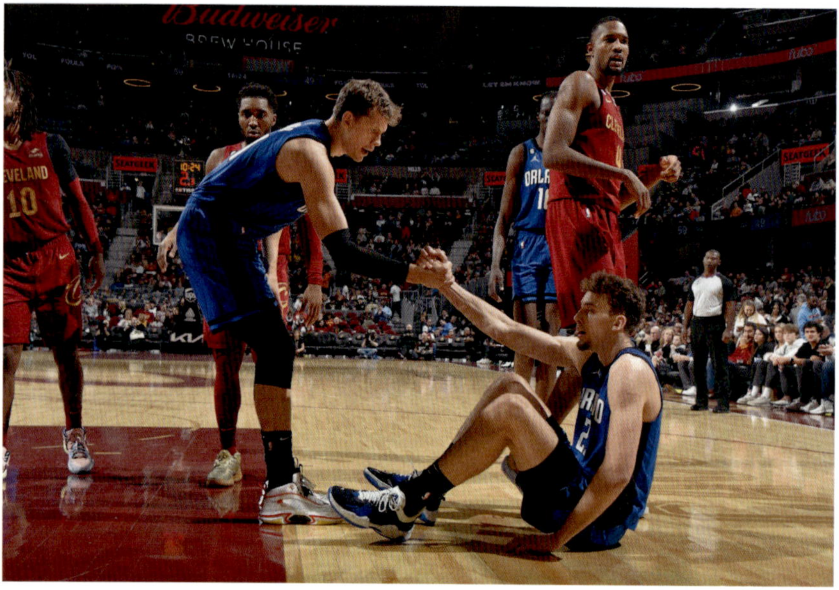

ich. Ich versuche, Ruhe auszustrahlen, was mir aber schwerfällt. Ich muss aufpassen, dass ich nicht einfach drauflosrede. Das passiert mir oft reflexartig, wenn ich hilflos bin, nicht richtig weiterweiß. Ich will nicht trösten, nichts wegreden, nichts überspielen. Nur da sein, halten, was gerade da ist. Das ist einfacher gesagt als getan.

Wenige Wochen später stehe ich allein in Manhattan Beach in Moritz' Appartement. Überall Kartons, Schuhe, Matratzen, Möbelteile. Ich bin der letzte Rest vom Schützenfest. Moritz ist längst bei seinem neuen Team, den Washington Wizards. Axel begleitet Franz bei der U18 Europameisterschaft in Griechenland. Ich räume hier die letzten Klamotten zusammen, bevor morgen dann die vier Männer der Möbelfirma kommen. Sie werden den ganzen Krempel in einen großen Container füllen und den Hausstand anschließend einmal durchs Land von Kalifornien bis nach Washington, D.C. fahren. Auch Moritz' Auto wird per Lkw an die Ostküste verfrachtet.

Als die Wohnung wieder komplett leer ist – so wie im Sommer 2018, als ich zum ersten Mal da war –, setze ich mich noch einmal auf den kleinen Balkon, schließe die Augen, höre den Pazifik rauschen. Ich erinnere mich, wie wir damals alle vier hier angekommen sind. Wie wir zusammen die große Matratze ins Schlafzimmer gehievt haben. Diese erste NBA-Zeit in Los Angeles geht jetzt schon wieder zu Ende. Ich laufe noch einmal unten am Strand entlang. Auf den Pier, der weit bis hinaus aufs Meer reicht. Esse eine letzte Rieseneiskugel Double Chocolate Chip in der Creamery auf der Manhattan Avenue. Dann bestelle ich ein Taxi zum Flughafen LAX und fliege zurück nach Berlin.

Wir machen uns Sorgen, wie jetzt alles weitergeht. Wie Moritz die Sache verarbeiten und die nächste Runde in Washington laufen wird. Doch Moritz hat einfach eine unglaubliche Kraft. Es überrascht mich, wie er das alles weiter durchzieht. Er lässt sich nicht beirren. Er findet im Dupont Circle in Washington in einem typisch Washingtoner Townhouse eine tolle neue Bleibe. Seine Freundin Nora ist an seiner Seite, unterstützt ihn in allem. Auch wir als Familie tun aus der Ferne, was wir können. »Man muss ein Umfeld kreieren, in das man emotional investiert und das zum Sicherheitsnetz wird«, sagt Moritz über den ersten Trade. »Die Beziehungen, die mir am Herzen liegen, muss ich pflegen. Sie helfen mir, auch schwere Zeiten gut hinzukriegen. Du musst daran arbeiten wie an deinem Wurf. Du kannst den ganzen Tag trainieren, wie du willst – wenn du dich nicht okay und sicher fühlst, wirst du nicht gut spielen.«

Ein Sicherheitsnetz spinnen, das auch dann funktioniert, wenn alles andere nicht mehr sicher ist. Das braucht jeder Mensch. »Teil eines solchen Trades zu sein, bringt dich an einen Punkt, an dem du entweder einbrichst oder noch mal ein anderes Selbstbewusstsein entwickelst«, so Moritz weiter. »Es ist eine Realität, die du nicht wahrhaben möchtest, die aber Teil des Berufs ist.«

Es gibt keine Planungssicherheit in der NBA. Wer dort mitmischen will, weiß, wie hart der Job ist, in dem die besten Basketballer der Welt miteinander konkurrieren. Wo man auf Leute trifft, die gut sind in dem, was sie tun. Nicht nur auf der Basketballebene, sondern auch im Management. Es ist Teil des Business, dass Spieler geholt und andere weggeschickt werden. Dass knallhart verhandelt wird. Dass die persönlichen Auswirkungen eines Trades für die betroffenen Spieler keine Rolle spielen.

Es war hart für Moritz, gleich nach der ersten Saison getradet zu werden. Gleichwohl hatte es auch Vorteile. Denn die Los Angeles Lakers sind sicher ein schwieriges Pflaster, um als Rookie in der NBA anzukommen. Der Club steht wie kein anderer für Glamour, Geld, Protz, Hollywood, gepaart mit hohen sportlichen Erwartungen. Der FC Bayern München der NBA. Im Nachhinein ist Moritz sogar dankbar, dass er die Erfahrung gemacht hat. »Damals in L. A. habe ich vielleicht happy gewirkt, aber ich wusste, es fehlt noch etwas.«

Das Gefühl kann ich gut nachvollziehen. Moritz' Start in die NBA war auch für mich eine Situation, in der viel fehlte. Zuallererst eine Sicherheit in mir selbst, ein Vertrauen in den Prozess, vielleicht die nötige Coolness für diesen Ort? Ich fühlte mich plötzlich wieder am Anfang, trotz langjähriger Erfahrung als Spielermutter. Ich habe viele Fehler gemacht. Direkt nach dem Draft in New York sind Axel und ich zum Beispiel nicht mit nach Los Angeles geflogen, sondern zurück nach Berlin. Wir sind erst nach ein paar Wochen – sozusagen als Familienurlaub – nach L. A. nachgekommen. Aus heutiger Sicht sehe ich das als einen Fehler, zumindest für mich. Nicht dass Moritz uns unbedingt gebraucht hätte. Er war mit seinem Agenten Joe unterwegs und gut versorgt. Es war aber ein wichtiger Schritt für ihn, für uns alle. Und genau den sind wir damals nicht mitgegangen. Die erste Woche bei dem neuen Club. Das Ankommen, die Franchise und die Leute kennenlernen, all das hat Moritz damals allein gewuppt. Im Nachhinein bin ich traurig, denn heute fehlt mir diese gemeinsame Erfahrung.

Ich hätte schon Lust gehabt, ihn zu begleiten. Zum ersten Mal dachte ich aber, dass wir vielleicht stören könnten. Wollte mich als Mutter nicht aufdrängen. Die Bühne der NBA war ein noch unbekanntes Terrain, an das ich mich lieber langsam rantasten wollte. Ähnlich ging es Axel. Er hat diesen Konflikt aber mit sich ausgemacht. Wir konnten uns nicht gut darüber verständigen. Jeder hat eher versucht, die Sache mit sich selbst zu klären. Es ist mir alles zu Kopf gestiegen damals. Dass mein Kind wirklich den Sprung auf diese Weltbühne geschafft hat. Dass Moritz jetzt einen nagelneuen schwarzen Range Rover fährt. Dass ich ab sofort bei zig NBA-Spielen dabei sein würde – wohlwissend, dass so ein Spiel für manche Menschen ein sensationelles Erlebnis ist. Ich wäre mit alldem auch überfordert gewesen, wenn er nur nach Oklahoma City gezogen wäre.

Doch es war Los Angeles. Die Stadt der Engel, der schönen Menschen, der Stars und Sternchen. Eine der aufregendsten Städte an der amerikanischen Westküste in Sachen Film, Kunst, Mode. Moritz in Kalifornien. Seine Wohnung direkt am Strand. LeBron James neben ihm auf dem Feld. Ich fühlte mich wie irrtümlich in einen Hollywoodstreifen geraten. Ich war durcheinander. Es kamen Träume auf, von denen ich selbst nicht wusste, dass ich sie überhaupt hatte: In Berlin alles hinter mir zu lassen und ein neues Leben in Kalifornien zu beginnen, zum Beispiel. Noch mal von vorn anfangen in allen Facetten des Lebens. Jeden Abend im Sand den Sonnenuntergang zu genießen. Ich musste meine Rolle als Athlete Mom auf dieser Weltbühne erst finden. Ich musste *mich* in dem Wahnsinn erst wiederfinden. Kaum war das einigermaßen geschafft, kam der Trade nach Washington. Und mit ihm der große Container, in dem Moritz' Hab und Gut nach knapp zwei Jahren einfach wieder abgeholt und zur Ostküste weitertransportiert wurde.

Für mich blieben nach Los Angeles einige persönliche Themen zurück, um die ich mich kümmern musste. Mit der Erfahrung wuchs bei mir aber auch das Interesse, den Gesamtkosmos NBA noch besser zu verstehen. Wieso ist die NBA überhaupt so erfolgreich? Es gibt viele Aspekte. Zunächst die vielen Fans in den USA. Was den Deutschen ihr Fußball ist, ist den Amerikanern ihr Basketball. Mehr als jeder Zweite ist Fan. Der Sport ist Kulturgut. Seine Strahlkraft wirkt zudem weit über die USA hinaus. Überall auf der Welt gibt es NBA-Fans. Fast zwei von drei Filipinos sind zum Beispiel NBA-verrückt. Reist man auf die Philippinen, sieht man das sofort. Selbst in den entlegensten Gegenden tragen Leute NBA-Jerseys, in jedem Dorf hängt ein Korb. In Kanada, Mexiko, Argentinien und Spanien bezeichnet sich rund jeder Dritte als Fan. Noch krasser ist China. Fast 40 Prozent der Chinesen lieben die NBA. Das sind, bei derzeit rund 1,43 Milliarden Chinesen, allein etwa 570 Millionen NBA-Fans. Also mehr Menschen, als die USA überhaupt Einwohner haben.

Sie alle werden über Social Media und Streaming bedient. Sie alle geben Geld aus für ihr Hobby. Pro Saison hat die NBA bis zu 22 Millionen Zuschauer[23]. Ein einziges All Star Game – ein Event, wo jährlich ausgewählte NBA-Spieler der Eastern Conference gegen die der Western Conference antreten – schauten 2023 beispielsweise nur 4,6 Millionen Zuschauer in den USA[24]. Zum Vergleich: In der deutschen Basketball Bundesliga sind es gerade mal rund 1,4 Millionen über die gesamte Saison.[25]

Sicher kann man die NBA nicht mit einem europäischen Club vergleichen. In Europa spielen teils staatlich geförderte Vereine in verschiedenen Ligen. Das Geld kommt von Sponsoren. Die EuroLeague – das europäische Pendant zur NBA – bringt 18 Clubs aus unterschiedlichen europäischen Ligen zusammen. FC Barcelona spielt zum Beispiel in der spanischen Liga ACB, Alba in der Basketball Bundesliga (BBL). Damit hier aber Geld fließt, müssen die Fans zu den Spielen kommen. Die Gehälter der Spieler sind also viel abhängiger vom Erfolg des Clubs als in der NBA. In der NBA haben die General Manager und die Superstars das Sagen. In Europa geben die Head Coaches mehr die Richtung vor. Es geht mehr um das Spiel und weniger ums Geld.

Der größte Unterschied also ist: Die NBA ist keine Liga, sondern eine Firma mit 30 Franchises. Die einzelnen Lizenznehmer haben Besitzer und werden als Wirtschaftsunternehmen privat finanziert. Eine eigene Branche sozusagen. Die Spiele sind vor allem Entertainment, Musik, Cheerleader, eine Inszenierung für die (sozialen) Medien. Viele Zuschauer sind gar nicht wegen des Sports in der Halle, sondern weil sie das Spektakel lieben. Die NBA diktiert den Teams die Regeln. Die Spieler wiederum sind bei der NBA angestellt – und somit sozusagen Spielbälle einer riesigen Branche, in der die Spiele selbst nur *eine* Einnahmequelle sind. Die Besitzer der Clubs verdienen vor allem durch smarte Umfeldkonstrukte.

Dazu zählen hohe Werbeeinnahmen, exorbitant teure Verträge mit Streamingdiensten und Fernsehsendern, Sportwetten, Gaming, Merchandise, all solchen Partnern. Allein Glücksspiel und Sportwetten bringen etwa 400 bis 600 Millionen Dollar ein, nur das Merchandise geschätzt mehr als eine weitere Milliarde. In der Saison 2022/2023 erwirtschaftete die NBA einen Umsatz von rund 10,6 Milliarden US-Dollar und etwa 0,5 Milliarden US-Dollar mehr als im Jahr zuvor.[26] Die Nachfrage ist ungebrochen. Die Preise steigen seit Jahren.

Die Fans der NBA sichern den Spielern, Coaches, Funktionären, Agenten und Clubbesitzern also ein boomendes Geschäft. Im Schnitt erzielt ein NBA-Team nur durch Ticketeinnahmen 1,76 Millionen Dollar pro Saison. Was ich nicht verstehe: Wie sich die Zuschauer die Gaudi leisten können. Ich habe mittlerweile schon viele NBA-Spiele live in der Arena gesehen. Die besten Plätze sind immer besetzt. Oft von ganzen Großfamilien, die sich bis an die Zähne bewaffnet mit Fast Food und Getränken eingedeckt haben. Sie müssen pro Ticket – abhängig von Team und Spiel – mindestens 100 Dollar auf den Tisch legen. Manchmal kosten die Tickets aber mehrere 100-Dollar-Scheine. Für ein Spiel ihres Lieblingsteams, sicher, aber einfach so, oft an einem schnöden Mittwoch? Das finde ich schon erstaunlich. Und der Parkplatz für das Auto, die Chicken Wings für die Kinder und das Bier für Daddy – pro Becher 14 Dollar – sind da noch nicht mit eingerechnet. Wer ein Spiel der Finalserie sehen will, sollte mit etwa 4000 bis 5000 Dollar für Durchschnittstickets rechnen. Woher nehmen die Fans das Geld? Sie verdienen ja schließlich längst nicht so viel wie die Spieler auf dem Feld. Und die Tickets werden immer teurer.

Die Spielergehälter haben sich über die Jahre auch immer weiter erhöht. In der Saison 1984/85 war zum Beispiel Magic Johnson mit damals 2,5 Millionen Dollar der Mann mit dem höchsten Gehalt. 2024/25 ist es Steph Curry[27]. Der beste NBA-Schütze und zweifache MVP (also Most Valuable Player) verdient 55,8 Millionen Dollar. Nur Gehalt, Werbeeinnahmen sind noch nicht eingerechnet. Kein Scherz, kein Druckfehler: In 40 Jahren ist das Gehalt des bestverdienenden Spielers um 53,3 Millionen Dollar gewachsen. Das entspricht einem Anstieg von 2132 Prozent. Nur LeBron James toppt das noch. Er hat bis 2023 insgesamt 431,86 Millionen Dollar an Spielergehältern verdient. Zusätzlich kommt eine Milliarde von Nike für eine lebenslange Zusammenarbeit. Forbes zufolge war LeBron – in der achten Saison in Folge – der Spieler in der NBA, der insgesamt am meisten einnimmt.

Bei diesen Summen wird mir schwindelig. Eine Journalistin wie ich müsste lange dafür tippen, wenn diese Ziele überhaupt erreichbar wären. Für wie viele Leben würde das Geld einzelner Spieler wohl ausreichen? Gleichzeitig freue ich mich mit ihnen. Es lastet ein großer Druck auf den Spielern. Sie stehen permanent in der Öffentlichkeit. Sie müssen sich alle Fragen der Journalisten gefallen lassen. Sie müssen liefern. Ihren Körper täglich fit halten. Und Profisportler ist man eben nur ein paar Jahre lang. Danach ist Schluss und der Körper geschunden. Je mehr Geld die Spieler also in ihrer aktiven Zeit verdienen, desto besser. Man kann nur hoffen, dass sie gut mit dem Geld umgehen und es auch mit Menschen teilen, die weniger Glück im Leben haben. Denn auch wenn alle NBA-Spieler natürlich unglaublich gut »einen Ball in ein Körbchen werfen können« – wie Dirk Nowitzki es mal beschrieb –, haben sie ein Riesenglück. Die Welt ist nicht gerecht. Sie aber stehen auf jeden Fall auf der Sonnenseite.

Ich bin ehrlich: Vor allem freue ich mich natürlich für meine Kinder. Sie spielen nicht in der Gehaltsliga der Superstars. Aber auch sie verdienen Millionen. In der Familie hat es ein bisschen Zeit gebraucht, bis wir damit einen einigermaßen unaufgeregten Umgang gefunden haben. Es fühlt sich mitunter schon verrückt an, dass beide Kinder mittlerweile Hausbesitzer sind. Oder dass Franz – der Kleine bei uns – wahrscheinlich am meisten Geld hat. Die Geldgeschäfte klären die Kinder mit ihren Finanzmanagern.

Die Jungs sind schon immer souverän mit ihrem Geld umgegangen. Franz hat zum Beispiel sein Taschengeld immer in einer kleinen grünen Kassette gespart. Übrigens ist das genau die Kassette, die ich schon als Kind hatte. Wenn mir mal das Geld ausging – und ich schnell Blumen kaufen wollte –, holte Franz bedächtig seinen Schlüssel aus dem Versteck, schloss die kleine Kasse auf und gab mir das Geld, geliehen, versteht sich. Die Kinder erinnern sich daran zwar beide anders: Aber ich habe jeden Cent zurückgezahlt! Ehrenwort.

Franz hatte also immer Geld. Er musste aber auch – da hat Moritz recht – weniger ausgeben als sein großer Bruder. Bei Moritz waren wir strenger. Er sollte früh lernen, mit dem umzugehen, was er hat. Er musste zum Beispiel sein erstes Tablet zur Hälfte selbst bezahlen. Franz hat einfach eines zu Weihnachten bekommen. Moritz ist noch aus einem anderen Grund nicht so gut auf das Thema »Mama und Geld« zu sprechen. Er besaß als Kind mal einen Zweihunderter, eine dieser etwas größeren und schön gelben Banknoten. Einige von ihnen mit besonderen Seriennummern sind tatsächlich unter Sammlern heiß begehrt und das Vielfache ihres Nennwertes wert. Moritz lieh mir also seinen wertvollen 200-Euro-Schein. Ich habe ihm das Geld später zurückgezahlt, natürlich. Allerdings in vielen kleinen Scheinen. Ich gebe zu, das war nicht in Ordnung. Auch wenn Moritz' 200-Euro-Schein wahrscheinlich kein Sammlerstück war.

Heute bin ich stolz, wie souverän beide immer noch mit ihrem Geld umgehen. Sie sind sich ihrer besonderen Situation bewusst. Das Geld scheint zu helfen, dass sie verstehen, worum es eigentlich im Leben geht. »Ich versuche, nicht zu viel über Geld nachzudenken«, sagt Franz. »Sonst wird man ganz schnell unglücklich. Sicher kann man diesen Satz eher sagen, wenn man Geld hat. Man kann aber doch auch nur verlieren! Es gibt in der NBA vielleicht drei Spieler, die behaupten können, dass keiner mehr verdient als sie. Das führt zu Unzufriedenheit beim Rest. Es ist die völlig falsche Einstellung, wenn man sich fragt: Wer kriegt noch mehr?« Geld weckt auch Begehrlichkeiten, verändert Beziehungen, führt zu Konkurrenz und erschwert den Umgang miteinander. »Menschen fangen an, dich anders zu behandeln, wenn du plötzlich viel Geld hast«, sagt Moritz. »Ich bezahle gern für meine Freunde. Ich hab aber ein Problem, wenn Leute das erwarten. Ein schwieriges Thema.«

Der Fokus auf Geld kann aber auch für die Spieler selbst zu richtig miesen Situationen führen. Denn auch die Ausrichtung der NBA-Teams folgt oft mehr einer rein ökonomischen Logik als einer sportlichen. Die Teams agieren also aus wirtschaftlichen Interessen. Das kann mitunter skurrile Folgen haben. Wenn zum Beispiel mehrere Teams in einen Trade involviert sind, werden Spielerverträge hin- und hergeschoben, ohne dass überhaupt noch ein Interesse an den dahinter stehenden Spielern besteht. Ein Spieler ist sozusagen Mittel zum Zweck. Sein Wert definiert sich über den nominalen Vertragswert und die Laufzeit, die in seinem Vertrag festgehalten ist – völlig unabhängig von seiner Rolle oder von seiner Qualität als Spieler. NBA-Spieler werden zur Verschiebemasse, sie gleichen einem Finanzprodukt.

So eine Situation hat Moritz nämlich bei seinem zweiten Trade erlebt. Er findet im März 2021 kurz vor der Trading Deadline statt. Das ganze Land ist gerade im College-March-Madness-

Fieber. Nachdem ein Jahr zuvor das Basketballspektakel wegen Covid komplett ausgefallen ist, hofft man nun, dass das größte Collegeturnier des Landes unter verschärften Covid-Regeln wieder stattfinden wird. Als NBA-Familie dürfen wir während der gesamten Pandemie mit einer Sondererlaubnis in die USA einreisen. Axel und ich sind daher von Beginn an mit dabei. Für Franz und sein Team der Michigan Wolverines stehen das Sweet Sixteen und Elite Eight kurz bevor. Wir erholen uns gerade noch ein paar Tage in Florida, bevor wir zu diesem Turnier nach Indianapolis fliegen.

Moritz spielt indes gerade seine zweite Saison für die Washington Wizards. Für ein Auswärtsspiel ist er gerade in New York. Morgens um elf klingelt mein Telefon. »Mama, wo bist du, setz dich bitte mal«, sagt Moritz. Diesen Satz kenne ich schon. Ich sitze schon, wenn auch auf einem Sattel. Mein Fahrrad wird gerade für unsere anstehende Radtour eingestellt. »Ich bin getraded. Zu den Chicago Bulls, Mama, um drei werde ich abgeholt.« Seine Stimme hallt nach in meinem Ohr. Stille. Ich höre nur meinen Atem. »Chicago Bulls, aha, um drei also, Mensch, und wie geht's dir damit?«, antworte ich, bemüht ruhig. »Ja, ganz okay, macht euch keine Sorgen, wir telefonieren nach eurer Radtour«, sagt Moritz trocken. »Dann bin ich wahrscheinlich auch schon im Hotel in Chicago. Goodbye.« Klick. Weg ist er.

Axel und ich schauen uns an. Gut nur, dass wir im »Kafe Racer« gelandet sind. Ein von Europäern geführter Fahrradladen, spezialisiert auf stylische Räder und starke Röstungen. Das hilft jetzt vielleicht. Wir sitzen im Garten und bestellen zwei Cappuccini. Wir versuchen, zu verstehen, was wir gerade von Moritz erfahren haben. Ich denke an ihn, sehe ihn irgendwo in New York auf der Straße stehen. Ich denke an Franz und sehe auch ihn irgendwo in Indianapolis in der Halle, mitten im March Madness. Ich sehe uns hier unter dem Sonnenschirm bei den Bikern. Unser Leben ist gerade wirklich völlig irre. Es geht

Schlag auf Schlag. Gerade hat das eine Kind das Sweet Sixteen im March Madness erreicht. Nun hat es das andere Kind mit einem Trade erwischt. Wahnsinn. Was für ein Business. Was für ein Zirkus.

Als wir am Abend zurück im Hotel sind, telefonieren wir wieder mit Moritz. »Okay, Mama«, sagt Moritz, »setz dich bitte noch mal hin, ich muss euch noch etwas sagen.« What? Mein Puls geht hoch. Was ist jetzt wieder los? »Ich bin gar nicht bei den Bulls.« Stille. Aha, du bist gar nicht bei den Bulls. Wo bist du denn?, denke ich. »Hör zu, es ist wirklich krass«, kommt er mir zuvor. »Ich wollte um kurz vor drei Uhr nachmittags (Ende der Trade Deadline) gerade ins Auto zum Flughafen steigen. Da ruft mich mein amerikanischer Agent wieder an: ›Wäre schön gewesen, ist es jetzt aber nicht: Die Chicago Bulls haben dich gerade weitergegeben.‹« Räuspern. »Aha. Weitergegeben, wohin?«, stammle ich. »Abends bin ich dann einfach in eine andere schwarze Limousine gestiegen«, so Moritz weiter. »Der Chauffeur hat mich von New York hierher gefahren. Und jetzt bin ich in Boston.«

In Boston, Massachusetts. Bei den Celtics. Kevin Garnett! Moritz' einstiger Lieblingsclub! Das ist doch alles nicht zu glauben. Ich freue mich. Aber mir ist auch übel. Mein Kopf dröhnt. Irgendwas stört mich. Wie findet das Moritz überhaupt? Das hat er gar nicht gesagt. Meine Gedanken überschlagen sich. Was, wenn die Boston Celtics ihn gar nicht haben wollen? Es fühlt sich an wie ein komischer Deal. Ich versuche, mich zu beruhigen. Es wird schon. Viel Zeit zum Nachdenken hab ich eh nicht. Axel und ich fliegen zurück nach Indianapolis und feuern Franz' Team im Sweet Sixteen an. Franz spielt großartig. Zwei Tage später, im Elite Eight ist dann Schluss. Leider verlieren sie unglücklich gegen UCLA 49:51. March Madness 2021 geht hier zu Ende. Wir sind traurig mit Franz. Aber noch nicht einmal dafür haben wir richtig Zeit.

Wir müssen weiter nach Washington, D.C. Schon wieder umziehen. Wir packen Moritz' Range Rover bis unters Dach voll mit seinen Lieblingsklamotten, einem Teppich, seinen Lieblingspflanzen, einer dicken Jacke (Boston wird kalt); Moritz' halbes Leben. Alles, was er jetzt in den nächsten Wochen in Boston brauchen wird. Dieses Mal werden die Möbel später von einer Firma ausgeräumt und in einem Storage zwischengelagert. Wie immer fahren wir ganz langsam aus der engen Garageneinfahrt hinter dem schönen weißen Townhouse in der Corcoran Street raus, durch die Stadt gen Highway. Wir schließen wieder ein Kapitel ab. Es ist unklar, was wohl als Nächstes kommen mag. Aber es ist auch schön, dass wir hier sein können, um wenigstens etwas zu helfen, dass wir stellvertretend für Moritz hier einen Abschluss finden. Moritz selbst wird seine schöne Wohnung nämlich nicht noch einmal von innen sehen. Er kehrt nicht mehr nach D.C. zurück. Er hat keine Zeit, sich zu verabschieden.

Wir wechseln uns beim Fahren ab. 450 Meilen über die I-95 N liegen vor uns. Gefühlt geht es immer geradeaus, die schöne Ostküste entlang bis nach Massachusetts. Vorbei an New York, Cape Cod. Wir kennen alles, wir waren hier schon überall. Wir haben genug Zeit auf dieser Fahrt, um uns daran zu erinnern. 2006 im Herbst, unser erster USA-Urlaub mit den beiden Kindern. 13 Jahre später reisen wir wieder hier herum, allerdings mit einem ganzen Hausstand hinten im Auto.

Wir fahren und fahren und lassen uns Zeit. Das fühlt sich stimmiger an, als – durch ein einziges Telefonat – von einem Platz auf den nächsten geschoben zu werden. Wie bei Monopoly und dem Spielzug »Zurück auf Los«. Jetzt bist du in Boston. Zack. Nach zehn Stunden sind wir endlich da. Wir fahren zu Moritz ins Hotel, nehmen ihn in die Arme, gehen erst mal zusammen was essen. Neue Stadt, neues Glück. Let's go, lieber Moritz.

»Es ist egal, ob du zweimal oder 13 Mal getraded wirst, es ist immer Kacke«, erinnert sich Moritz an die Boston-Zeit. »Der erste Trade war trotzdem viel einfacher.« Es war Sommer. Der Trade wurde ihm als neue, persönliche Chance verkauft. Anders in Washington. »Als ich da weggetraded wurde, hab ich mich gefühlt wie Restmüll. Die glauben nicht an dich, sie wollen dich loswerden. Ich war plötzlich ein Geld-Move. Das Team konnte durch mich Geld sparen. Das habe ich natürlich gecheckt, und das war schwierig.« Gleichzeitig habe er durch die Erfahrungen auch die Liebe zu diesem Beruf wiedergefunden, auf einem anderen Level. »Ich genieße jetzt auch die schlechten Zeiten«, sagt Moritz. »Ich weiß zu schätzen, dass nun mal nicht immer alles funktioniert. Mir haben die Trades tatsächlich viel geholfen, zu begreifen, dass nichts von Dauer ist.«

Im Hier und Jetzt

Ich hatte schon immer einen starken Willen. Als Kind habe ich meine Mutter sonntags so lange genervt, bis ich endlos fernsehen durfte. Saß ich dann allein vor der Kiste, fühlte ich mich schrecklich und habe trotzig weitergeguckt. Meiner Schwester habe ich alle Aufmerksamkeit geklaut, meinen kleinen Bruder herumkommandiert – auch wenn er sich bald zu wehren wusste. Ich habe immer noch das letzte Stück Kuchen aufgegessen, obwohl mir schon längst schlecht war. Ich wollte auf dem Rummel Kettenkarussell fahren, auch wenn ich mich danach jedes Mal hinter dem Kartenbüdchen übergeben musste.

Ich konnte von nichts genug kriegen. Bis heute kann ich es nur schwer akzeptieren, wenn es nicht nach meinen Vorstellungen läuft. Ich habe immer einen Plan und setze ihn um. Meine Ziele sind mir wichtig. Ich habe aber oft nicht so genau hingeschaut, wie der Weg dahin verläuft – und ob er mir überhaupt guttut. Ist ein Wunsch nach etwas stark, merke ich manchmal nicht, wenn das mit der Realität nicht mehr viel zu tun hat. Ich spinne mir dann einfach Bilder und Geschichten zusammen – sodass es passt. Das ist einfacher, weniger schmerzhaft und funktioniert immer. Ich träumte mir die Welt, wie ich sie haben wollte.

In der Schule war ich ehrgeizig. Für mich war klar, dass ich studieren werde. Statt mich aber mit ganzem Elan dahinterzuklemmen, wie meine Karriere genau aussehen soll, sah ich mich in meiner Vorstellung in einem weißen Cabrio mit Seidenschal und Sonnenbrille vor den Treppen der Universität vorfahren. Gleichzeitig wünschte ich mir schon früh vier Kinder, alles Jungs, die im Garten einer großen verwunschenen Villa Fußball spielten. Traum und Wirklichkeit lagen in meinem Kopf oft so nah beieinander, dass ich sie manchmal nur schwer unterscheiden konnte. Heute weiß ich, dass das mein Rettungsanker war, an dem ich mich festgekrallt habe, um im Sturm meiner Realität nicht unterzugehen.

Trotzdem habe ich was erreicht. Ich bin vieles von dem geworden, was da als Ziel oder Bild in meinem Kopf so umherschwirrte. Ich bin eine lebensfrohe Medizinstudentin gewesen, allerdings im Wollschal und auf einem klapprigen Fahrrad. Ich bin jung eine glückliche Mutter geworden. Ich bin verheiratet und bis heute Ehefrau. Statt praktizierende Ärztin bin ich Wissenschaftsjournalistin geworden, habe interessante Recherchen gemacht, Leute interviewt und wissenswerte Geschichten aufgeschrieben. Ich habe bei der humanitären Hilfsorganisation »Ärzte ohne Grenzen« sinnstiftende Erfahrungen gemacht. Ja, ich bin Buchautorin geworden und jüngst sogar Weltmeister-Mutter.

Zwischendurch gab es auch schwere Zeiten. Die Kinder waren aus dem Haus, der Mann mit sich beschäftigt, mein Leben zum ersten Mal ohne ein wirkliches Ziel. Vielleicht war es das, was man als Midlife-Crisis bezeichnet? Ich brauchte einen neuen Plan.

Ich hatte nur eine vage Idee, was ich zukünftig anders machen wollte als in meinen letzten Jahren. Ich wollte besser auf mich achtgeben. Nicht mehr blind meinen Träumen folgen – und dann durch die schroffe Breitseite der harten Wirklichkeit geweckt werden, wie es in den letzten Jahren ab und an passiert war. Auf die Kinder habe ich immer gut aufgepasst. Um mich selbst habe ich mich zu wenig gekümmert.

Eine SMS meiner Yogalehrerin holte mich aus meiner Lethargie. Sie lud mich ein, mit mehreren anderen Menschen zusammen zu meditieren. Ich erinnerte mich, wie gut mir das Meditieren früher getan hatte. Ich hatte Jahre zuvor regelmäßig praktiziert – und war dann davon abgekommen. Meditieren hilft mir, das wusste ich, vieles weniger schönreden zu müssen und meine Beziehung, meine Freundschaften, mein Erleben aufrichtiger und lebendiger wahrzunehmen.

Nun begann ich, mich wieder intensiver mit Meditation zu beschäftigen. Ich hatte Lust auf eine persönliche Weiterentwicklung, wünschte mir eine wieder offenere, ehrliche, neugierige und mitfühlende Haltung und intensive Beziehungen zu anderen Menschen. Die regelmäßige Meditation brachte mir in meiner Midlife-Crisis tatsächlich wieder ein stabileres Gefühl für mich selbst. Und als zusätzliche Überraschung, und deshalb in diesem Buch relevant, eine völlig neue Perspektive auf meine Kinder. Die, ohne dass ich sie beeinflusst hätte, übrigens auch meditieren. Ich verstand, dass Moritz und Franz es wahrscheinlich durch ihre mentale Stärke so gut hinbekommen, durch ihre Welt zu gehen, dem Druck standzuhalten, sich von dem Medienrummel zu distanzieren, sich zu fokussieren. Ihr stabiles Mindset beeindruckt mich.

Heute kann ich mich durch die Meditation öfter selbst beobachten. Ich sehe, was meinen Geist bewegt. Nehme ich bestimmte Gedanken, Bilder, Gefühle oder Stimmungen wahr, habe ich die Wahl. Ich kann sie vorüberziehen lassen wie Wolken am Himmel oder mich der Situation stellen. Ich habe gelernt, meine Träume besser von der Realität zu trennen. Mehr im Hier und Jetzt zu sein. Ich stelle mir vor, dass das alle Menschen gebrauchen könnten. Schließlich fahren wir alle unbewusst auf automatisierten Gedankenautobahnen durch unser Leben. Meine Krise konnte ich so als Chance für inneres Wachstum begreifen.

Auch im Sport ist mentale Stärke oft das Zünglein an der Waage. Im Spitzensport sind die körperlichen Leistungsunterschiede nur noch minimal. Wie überall im Leben, wo Erfolg und Scheitern nah beieinanderliegen, entscheiden hier zum Beispiel mentale Stärke und die innere Einstellung. Hochleistungssportler sind – so erwartet es die Welt von ihnen und sie selbst von sich – kräftig, selbstbewusst, leistungsstark. Sie haben »Nerven wie Drahtseile«. Schwäche zeigen hilft nur dem Gegner. Doch gerade Athleten sind seelisch bei Weitem nicht so gut aufgestellt, wie es oft den Anschein hat.

Die Weltgesundheitsorganisation (WHO) hat Mental Health als die weltweit größte Herausforderung des 21. Jahrhunderts bezeichnet.[28] Auch für viele Profisportler ist die geistige Gesundheit eine »Baustelle«. Profisportler haben ein deutlich erhöhtes Risiko, psychische Symptome zu entwickeln. Sie kämpfen mit Leistungsdruck, Selbstzweifeln, Nervosität, Furcht vor Verletzungen, Zukunftsängsten, das zeigen Studien. Eine Metaanalyse zeigt, wohin das führt: Jeder fünfte aktive Profisportler hat Stress, rund jeder dritte kann nicht schlafen, hat Ängste oder ist depressiv. Fast jeder fünfte trinkt zu viel Alkohol. Und auch nach der Karriere reduziert sich die mentale Belastung nicht wirklich. Noch fast jeder dritte Ex-Spitzensportler ist weiter ängstlich und depressiv.[29]

Gerade im sportlichen Wettkampf ist daher relevant, wie man mit unguten Gefühlen umgeht. Ich möchte wissen, wie Sportler das lernen, und verabrede mich mit Renate Eichenberger, die viele Jahre als Sportpsychologin bei Alba Berlin gearbeitet hat. Wir treffen uns in Berlin Mitte, nahe dem Touristen-Hotspot Checkpoint Charlie. Die Trainingshalle von Alba liegt um die Ecke, das Interview füllt eine Lücke zwischen zwei Sessions, die Eichenberger heute mit zwei Alba-Spielern hat. Sie ist schon da, als ich mein Fahrrad abschließe. Sie sitzt draußen im Garten des Cafés, ganz hinten im Schatten. Vorne ziehen internationale Berlinbesucher vorbei. Die Frau in ihren Vierzigern kommt sportlich daher, brauner Kurzhaarschnitt, Funktionsklamotten, feine Gesichtszüge, ein offenes Lachen, eine randlose Brille auf der Nase. Sie spricht leise – mit einem angenehmen Schweizerischen

Akzent – und wählt ihre Worte mit Bedacht. »Am Ende beginnt alles im Kopf«, sagt Eichenberger. »Mentale Erkrankungen, aber auch körperliche Probleme und Verletzungen. Wer mental Stress hat, baut Spannung auf, die sich irgendwo entladen muss.« Paradebeispiel sei die Muskelzerrung. Sportler müssten daher verstehen: Wer privat ein Problem hat, wird auch im Sport auf Dauer nicht performen. Wer seelischen Druck hat, riskiert, dass er sich verletzt oder keine Körbe macht.

Geschätzt 80 Prozent der Probleme, mit denen zum Beispiel Basketballer zu Eichenberger kämen, beträfen Themen abseits des Parketts wie Alltagsbewältigung, Beziehungen, Probleme in der Familie, nur etwa ein Fünftel sportliche Belange. »Klassisch ist zum Beispiel der Freiwurf, der nicht reingeht«, sagt die Psychologin. Das liege aber nicht am technischen Können des Spielers, sondern daran, dass ihn draußen etwas unter Druck setze und er deshalb seine Routine nicht durchführen könne. »Dann frage ich: Was hindert dich daran, den Freiwurf reinzumachen? Schnell wird klar, wo es auf der menschlichen Ebene nicht stimmt.«

Die gebürtige Genferin unterstützt Unternehmen, Privatpersonen, Einzelsportler sowie Teams. Bei Alba Berlin hat sie seit 2016 ein im deutschen Basketball bisher einzigartiges sportpsychologisches Programm aufgebaut und war bis 2023 dort. Auch mit Franz hat Eichenberger schon gearbeitet. »Profisportler haben als talentierte Kinder und Jugendliche gelernt: Ich bin nur so wertvoll wie die Leistung, die ich bringe«, sagt sie. »Unbewusst suchen sie regelrecht nach einer Ansprache, die ihnen als Mensch einen Selbstwert gibt. In der Sportpsychologie geht es darum, den Menschen wahrzunehmen, nicht den Basketballer. Es geht nicht um eine bloße Leistungsoptimierung, sondern um die Entwicklung reifer und reflektierter Persönlichkeiten. Um Menschen, die über ihre Gefühle sprechen.«

Eichenberger arbeitet mit verschiedenen Tools, die den Spielern helfen, sich selbst besser zu beobachten. Wie geht es mir eigentlich? Wie kann ich mich wahrnehmen? Die Übungen regen an, zu reflektieren und sich darüber persönlich zu entwickeln. Das Ziel ist immer ein stabiles Mindset. Nicht nur auf dem Court, sondern generell im Leben. Dafür sei wichtig, neben Problemen vor allem auch die positiven Dinge wahrzunehmen. »Es geht darum, die Reflexion in einer guten Form anzustoßen, nicht das sich Zerfleischen, nicht das Grübeln«, sagt Eichenberger. »Auch wenn es mir heute eigentlich den ganzen Tag nicht gut ging – irgendetwas hat trotzdem geklappt. Was genau war es? Man muss nicht zwingend jeden Tag etwas finden. Aber wenn man dazu gar nicht in der Lage ist, wird es schwierig.« Weitere typische Fragen seien: Wie kann ich meine Herausforderungen benennen? Wie kann ich sie bewältigen? Sich damit zu beschäftigen, baut Selbstvertrauen auf.

Wir sitzen uns gegenüber und trinken Cappuccino und Wasser. Ich finde es spannend, wie nah die Sportpsychologin den Spielern in ihren Sessions kommt. Dann erzählt sie, was wohl für alle erfolgreichen Menschen relevant ist. »Oft verlieren sich Sportler über ihren Sport, über ihre Funktion«, sagt Eichenberger, selbst Mutter eines hochbegabten Sohnes. »Sie wissen irgendwann nicht mehr, wer sie selbst sind«, sagt sie. Sie würden als Basketballer wahrgenommen – und zögen den Rückschluss: So bin ich dann wohl auch als Mensch. »Das Gefühl, auch ohne ihre Funktion geliebt und wertgeschätzt zu werden, kann abhandenkommen. Gesünder ist aber, wenn sie fühlen: Du bist etwas wert, mit oder ohne Basketball, mit oder ohne Erfolg. Einfach so. Das können am besten die Eltern vermitteln. Oder eine möglichst frühe sportpsychologische Begleitung. Auch der Sportler möchte sich als Mensch wertgeschätzt fühlen.«

Die Sportpsychologie kann Athleten helfen, konstruktiv mit der inneren Gefühlswelt umzugehen. Sich selbst besser zu verstehen. Emotionale Zustände, die in der Regel unbewusst ablaufen, bewusst wahrzunehmen und sich mit ihnen auseinanderzusetzen. Eigene körperliche Warnsignale ernst zu nehmen. Ungünstige Denkmuster, harsche innere Antreiber oder ungesunde Umgangsweisen mit dem eigenen Körper zu verändern. »Wir machen Training für den Kopf«, sagt die Schweizerin. »Das ist hart. Das ist anstrengend. Der Spieler muss es schließlich verkörpern. Er verinnerlicht dabei, was für ihn passt. Und kreiert so sein persönliches Mindset, das ihm ein langfristig erfülltes Leben ermöglicht, in der Bundesliga, NBA oder draußen im Leben. Mit Ball oder ohne.«

Ich sitze wieder auf meinem Fahrrad und schlängele mich durch die Großbaustelle am Berliner Alexanderplatz. Das Gespräch mit Renate Eichenberger hat mich zum Grübeln gebracht. Was müssen meine Kinder da jeden Tag bewältigen? Das ist sicher ganz schön schwer. Gleichzeitig muss ich mich konzentrieren, dass mein Vorderreifen nicht in die Straßenbahnschienen rutscht. Ich beschließe, die innere Debatte zu Hause fortzuführen. Dort angekommen, transkribiere ich schnell das Interview – und bin wieder direkt in meinen Bildern. Was haben wohl Franz und Moritz für Themen bei ihren Sportpsychologen? Was mag wohl Franz damals mit Renate besprochen haben? Das hat natürlich weder er früher noch sie heute in unserem Gespräch preisgegeben. Dafür gibt es ja diesen geschützten Raum. Auf welchen seelischen Baustellen sind die beiden jungen Männer heute wohl unterwegs? Und was hat das alles mit ihrer Mutter zu tun? Die, so sagte es mir mal ein Therapeut, sitzt nämlich hinter jedem Busch.

Als ich kürzlich mit Franz über sein Mindset als junger Profibasketballer sprach, erzählte er mir sehr offen, was ihn mental in seinem Alltag beschäftigt. Vor allem an Spieltagen sei er schon kurz nach dem Aufwachen nachdenklich, manchmal überdenke er die Sachen zu sehr. Heute schon wieder spielen, schaffe ich das überhaupt, kann ich das eigentlich. Solche Fragen gingen ihm durch den Kopf. »Je mehr ich in den Tag hineinkomme, desto besser finde ich dann die Balance zwischen Aufregung, Fokus und Ruhe«, sagt er. So, wie es vor einem Spiel wohl sein sollte. Gerade wenn das letzte Spiel aber nicht so gut gelaufen sei, könne es passieren, dass man in eine eher negative Gedankenspirale gerate, dass man denke, doch nur für seine Leistung als Basketballer wertgeschätzt zu werden. »Ich weiß, dass das nicht stimmt, aber manchmal fühlt sich das halt so an«, sagt Franz. Selbst Anzeichen des sogenannten Impostor-Syndroms seien ihm nicht fremd. Dieses – auch Hochstapler-Syndrom genannte – psychologische Phänomen geht vor allem bei sehr leistungsstarken Menschen mit plötzlich auftretenden massiven Selbstzweifeln einher. Betroffene haben das Gefühl, zu Unrecht auf einer bestimmten beruflichen Position oder fälschlicherweise in einer wichtigen Funktion zu sein – und ganz bald als Hochstapler entlarvt zu werden, als jemand, der die Erwartungen gar nicht erfüllen kann.

Hilfreich bei all diesen – auch bei anderen Leistungsträgern weitverbreiteten – Symptomen sind auch für Franz dann Gespräche mit Teamkollegen und Coaches. »Wenn ich mich austausche, wird mir klar, dass es anderen Spielern ähnlich geht – und dass ich mich zu Unrecht in diese schlechten Gedanken reingesteigert habe, dass mein Gegenüber also ein ganz anderes Bild von mir hat«, sagt er. »Oft spiegelt er mir im Gespräch dann genau die Sicherheit, die mir in dem Moment vielleicht selbst gerade fehlt.«

Und ja, auch die Meditation sei manchmal gut, um die Grübelei zu beenden, den Fokus wiederzufinden. Langfristig setzt Franz aber eher auf Austausch. Und er erinnert sich daran, was er schon alles erreicht hat und wie gut sich all die vielen Erfolgsmomente angefühlt haben, die er in seinem noch so jungen Leben schon hatte. »Prinzipiell weiß ich, dass ich ja auch Fehler machen muss, sie bringen mich schließlich weiter«, sagt er. »Will ich weiter lernen, sollte ich mich also mehr an diesem Gedanken orientieren und mir weniger das Schlechte daran reinziehen. Denn auch mein Selbstwertgefühl on the court hängt ja direkt mit dem Selbstwertgefühl off the court zusammen. Mache ich mich also ständig runter, werde ich auch im Spiel nicht performen und umgekehrt.«

Nach meinem Gespräch mit Franz bin ich sehr beeindruckt, wie klar er formulieren kann, was ihn manchmal plagt. Ich glaube, gerade das ist eine große Stärke, um mit diesen mentalen Belastungen, die sicher alle NBA-Spieler kennen, klarzukommen. Akzeptieren, dass es sie gibt, annehmen, drüber reden, weitermachen.

Und auch Moritz hat das in seiner Karriere schon mehrmals durchgemacht. Bisher hat auch er sich allen emotionalen Herausforderungen beeindruckend gestellt. So musste er zum Beispiel damit klarkommen, dass sein kleiner Bruder links an ihm vorbeigezogen ist. Im Vergleich zu Moritz – der sich immer auch durchbeißen musste – lief Franz' Karriere nämlich bisher wie geschnitten Brot. »Ich musste tatsächlich einen Umgang damit finden, ich war ja täglich damit konfrontiert«, sagt Moritz, wenn er auf das Thema Konkurrenz zu seinem Bruder angesprochen wird. »Ich konnte mich nicht verstecken, war gezwungen, an mir zu arbeiten. Das war eine große emotionale Herausforderung. Und sie war natürlich deshalb so signifikant, weil ich mit Franz zusammen lebe, mit ihm zusammen spiele. Würde er zum Beispiel in Memphis einen Vertrag haben, hätte ich das Problem nur, wenn unsere Teams gegeneinander spielen oder ich seine Spiele gucke.«

Gleichzeitig sei das aber auch alles viel unspektakulärer, als manche Leute sich vielleicht vorstellen. Manchmal sitzt er eben einfach auf der Bank, beobachtet Franz und freut sich für ihn. »Ansonsten juckt mich das ja gar nicht«, so Moritz. »Ich mach mein Ding.« Mich als Mutter beruhigt das. Schließlich lassen sich einige schwierige Themen im Leben, wie zum Beispiel Konkurrenz zwischen den Brüdern, prinzipiell nicht auflösen. Der einzige Weg ist, damit einen guten Umgang für sich persönlich zu finden.

So macht Moritz sein Ding. Ein stabiles Mindset hat ihn dahin gebracht, wo er heute ist. Seine Offenheit und Bereitschaft, aus Schwierigem zu lernen, sich Neues anzueignen, sich weiterzuentwickeln, selbst wenn das anstrengt. Er geht seinen Weg, versucht aus Rückschlägen etwas Positives zu ziehen. Und so zu leben, wie es für ihn eben passt.

Seine emotionale Stabilität ermöglicht es ihm, sich mit Franz zu freuen. Oder auch mit dem Vergleichen aufzuhören – wozu das Leben in der NBA ja eigentlich verführt. Moritz ist das mit seinem Freund Duncan Robinson so gegangen. Am College haben die beiden zusammen im Team gespielt. Damals lief es gut für Moritz, Duncan hat gekämpft. Er wurde nicht gedraftet. Über die G-League – die sogenannte NBA-Entwicklungsliga – konnte er sich dann aber in das Team der Miami Heat spielen. Nach erfolgreichen Play-offs hat er 2020 dort einen hochdotierten Vertrag unterschrieben. »Das war für mich dann kurz schwierig«, erinnert sich Moritz heute. »Ich habe durch diese Situation aber gelernt: Für unsere Beziehung ist das Geld völlig irrelevant. Die Millionen sind nicht das, worum es wirklich geht.«

Häufig machen NBA-Spieler – wie die meisten Profisportler – ihre seelischen Konflikte oder gar psychischen Erkrankungen aber immer noch mit sich allein aus. Einer der Ersten, der in der NBA offen über seine mentalen Probleme gesprochen hat, war 2018 Kevin Love, damals bei den Cleveland Cavaliers.[30] Er erzählte der Welt unerschrocken ehrlich über seine Panikattacken auf dem Parkett und wie Ängste sein Leben veränderten. DeMar DeRozan, Aaron Gordon, Andre Drummond, Dillon Brooks und Giannis Antetokounmpo zogen nach. Das Bewusstsein für psychische Probleme ist seitdem deutlich gewachsen.

Seit der Saison 2019/20 sind alle 30 Teams sogar verpflichtet, ihren Spielern bei Bedarf Psychotherapeuten oder Sportpsychologen zu vermitteln und auf psychische Notfälle vorbereitet zu sein. In der Arena gibt es auch für gegnerische Spieler einen geschützten Bereich, um sich zurückzuziehen. Die NBA-Initiative »Mind Health« ist Anlaufstelle nicht nur für Betroffene. Sie will das Thema Mental Health in der gesamten NBA-Community vorbeugend besser integrieren.

Zu meiner persönlichen Freude gibt es in der NBA wohl zudem zahlreiche Menschen, die meditieren. Das erfuhr ich auch von Franz, als ich ihm von meinen verschiedenen Meditations-Apps vorschwärmen wollte. »Mama, du brauchst mir keinen Vortrag zu halten, ich kenne doch die Methoden und meditiere schon lange mit Headspace.« Ich war baff und begeistert zugleich. Die NBA bietet die Achtsamkeits-App für alle Spieler kostenlos an. Das wusste ich nicht. NBA-Mütter haben allerdings, selbst wenn sie sich das wünschten, leider noch keinen Zugang zu dem Angebot. Egal, Hauptsache die Jungs arbeiten damit, denke ich. Das macht mich als Mutter schon glücklich.

Ich begann zu recherchieren und stieß auf weitere erfreuliche Fakten. Das Thema »Achtsamkeit« ist in der NBA nämlich längst nicht so neu, wie ich dachte. Vielmehr gibt es eine richtige Erfolgsstory. In den 1990er-Jahren hat die NBA-Coach-Legende Phil Jackson seinem damals frustrierten Team mithilfe von Achtsamkeitsübungen und dem Training mentaler Bewusstheit aus einem tiefen Tal verholfen.

Das passierte im Jahr 1993: Die Chicago Bulls – die drei Championship-Ringe in Folge gewonnen haben – sind mental am Ende. Ihr Kollege Michael Jordan hat gerade seinen Vater durch einen brutalen Raubüberfall verloren. Nach diesem schmerzlichen Verlust will der Starspieler Jordan nicht mehr, er zieht sich mit nur 30 Jahren vom Basketball zurück. Das Ausnahmetalent ist der führende Spieler des Teams gewesen. Die ganze Mannschaft stürzt mit ihm in eine tiefe emotionale Krise. Head Coach Jackson sucht nach einem Ausweg. Er muss seinen Jungs mental einen neuen Weg aufzeigen. Damit sie eigene Antworten finden können, auf das, was sie persönlich in dieser Situation umtreibt. »Awareness is everything«, beschreibt Jackson sein Rezept in seinem Buch *Sacred Hoops*[31]. Bewusstheit ist das Wichtigste. »Nicht denken. Die Gedanken zum Schweigen bringen. Dem Körper ermöglichen, instinktiv zu handeln, worauf er trainiert ist. Ohne dass der Verstand ihn behindert.« Das ist damals sein Angebot.

Jackson – selbst religiös erzogen, er sollte eigentlich Pfarrer werden – stellt fortan sein Ego zurück. Er delegiert seine Macht, lässt den Spielern persönlichen Raum und Eigenverantwortung, stellt das große Ganze über den Einzelnen. Seine Führungsphilosophie basiert auf dem Glauben an die persönliche Verbindung zu einer höheren Berufung. Jackson bringt im Training den Fokus auf Mentales, Meditation, Achtsamkeit, buddhistische Ideen, Mitgefühl und Selbstlosigkeit – und diese Themen damit langfristig in die NBA.

Doch zunächst wird sein achtsamer Führungsstil in der Liga verlacht. Langfristig sollte sein Weg die Basketballwelt jedoch verändern – auch wenn heute sicher nicht jedes NBA-Training mit einer Meditation beginnt. Phil Jackson ist nämlich erfolgreich. In der ersten Saison ohne Micheal Jordan qualifizierten sich die Chicago Bulls entgegen allen Erwartungen für die Playoffs. In der ersten Runde besiegten sie klar die Cleveland Cavaliers. Den Titel holten dann zwar schließlich die Houston Rockets gegen die New York Knicks. Dennoch hat die Achtsamkeit ihren Platz in der NBA gefunden. Weiterentwickelt hat das Konzept später Steve Kerr. Der heutige Head Coach der Golden State Warriors hatte selbst unter Jackson gespielt.

Nicht denken. Die Gedanken zum Schweigen bringen. Dem Körper ermöglichen, instinktiv zu handeln, worauf er trainiert ist. Was er braucht. Was ihm guttut. Ich habe festgestellt: Das eigene Mindset zu stärken, ist möglich, wenn man bereit ist, auf sich zu hören, sich zu vertrauen, sich nicht von anderen irritieren zu lassen. Auch in diesem Punkt sind meine beiden Jungs ehrlich gesagt schon immer ziemlich gut, viel besser als ich. »Moritz ist mein Vorbild in Sachen Mindset«, sagt Franz heute. »Er ist der älteste 24-Jährige, den ich kenne. Er zündet abends seine Kerzen an, kocht Tee und macht es sich gemütlich. Ich mache mich gerne lustig drüber – und merke dann, wie sehr es beruhigt, wenn ich es selbst mache.« So sitzen sie also zu Hause und trinken gemeinsam Tee. Beruhigt und im wohltuenden Gegensatz zu dieser NBA-Welt, in der es häufig darum geht: Wer verdient die meiste Kohle? Wer hat das swaggigste Outfit? Wer kann es noch krasser? »So sind wir nicht aufgewachsen, und da muss man auch mal gegensteuern«, sagt Franz. »Dann hat man auch wieder Bock auf diese wilde Welt.«

Deutschland, einig Basketballland

Ich war ein halbes Jahr in Florida. Bin vor dem harten Winter in Deutschland geflohen. Ich habe viel Sport und Yoga gemacht, an meinem Buch geschrieben, mit vielen Leuten gesprochen. Ich habe erlebt, was genau abgeht in einer langen NBA-Saison. Mit dem Blick von außen als Mutter möchte ich es so beschreiben: Das Leben eines amerikanischen Profibasketballers teilt sich in zwei Daseinszustände. Von Oktober bis April ist er im Saison-Tunnel. Hier geht's – zumindest offiziell – nur ums Spielen, Schlafen, Essen, Trainieren, Regenerieren, Reisen und wieder Spielen. Selten hat er Lust auf einen Strandtag, meist keine Kraft zum Shoppen. Er will noch nicht mal zu Home Depot, dem Inbegriff des amerikanischen Baumarkts. Sondern einfach nur seinen Job machen und sonst im Liegen Serien oder Basketball glotzen. Schafft es das Team des Spielers in die Play-offs, schleppt er sich mit dieser Agenda noch ein paar Wochen weiter. Im optimalen Fall bis in den Juni hinein zu den Finals.

Nach der Saison fließt der Spieler hinüber in die zweite – mit andauernder Saison zunehmend ersehnte – Daseinsform: die Off-Season. Keine Spiele, kein Fliegen, zumindest nicht mit dem Team auf Auswärtstrips, keine feste Alltagsstruktur, keine Teamkollegen, keine offiziellen Termine. Für die Sommermonate kehrt das gemeine NBA-Wesen zurück in ein halbwegs normales Leben. Verbringt Zeit zu Hause, mit der Familie, mit Freunden, im Urlaub, wo auch immer. Weit weg von allem.

Doch auch wenn sich die Off-Season zunächst wie Freizeit anhört: Sie ist es nicht. Nach der Saison ist vor der Saison. Die Off-Season erinnert mich an meine Semesterferien. Anfangs hab ich diese auch gern als drei Monate Urlaub interpretiert. Von Semester zu Semester aber habe ich gelernt, dass es wohl nix wird mit meiner Karriere als Ärztin, wenn ich die vorlesungsfreie Zeit nicht nutze, um meine eigenen Projekte wie eine Doktorarbeit voranzutreiben, Klausuren nachzuschreiben, in der Klinik praktisch umzusetzen, was ich mir im Semester theoretisch in den Schädel gehämmert habe. Ist das zumindest ein wenig vergleichbar mit der Off-Season eines Profisportlers?

Wie die fleißige Studentin macht zumindest der motivierte NBA-Spieler nur ein paar Wochen Urlaub. Danach geht es wieder los mit der Ackerei. Auch wenn sich das gar nicht so schlecht anhört: Viele Jungs mieten sich – sofern sie nicht eh eines besitzen – ein schönes Haus, zum Beispiel am Strand von Los Angeles. Und verbringen da Zeit mit der Freundin, den Freunden oder anderen NBA-Kollegen. Zusammen mit einem privaten Personal Trainer oder einem Trainerteam ziehen sie ein speziell konzipiertes Programm durch, mit täglichem Krafttraining und Trainingseinheiten. Anders als während der Spielzeit gibt es in der Off-Season die Zeit und den Raum, neue Skills zu trainieren, die eigene Performance weiterzuentwickeln, vielleicht die Ernährung noch besser anzupassen. Bis im Oktober die nächste Saison beginnt.

Es sei denn, man spielt so gut Basketball, dass man während des Sommers noch ein zusätzliches Projekt auf dem Zettel hat: bei internationalen Turnieren für das eigene Land als Basketballer anzutreten. Je kleiner die Nation, desto größer die Chance. Für die US-amerikanischen NBA-Spieler ist das nur für wenige Spieler ein realistisches Szenario. Für deutsche Basketballer auf einem bestimmten Niveau ist es hingegen wahrscheinlicher, dass sie für die Nationalmannschaft nominiert werden und dann im Sommer für mehrere Wochen an Trainingslagern und Turnieren teilnehmen. Moritz und Franz sind seit Jugendzeiten im Sommer zunächst mit dem Berliner Landeskader, später mit der deutschen Nationalmannschaft unterwegs. Moritz wurde zum Beispiel mit der U18 Europameister der B-Gruppe. Bei der U20 EM war er bester Werfer. Auch Franz war mit der U16 bei der EM in Montenegro dabei, mit der U18 in Griechenland. Mit der U18 gewann er das internationale Albert Schweitzer Turnier.

Heute freue ich mich, dass bei uns in der Off-Season jedes Jahr die »Natio-Sommerspiele« stattfinden. Wie jedes Drama im Theater verlaufen diese Events in mehreren Akten. Zur Europameisterschaft 2022 zum Beispiel beginnt der erste Akt im Juli konkret mit einer DHL-Lieferung. Unsere beiden Nationalspieler sind selbst noch gar nicht in Deutschland angekommen. Geplant ist, dass sie noch zwei Wochen zu Hause ausspannen, in Berlin Freunde treffen, sich eingewöhnen, bevor Ende des Monats die EM-Vorbereitung im Trainingslager in Köln startet.

Eines frühen Montagmorgens steht stattdessen ein freundlicher Paketbote in meiner Küche – und lädt ohne große Worte fünf riesige Pakete ab. Mitten in der Wohnung. Zum Bad kommt man danach nur noch schwer durch. Ich rufe die Jungs an und frage, ob das alles so seine Richtigkeit hat. »Ja klar, pack doch einfach schon mal alles aus«, schlägt Moritz vor. Vielleicht eine gute Idee, dann verschwinden wenigstens die hässlichen Pakete aus meiner Küche. Ich grabe tief in der kniehohen Verpackung. Aus den fünf Kisten hole ich allein sechs Paar neue Turnschuhe Größe 51 samt Kartons, zudem zwei Basketbälle und zwei komplette Ausrüstungen für das »Team Deutschland«. Die Wohnung ist übersät mit schwarz-rot-goldenen Basketballklamotten. Vor lauter Kleidung, Kisten und Bällen sieht man kaum noch den Holzboden. Ich setze mich neben die Klamotten aufs Parkett und starre erschöpft auf Jogginghosen, Regenjacken, Hoodies und Polos.

Wo soll das bloß alles hin? Die alten Schränke in den Kinderzimmern platzen aus allen Nähten. Und im Keller lagern schon mehrere Kisten voller Trainingszeug der letzten zehn Jahre. Die

Dinge scheinen zu mir zu sprechen: Entspann dich! Wir sind nur die Vorboten. Wenn Moritz und Franz in den nächsten Tagen kommen, bringen sie noch mal so viel Zeug aus den USA mit.

Ich stehe auf. Am besten gehe ich erst mal joggen, danach sieht die Welt anders aus. Tatsächlich bringt mich das Laufen auf neue Ideen: Nach meiner üblichen Runde durch den Friedrichshain trete ich mutig vor den unverändert hohen Sisyphos-Klamotten-Berg in der Küche, schiebe den ganzen Krempel an die lange Wand, schaffe wieder einen Durchgang zum Bad und gehe duschen, als sei nichts gewesen. Alles eine Frage der Perspektive. So ist es eben in einem Sportlerhaushalt. Kein Grund, mich aufzuregen.

Mit etwas Abstand kann ich es sogar so betrachten: Die vielen Klamotten sind Symptome eines übertriebenen Konsumwahnsinns. Wo soll das noch hinführen, wir wollen doch eigentlich sparen, für unsere Umwelt, unseren Planeten, unsere Zukunft! Andererseits scheint all das, wie die außergewöhnlichen Momente, wohl zu einer Europameisterschaft dazuzugehören.

Zweiter Akt. Die Spannung steigt. Bald beginnt das – für uns aus mehreren Gründen sehr besondere – Ereignis. Zum ersten Mal werden Moritz und Franz zusammen für Deutschland spielen. Das EM-Sommertheater spielt in Deutschland, also im heimischen Vorgarten, vor Freunden und Familie. Das gab es so noch nie. Schließlich stehen die beiden in den USA unter Vertrag. Wer sie live Basketball spielen sehen möchte, muss nach Amerika fahren oder nachts am Laptop sitzen. Die Vorrunde der FIBA-Eurobasket findet nun also in der Lanxess Arena in Köln statt. Für die Spiele der Finalrunde geht's weiter in der Berliner Mercedes-Benz Arena. Damit wir alle angemessen feiern können, buchen Moritz und Franz in Köln für Freunde und Familie eine eigene Suite, mit Freibier und Snacks. Wir fiebern der EM-Reise 2022 entgegen. Sie wird uns (hoffentlich) bis zum Finale Mitte

September quer durch Deutschland führen, mit vielen sportlichen Highlights und emotionalen Hochs und Tiefs. Uns stehen Wochen im Ausnahmezustand bevor.

Aber unser Traum vom Sommermärchen platzt, bevor er überhaupt beginnt. Es ist schon nachts, als Moritz aus dem ersten Trainingslager in Köln anruft. Seine Stimme ist ruhig, ernst, ein wenig brüchig. Ich spüre, dass er emotional sehr bewegt ist. Dass er sich sicher nicht aus Lust und Laune meldet. Dass er uns etwas sagen muss. Schnörkellos spricht er aus, was zwar schon Wochen im Raum steht, aber nicht öfter als nötig thematisiert wurde: »Ich werde nicht mitspielen«, sagt er trocken. »Es geht nicht. Der Knöchel tut einfach zu weh. Es hat keinen Sinn.«

Dann ist es still. Ich höre nur ein leises Schluchzen am anderen Ende. Axel und ich sitzen im Dunkeln auf dem Bett. Starren auf das Handydisplay. Versuchen, wenige, richtige Worte zu finden. Lauschen, was passiert. Ich spüre, wie ich jetzt selbst traurig werde, auch enttäuscht bin. Und einen inneren Kampf kämpfe: Keine Mutter kann es gut ertragen, wenn das eigene Kind bitterlich weint. So geht's auch mir gerade, einerseits. Ich will was sagen, was tun, ihn trösten, ihm gut zureden. Irgendwas soll passieren, damit er nicht mehr weint. Früher habe ich in solchen Gesprächen aus purer Hilflosigkeit sofort losgespult, bemitleidet, Lösungsvorschläge gemacht – die nur ins Leere laufen konnten.

Jetzt aber weiß ich, es gibt gerade keine Lösung. Der Knöchel ist verletzt. Moritz wird keines der Spiele spielen, auf die er sich monatelang gefreut hat. Verzweifeltes Agieren und Mitleid bringen keine Punkte. Es ist schwer auszuhalten, aber wohl am besten, den Moment so zu lassen, wie er eben gerade ist, schmerzhaft und traurig. Es wird Moritz am meisten helfen, wenn wir jetzt einfach nur an der Strippe da sind, nur zuhören, die eigenen Bedürfnisse zurückstellen. Wenn ein Raum entsteht, in dem er sich sicher fühlt, sich ausheulen kann. In dem es nur um ihn geht, ohne »Wenn und Aber« und ohne »Das wird schon wieder«.

Axel ist ärztlicher Psychotherapeut – und damit Profi für solche Momente. Das ist jetzt offensichtlich. Er sitzt immer noch ruhig da, das Handy auf dem Oberschenkel. Er lauscht, hat die Augen geschlossen, ist präsent. Ich tue mich sichtlich schwerer. Räuspere mich, ruckele mit dem Hintern auf der Bettkante, kämpfe mit mir. Dann lasse ich mich intuitiv in Axels Arm fallen, und es geht besser. Es breitet sich eine friedliche Stille aus. Ich muss nichts mehr tun, alles ist okay. Jetzt spricht Moritz noch einmal. »Okay, guys, das war's erst mal. Danke. Ich melde mich morgen. Love you«, sagt er. Seine Stimme klingt schon viel kräftiger. Es macht klick, er hat aufgelegt. Ohne auf eine Antwort zu warten. Der Vorhang ist zu, der dritte Akt beendet.

Am nächsten Tag veröffentlicht der DBB eine Pressemitteilung. Moritz richtet sich darin selbst an seine Fans: »Ich sag, wie's ist. Der tut weh. Seit Jahren hab ich mich auf dieses Turnier und diese Möglichkeit gefreut. In Deutschland zu spielen, in Köln und meiner Stadt Berlin, mit meinem Bruder, bei einer Heim-Europameisterschaft, war etwas, das ich mir jetzt schon länger erträumt hatte. Nun kann ich diesen Sommer leider an keinem der anstehenden Länderspiele teilnehmen. Ich weiß, wie viel die Nationalmannschaft für den deutschen Basketball bedeutet. Ich hatte mich den ganzen Sommer auf diese Herausforderung im September gefreut und vorbereitet, um auf das Erlebte vom letzten Jahr (Olympia in Tokio) aufzubauen. Dass jetzt der Knöchel nicht mitspielt, ist erst mal schwierig zu akzeptieren, aber gehört dazu. Dieses Team ist special. Ich freue mich darauf, den Jungs beim Spielen zuzuschauen und sie zu supporten.«

Vierter Akt. Die nächsten Tage vergehen wie im Flug. Moritz schaut sich als Teil des Teams noch die gesamte Vorrunde in Köln an. Dann will er nach Hause in die USA. Sich um die Behandlung seines Knöchels kümmern. Raus aus diesem EM-Film, der sich für ihn nur noch schmerzhaft anfühlt. Er nimmt den nächsten Flieger nach Orlando. Axel und ich brauchen erst einmal ein paar Tage, um all das zu verdauen. Ich bin vor allem für Moritz traurig. Er hatte sich so gefreut, er hatte sich bestens vorbereitet. Aber es sollte nicht sein. Verletzungen gehören zum Sportlerdasein, schon richtig. Und es gehört auch nicht zu den schönsten Momenten von Sportlereltern, wenn so ein großer Traum platzt. Wenn du dein Kind leiden siehst – und nichts tun kannst.

Der fünfte Akt beginnt. Mit Freude und Zuversicht kann ich mich nun ganz der EM mit Franz und den anderen Jungs hingeben. Die nächsten zwei Wochen geht's dabei von einer wilden (Suite-)Sause zur nächsten. Wir sitzen in ausverkauften Arenen. Haben Gänsehautmomente. Erleben eine in Grün-Gelb getauchte Kölner Innenstadt (Litauenfans) und einen nie gewesenen Basketball-Hype am Rhein und in der Hauptstadt.

Ich bin keine Basketballexpertin. Trotzdem bleibt selbst mir die besondere Energie des Teams schon während der gesamten Gruppenphase nicht verborgen. Vor dem Auftaktspiel wird zunächst das Trikot von Dirk Nowitzki in einer feierlichen Zeremonie an die Hallendecke gezogen. Die Stimmung in der Kölner Lanxess Arena ist bewegend. Die Leute sind berührt, diesem einzigartigen Basketballmoment beiwohnen zu dürfen. Ich habe Tränen in den Augen. Dirk, wie er unten auf dem Court steht, lang und schlaksig wie immer, nur ein bisschen älter, wie er da jetzt statt im Trikot im Anzug übers Parkett humpelt – 20 Jahre Profisport haben ihre Spuren hinterlassen – und für sein Lebenswerk geehrt wird. Wie er selbst zum Mikrofon greift und ein paar Worte spricht. Wie lange schon begleitet er auch uns? Lange, sehr lange. Eine ganze Kindheit lang. Das Poster von Dirk hing über Jahre in Moritz' Kinderzimmer. Für Dirk geht jetzt eine unglaublich erfolgreiche Basketballreise zu Ende. Unsere Jungs sehen ihm dabei zu. Ihre Reise beginnt gerade erst.

Das zumindest denke ich in den folgenden Tagen öfter. Es ist der Wahnsinn. Eine Bombenenergie. Ein super Publikum. Ein Riesenvertrauen, dass Deutschland es dieses Mal mindestens nach Berlin schafft. Genauso spielen sie: Erst zerlegt Deutschland den starken Gegner Frankreich mit 76:63. Dann folgt ein Sieg gegen Bosnien. Das Spiel gegen Litauen wird ein absoluter Krimi. Erst in der zweiten Nachspielzeit können die Jungs das Match für sich entscheiden. Es folgt eine Niederlage gegen Slowenien mit Superstar Luka Dončić. Doch die Jungs lassen sich nicht beirren, sind widerstandsfähig. Schlagen zum Abschluss der Gruppenphase Ungarn mit 106:71.

Berlin, Berlin, wir fahren nach Berlin! Dort angekommen, läuft das Achtelfinale gegen Montenegro zunächst schwer an. Zum ersten Mal scheint allen ein bisschen die Puste auszugehen. Im Spiel knickt Franz dann auch noch mit dem linken Fuß um. Ein Riesenschreck in der Halle. Er wird direkt ins Unfall-Krankenhaus Marzahn gefahren. Das MRT zeigt dann Gott sei Dank nichts Schlimmes. Die Jungs gewinnen mit 85:79.

Drei Tage später folgt das unglaublichste Viertelfinale aller Zeiten. Das Spiel gegen Griechenland gehört zu den besten Basketballspielen, die ich je gesehen habe. Die Jungs agieren von der ersten Sekunde an überragend, selbstbewusst, unerschrocken. Auch Franz ist arschcool. Er haut ein Ding nach dem anderen rein. Giannis Antetokounmpo muss mit zwei technischen Fouls die Halle verlassen. Axel und ich sitzen im Block 207, Reihe 6. Wir sind nicht mehr zu halten. Atmen im Takt, rasten aus, krallen die Hände in den Oberschenkel des anderen, erleben ein überwältigendes Gemeinschaftsgefühl. Ein Glück, das in diesem Moment nur uns gehört, das uns zusammenschweißt.

Offensichtlich sind wir dabei peinlich. Erst halten sich unsere Nachbarn die Ohren zu. Dann falle ich während des Anfeuerns fast in den Rücken meines Vordermanns. Mein Bier landet auf der Jacke seiner Freundin. Noch in der Nacht postet sie ein Foto auf Instagram, das sie wohl kurz zuvor von uns gemacht hat. Darauf zwei jubelnde Menschen (wir), die die Arme hochreißen, in freudigem Aufruhr sind. »Tinnitus for free, scared all people around …!«, steht daneben. Kurz schäme ich mich. Dann freue ich mich. Und beschließe, der klugen, jungen Frau, die das gepostet hat, zu folgen. Das Spiel gegen die Griechen gewinnen die Jungs mit 107:96. Die Halle dreht durch. Nun scheint alles möglich.

Unsere EM-Tage sind ein Mix aus totaler Aufregung, einer großen Müdigkeit und einer Art Lähmung. Wir schaffen gefühlt nichts außer schlafen, essen, anfeuern und uns fragen: Wo ist Franz? Was braucht er? Wie können wir unterstützen? Sollen wir uns melden? Oder lieber heute nicht? Auch Moritz beschäftigt uns. Er ist allein in Orlando. Die Facetime-Calls sind schwierig.

Er muss zusehen, wie die EM-Party in Deutschland ohne ihn steigt. Gleichzeitig will er aber auch nicht ständig von Mama bemitleidet werden. Verständlich. Trotzdem eine Gratwanderung für mich. Wir suchen die Balance zwischen Euphorie für Franz und Mitgefühl für Moritz.

Im Halbfinale gegen Spanien ist dann leider Schluss mit dem ganz großen Traum. Es war eine harte Schlacht. Am Ende reicht es nicht. Die Jungs verlieren knapp mit 91:96. Bedröppelt sitzen wir im Taxi nach Hause. Sie waren so nah dran! Kaum angekommen, klingelt das Telefon. Franz kündigt sich an und wünscht sich Kamillentee. Zehn Minuten später sitzen wir zu dritt mit Tee und Kerzen um den weißen Küchentisch. Draußen stürmt es. Kein Wort über das, was in den letzten Stunden passiert ist. Wir sitzen einfach nur still da, kommen zusammen runter.

Am nächsten Morgen hole ich frische Franzbrötchen vom Bäcker. Unser Franz kommt frisch geduscht und gut gelaunt die kleine Treppe in die Küche hoch. Als wenn nichts gewesen wäre.

Ich bin überrascht. Habe ich doch selbst noch damit zu tun, zu verarbeiten, dass sie nun nicht mehr Europameister 2022 werden können. Obwohl die Spanier gefühlt noch nicht mal besser waren! Sondern weil sie daran geglaubt haben, besser zu sein. Doch Franz braucht weder Trost noch eine mütterliche Spielanalyse. Barfuß, in kurzen Shorts und Hoodie steuert er nach dem Frühstück das schwarze Ledersofa an, streckt sich in seiner ganzen Länge aus und liest *Asterix und die Gallier.* Klar ist da auch Erschöpfung und Enttäuschung. Doch das gutes Gefühl überwiegt, definitiv. Gestern war gestern. Heute ist heute. Und morgen gibt es ein neues Spiel, eine neue Chance. So zumindest scheint seine Haltung zu sein. Ich bin fasziniert.

In einem nervenaufreibenden, engen Spiel besiegen die Jungs in diesem letzten EM-Spiel dann Polen mit 82:69. Sie holen Bronze, sind auf dem dritten Platz! Die Jungs auf dem Feld umarmen sich, die Fans tanzen und jubeln. Überall glückliche Gesichter, Deutschlandflaggen, singende Menschen. »Oh, wie ist das schön, oh, wie ist das schön …« Wenig später kommt Franz mit breitem Grinsen im VIP-Bereich um die Ecke. »Fraaanz Wagner, Fraaanz Wagner, Fraaanz Wagner …«, tönt es durch das Restaurant. Alle mal anstoßen, los Franz, komm her, hey hey hey!« Er kann sich kaum retten vor dem Jubel seiner grölenden Freunde. Bronze für Franz. Für den Rookie, der gerade die ersten Länderspiele seiner Karriere gespielt hat!

Zum ersten Mal seit 2005 gibt es wieder eine Medaille für die deutschen Basketballer. Sogar der *Tagesschau* ist das am Abend eine Nachricht wert. 1993 waren die Deutschen einmal Europameister, 2005 gab es Silber. Nun also Bronze. Mit dem dritten Platz und einem letzten Sieg gegen Polen haben die Spieler gezeigt: Schaut her, hier ist eine Generation am Werk, die das Zeug zu weiteren Großtaten hat. So steht es in der Presse. Wo das wohl noch hinführt? Wie wäre alles ausgegangen, wenn Moritz auch noch mit dabei gewesen wäre?

Die EM ist von Beginn an ein ausgelassenes Basketballfest mit einem Happy End, wie es wohl so niemand erwartet hatte. Gab es zuvor doch einige Absagen, unerwartete Verletzungen, starke Gegner. Und überhaupt: Wir sind ja schließlich in Deutschland, wo gern gezweifelt wird und Skepsis meist schwerer wiegt als Optimismus. Es hätte auch richtig in die Hose gehen können, so die Meinung vieler Experten.

Im Gegenteil. Es lief fast wie geschmiert! Bronze! Und das völlig verdient. Die deutsche Nationalmannschaft ist offensichtlich ein Team mit Identität. Individualisten, die mit ihren persönlichen Stärken eine riesige Teamleistung schaffen. Die selbstlos immer den freien Mann suchen und den Ball bewegen. Eine Mannschaft, die offensiv talentiert ist, unangenehm in der Defensive, mit klar verteilten Rollen. Und die mit Gordon Herbert einen Head Coach hat, der die Jungs nicht nur außergewöhnlich und professionell führt, sondern sie in kürzester Zeit zu einer authentischen Einheit geformt hat.

Am 19. September 2022 ist der EM-Sommer dann vorbei. Die Zeit fühlte sich an wie eine lange Fernreise mit vielen tollen Momenten, dem schmerzhaften Ausfall von Moritz, einem peinlichen Insta-Auftritt, schlaflosen Nächten, Asterix und Obelix und einer Medaille, die viel schwerer ist, als sie von Weitem aussieht. Axel und ich haben über Wochen nicht richtig gearbeitet, stattdessen am Spielfeldrand gefeiert, gezittert, geschrien und angefeuert. Es war körperliche und mentale Schwerstarbeit, ein Wechselbad unterschiedlichster Gefühle wie Euphorie, Stress, Anstrengung und Freude.

Was ich gelernt habe, vor allem von den Basketballern selbst: Es ging nicht zuallererst darum, ein bestimmtes Ziel zu erreichen. Der Fokus lag vielmehr im Hier und Jetzt. Die Jungs haben sich sichtbar bewusst in jedes Spiel hineinbegeben, jede Challenge angenommen, jeden Zweikampf und selbst die seltenen Niederlagen akzeptiert, wie sie waren. Sie waren sie selbst. Haben an sich geglaubt und einfach immer weitergemacht. Immer weiter, weiter, weiter.

Was wird für Franz bleiben von dieser EM? »Eine besondere Erfahrung, zu Hause in Berlin zu spielen, überhaupt das Deutschlandtrikot angehabt zu haben«, sagt er, als wir eines Abends in Orlando draußen vor dem Feuer das Spektakel noch einmal Revue passieren lassen. »Das Team war richtig cool, es gab ein starkes Gruppengefühl. In so kurzer Zeit so eine Gruppendynamik hinzukriegen, so eine gute Kommunikation auf dem Feld, das war echt eine Leistung. Es war klar, wer den Ton angibt, aber alle waren auf einem ähnlichen Level. Jeder kannte seine Rolle, wir haben direkt kommuniziert, niemand hat etwas persönlich genommen. Ein guter Vibe einfach, ein guter Mix. Wir werden so weitermachen in den nächsten Jahren.« Und wie!

Weltmeister!

Auch der Weltmeister-Sommer 2023 beginnt für mich mit zwei riesigen Pappkartons. Doch etwas ist anders dieses Jahr: Der Bote stellt sie mir nur in die Einfahrt unten, klingelt und ist dann weg. Ich muss zusehen, wie ich die schweren Kisten in die vierte Etage bekomme. Ich habe Wichtigeres auf dem Zettel, als mich über den Paketdienst zu ärgern. Dieses Jahr geht es nämlich auf große Reise. Die FIBA Basketball Weltmeisterschaft 2023 wird in Japan, Indonesien und auf den Philippinen ausgetragen. Wir Eltern werden mit dabei sein, fünf Wochen in Asien. Wir werden unsere Söhne begleiten, die beide im Kader der deutschen Nationalmannschaft sind. Wie außergewöhnlich. Immer wieder muss ich mich kneifen. Diese beiden Kinder zu haben, sie gesund zu sehen, unterwegs auf ihrem Weg, an ihrem spannenden Leben so eng teilzunehmen.

Mitte August machen wir uns also auf in den Fernen Osten. Die Jungs fliegen zunächst zu Vorbereitungsturnieren nach Abu Dhabi. Axel und ich werden sie zur Vor- und Zwischenrunde auf Okinawa treffen. 16 Stunden reine Flugzeit dauert es im Schnitt aus Europa bis auf die japanische Insel. Das Los für Okinawa als Austragungsort hatte Dirk Nowitzki damals gezogen. Ein gutes Los. Zwar erwarten unsere Mannschaft hier erste harte Gegner wie Finnland, Georgien, Australien, Slowenien und Japan. Wir haben aber auch Glück. Okinawa ist ein kleines Paradies mitten im Pazifik. Perfekt geeignet für eine Mischung aus Urlaub und Excitement.

Als wir aus dem Flieger steigen, umweht uns eine schwülheiße, subtropische Brise. Alles wirkt entspannt und friedlich. Die Angestellten an der Hotelrezeption tragen bunt geblümte

Kariyushi-Hemden, die ein bisschen an Aloha-Shirts erinnern. Überhaupt scheint Hawaii nicht weit. Überall begegnen uns bunte Blumen, Palmen und Surfermotive. Kein Wunder, dass Okinawa die Insel der Hundertjährigen ist. Hier lässt es sich gut leben. Nirgendwo auf der Welt tun Menschen das so lang: Frauen werden auf Okinawa 87 Jahre, Männer immerhin 80.

Es gibt wissenschaftliche Studien, die erforscht haben, was das Geheimnis der berühmten Alten von Okinawa ist. Ich lese nach. Es fasziniert mich, dass es eine Insel gibt, auf der es so viel Lebensbejahendes gleichzeitig geben muss. Die Gründe für ein langes Leben sind komplex. Belegt ist zum Beispiel ein Zusammenhang mit bestimmten Genen. Doch auch das angenehme Klima auf Okinawa, die atemberaubende Natur, eine überwiegend kalorienarme Kost, der Reisschnaps Awamori und die grünen, schrumpeligen Bittergurken haben sicher ihre Wirkung.

Noch etwas fällt mir sofort auf: Die zahlreichen Alten hier sind sehr aktiv, scheinen voll in die Gesellschaft integriert. Die Senioren treffen sich im Park, turnen, gehen spazieren, musizieren, sitzen und reden, machen Gartenarbeit oder knoten Fasern aus Bananenstämmen zur berühmten Bananenseide. Ein Wort für Ruhestand soll es in der alten Sprache der Inselgruppe wohl gar nicht geben. Dafür hat jeder sein Ikigai: einen Lebenssinn, etwas, wofür es sich am Morgen aufzustehen lohnt. Man ist involviert, hat eine Aufgabe. Das ist das Geheimnis, das die Menschen auf Okinawa zufrieden altern lässt.

Auch wir können uns bald von diesem Phänomen überzeugen: Nirgendwo auf der Welt haben uns so viele steinalte Taxifahrer durch die Gegend gefahren. Den Fahrersitz ganz nach vorne gestellt, klemmen die meist auch sehr kleinen Männer hinter dem Lenkrad und steuern ihre kastig geformten, ebenso in die Jahre gekommenen Autos im Schneckentempo durch die Stadt. Die Kopfstützen sind mit weißen Häkeldeckchen überzogen. Ich schließe diese Menschen sofort in mein Herz. Vor allem ihre Autos erinnern mich an meinen verstorbenen Vater. Er wurde zwar leider nicht so alt wie die Herren hier, fuhr aber mit großer Freude genau so ein unförmiges Auto. Ich sitze also im Taxi. Mein Papa ist mit an meiner Seite.

Okinawa ist die fünftgrößte japanische Insel. Schaut man nicht so genau hin, könnte man denken, man sei in den USA. Neben vielen amerikanischen Restaurant-Ketten sieht und hört man überall Amerikaner. Seit jeher prägt das Militär die Insel. Auch wenn die Bevölkerung lieber auf einer Insel des Friedens wohnen würde. Okinawa war der berühmte Schauplatz der Okinawa Battle, der letzten großen Schlacht im Zweiten Weltkrieg. Bis vor 50 Jahren war Okinawa daher einer der größten US-amerikanischen Militärstandorte im Ausland. Noch heute sind insgesamt in Japan 50 000 amerikanische Soldaten stationiert – zwei Drittel davon auf den Stützpunkten auf Okinawa. Das Dröhnen der F22-Kampfjets erinnert daran. Sie drehen regelmäßig ihre Runden tief über dem Sunset Beach.

Ansonsten ist das ein schöner Strand in der Nähe unseres Hotels. Mit türkisblauem Meerwasser, weißem Sand und japanischen Touristen, die zum Schutz vor der intensiven Sonne mindestens mit Hüten und in T-Shirts, oft aber auch komplett langärmelig bekleidet baden. Für uns europäische Sonnenanbeter fühlt es sich fast komisch an, im Bikini auf dem Handtuch zu sitzen. Denn sie haben ja leider sogar recht. Die glühende Hitze ist maximal eine halbe Stunde zu ertragen. Spätestens dann muss man in den Schatten unter die orangen Sonnenschirme der Bacardi-Bar flüchten.

Wir Eltern sind hier im Urlaub. Viel Zeit für Sightseeing haben wir aber nicht. Wir verschaffen uns nur einen schnellen Überblick, wo wir eigentlich sind. Besuchen die Gedenkstätte des Okinawa Battle, fahren mal in die Hauptstadt Naha und an einen anderen, noch weißeren Pazifikstrand. Dann beginnt das

Auftaktspiel gegen Japan. Die Halle ist pickepacke voll. In den Rängen sitzen überwiegend Japaner, alle in Rot gekleidet. Im deutschen Block sitzen etwa 50 Fans. Sie sind größtenteils mit der DBB-Fangruppe angereist, die bei uns im Hotel wohnt und mit der wir im Shuttlebus zur Arena fahren. Erstmals in meiner Karriere als Basketballmutter komme ich mit wahren Fans in engen Kontakt. Nicht mit anderen Eltern, Freunden der Jungs oder Leuten vom Verein, wie in den letzten Jahren. Sondern mit diesen »wirklichen« Fans.

Mir wird klar, dass diese Menschen all ihren Urlaub, ihr Geld, ihre Zeit dafür hergeben, »ihren Jungs« – in diesem Fall unseren Jungs und den anderen deutschen Nationalspielern – bis ans Ende der Welt zu folgen. Die DBB-Fan-Reise ist so etwas wie ein geführter Gruppenurlaub. Fans buchen solche Reisen, um im geschützten Rahmen mit Gleichgesinnten ein bisschen fremde Kulturen kennenzulernen, Land und Leute zu sehen und »alles anzuschauen, was man so anschauen muss«. Das Zentrum aber ist das Team, das man begleitet, verehrt, bejubelt. Die Höhepunkte sind die Abende, an denen alle Fans gemeinsam mit schwarz-rot-goldener Perücke oder der Deutschlandflagge (zum Kleid umfunktioniert) in der Arena anrücken. Nach dem Spiel stehen sie oft noch, manchmal stundenlang im Regen, vor dem Teamhotel und warten. Vielleicht erhaschen sie ja einen Blick auf die heimkehrenden Jungs.

Die DBB-Gruppenreise ist für viele hier ihr Jahresurlaub, das Highlight des Jahres. Einige Hardcore-Fans machen ausschließlich solche Urlaube. Ich bin seltsam berührt von diesen Sportfans. Nicht im Traum wäre ich jemals so ein Fan geworden. Nie im Leben würde ich stundenlange Flüge, Wartereien oder die Hitze ertragen, wenn ich nicht den persönlichen Bezug hätte. Sie aber scheuen keine Unannehmlichkeit, um das Spektakel miterleben zu dürfen. Um »ihren Jungs« zu folgen, wo diese auch immer sind. Ich verneige mich.

Die Deutschen übernehmen gegenüber Japan schnell die Führung, spielen eine dominante erste Halbzeit. Nach der Pause wird es schwieriger. Die Japaner sind klein, flink und überall. Sie geben nie auf. Doch unsere Jungs lassen nicht nach, arbeiten zusammen. Moritz macht 25 Punkte. Große Freude. Alles läuft nach Plan. Der Sieg steht kurz bevor. Fünf Minuten vor Schluss ein Schreckmoment: Franz knickt um, liegt auf dem Boden, greift sich an den linken Knöchel. Er humpelt zur Bank, setzt sich und schlägt mit Schmackes zweimal gegen den Nachbarstuhl, bis dieser nach hinten fällt. Franz ist außer sich. Todunglücklich. Verzweifelt. Er senkt den Kopf.

Wir sitzen wenige Meter hinter der Bank. Ich leide mit. Erinnere mich an früher, wenn er als Kleinkind manchmal zu viele Kekse gegessen und damit zu viel Zucker intus hatte. Dann hat er ähnlich reagiert. Oder wenn es beim »Mensch ärgere Dich nicht« nicht gut aussah für ihn. Dann übernahm der sogenannte Eulich die Regie in seinem kleinen Körper. Eulich steht für Ausraster, in unserer Familie ein feststehender Begriff.

Auch jetzt hat Franz seit Langem mal wieder einen Eulich. Hier und jetzt sehr verständlich. Er ist außer sich, weil er sich wahrscheinlich fragt, ob es das schon war für ihn mit der WM. Wo doch alles gerade erst begonnen hat? Mit gesenktem Kopf und gestützt von Teamarzt Olli verlässt er die Halle. Es ist auch für uns eine emotionale Achterbahnfahrt: Der eine Sohn ist in Höchstform, der andere plötzlich verletzt. Wir versuchen, uns zu beruhigen. Wir wissen, dass er gut versorgt ist, und wollen erst mal die Fakten abwarten. Wir konzentrieren uns auf Moritz und feuern ihn an. Das Spiel gegen Japan gewinnt Deutschland mit 19 Punkten Abstand.

Die Nacht wird unruhig. Wir warten auf eine Nachricht aus der Klinik. Sie kommt nicht. Am nächsten Tag erfahren wir: Es ist kein Band gerissen, kein Knochen gebrochen. Doch der Knöchel schmerzt. Franz fällt unbestimmte Zeit aus. Was für eine Nachricht. Ich spüre, wie ich am liebsten auch einen Stuhl wegtreten würde. Was für eine große Scheiße! Wir treffen Franz im Teamhotel. Sein Fuß steckt bis über die Wade in einem dicken Stiefel, seine Stimmung ist gedämpft. Jetzt bloß keine blöden Fragen stellen, nicht nerven, einfach nur da sein. Mitfühlen statt trösten. Wir hängen auf seinem Bett zusammen ab. Trinken Wasser. Blödeln rum. Sind einfach nur friedlich zusammen. Mehr geht gerade nicht. Moritz bekommen wir nicht zu Gesicht. Er ist vertieft in seiner Routine, bereitet sich auf das nächste Spiel vor. Schreibt mir in einer kurzen SMS, dass es ihm gut geht. Schön.

Am nächsten Tag – es ist Franz' 22. Geburtstag – steht das zweite Spiel der Vorrunde gegen Australien an. Die Stimmung in der Halle ist angespannt. Es wird ein harter Kampf. Im dritten Viertel geht Australien in Führung, doch Deutschland schlägt zurück. Die Jungs spielen tough, lassen nicht locker, zeigen wahres Teamplay. Dennis Schröder macht 30 Punkte, Maodo Lô das Spiel seines Lebens. Deutschland gewinnt mit knappem Vorsprung (85:82). Ein wichtiger Sieg. Freude in den Gesichtern auf dem Feld. Auch Franz auf der Bank ist sichtlich erleichtert. »Krass, wie drei kleine Punkte die Stimmung bestimmen können«, sagt Moritz später im Teambus, auf dem Weg zum Geburtstags-Teamdinner. Wir Eltern – heute Morgen gab es schon eine kleine Bescherung für Franz im Hotelzimmer – sind auch eingeladen. Was uns sehr freut, aber wir sind auch etwas aufgeregt. Schließlich ist das nicht selbstverständlich. Wir saßen noch nie so nah mit all diesen jungen Basketballstars um einen Tisch.

Die Straße vor dem Sushi-Restaurant ist rappelvoll. Die Leute sitzen herum, tanzen, trommeln. Das hat allerdings nichts mit Basketball zu tun. In diesen Tagen begehen die Menschen auf Okinawa vielmehr das jährliche Ahnenfest. Als plötzlich unsere langen Kerle aus dem Bus springen, sind sie aber abgelenkt. Die Leute zücken ihre Handys und stürmen zum Bus. Die Spieler haben sich längst durch die Minitür in das Innere des Restaurants gequetscht. Drinnen steht die Belegschaft aufgereiht, alle verneigen sich zur Begrüßung. Seit gestern wissen sie, dass die deutschen Basketballer kommen. Der Chef persönlich führt uns in den reservierten Gastraum. Ein Mini-Speisezimmer mit holzgetäfelten Wänden, die dicht behängt sind mit gerahmten Zeichnungen und Fotos.

Wir ziehen die Schuhe aus und laufen auf einer Art Ebene rund um die Tische zu unseren Sitzplätzen. Jetzt haben wir die Wahl: entweder die langen Beine auf eben dieser Ebene im Schneidersitz verknoten. Oder sie durch den Spalt zwischen Tischkante und Sitzbank ins Dunkle hinabführen. Eine Herausforderung! Irgendwann sitzen alle zwölf Zweimetermänner samt Anhang dicht an dicht, alle Beine sind verstaut. Die Party geht los. Der Chef und mehrere Kellnerinnen tänzeln nun flink über die Ebenen um uns herum und servieren eine Platte mit zartem Sushi nach der anderen. Gefühlt geht das Stunden so. Wir schmausen, quatschen, lachen. Singen für das Geburtstagskind. Für Franz gibt es noch eine Platte Spicy Tuna Sushi extra mit Wunderkerzen obendrauf.

Zwei Tage später folgt das dritte Spiel, der dritte Sieg: Nach einem holprigen Start übernimmt Deutschland die Führung im WM-Vorrundenabschluss gegen Finnland. Wieder ohne den verletzten Franz, aber mit starker Energie von der Bank. Sie gewinnen mit 101:75. In der Zwischenrunde besiegen »wir« dann Georgien und Slowenien. Gegen den slowenischen Superstar Luka Dončić und sein Team starten die Jungs schlecht. Die Nerven liegen blank. Doch die Jungs finden einen Weg, verteidigen gut. Dončić hat mehrmals einen Eulich, bekommt aber nicht, was er will. Wir gewinnen. Wir sind Gruppensieger! Auf ins Viertelfinale.

Super happy sitzen wir nach dem Sloweniensieg noch bis halb zwei nachts mit Moritz und Franz im Hotelzimmer zusammen. Zwischen Basketbällen, MVP-Trophäen, Wasserflaschen und Wäschebergen, die über den Boden verteilt sind und die in große Koffer verstaut werden müssen. Jetzt heißt es packen. Die Zeit in Okinawa geht zu Ende. Die Zwischenrunde ist geschafft. Mit fünf Siegen werden die Jungs in Manila als Gruppenerster der Zwischenrunde im Viertelfinale gegen Lettland antreten.

Am nächsten Morgen klingelt der Wecker um 8.30 Uhr. Viel zu früh, mein Kopf dröhnt, mir ist übel. Ich habe noch eine Stunde. Die starke Morgensonne lugt grell durch die Ritze der blickdichten Hotelgardine. Eigentlich müsste ich aufstehen, sofort. Die Koffer zum Teambus rollen. Wir dürfen – mit den Spielern in einem Charterflug – direkt von Okinawa nach Manila fliegen. »Kommt bloß nicht zu spät und bitte kein pinkes T-Shirt oder ähnliche Fashion-Ausfälle«, gibt Moritz vor allem Axel am Abend vorher mit auf den Weg. Er ist nämlich bekannt für seinen ausgefallenen Geschmack.

Natürlich nicht. Mittlerweile wissen wir uns ja zu benehmen im Kreise des Teams. Schließlich haben wir jetzt schon Erfahrung, nicht peinlich zu sein, uns unauffällig zu verhalten. Ich finde, wir haben das bisher prima hingekriegt. Auch heute Morgen werden wir nicht zu spät kommen. Aber ich muss mich trotzdem noch mal umdrehen. Axel streichelt meine Stirn, bringt mir Kopfschmerztabletten, rollt unsere Koffer allein zum Bus. Ich schlafe noch einmal tief, die Migräne lässt spürbar nach. Nach einer Stunde steht er wieder vor meinem Bett. »Ich hab dir Rosinenbrot und Tee vom Frühstücksbüfett mitgebracht, jetzt raus aus dem Bett«, feuert er mich liebevoll an.

Ich raffe mich hoch. Wenig später sitze ich im Bus. Die Klimaanlage rauscht. Sie kühlt mein Gehirn. Nie war Kälte angenehmer. Ich trinke Tee, starre aus dem Fenster, lasse die Ereignisse vor meinem inneren Auge Revue passieren. Gerade zwölf

Stunden ist es her, dass die Jungs gegen Slowenien mit 100:71 gesiegt haben. Sie haben einfach nicht lockergelassen. Und Luka Dončić – derzeit weltbester Basketballer – besiegt.

Aber so groß die Freude darüber auch ist, irgendwann sagt mein Körper: »Ich kann nicht mehr.« So wie an diesem Morgen. Ich bin sozusagen erschöpft vor Glück. Diesen Zustand kenne ich. Ich habe das häufiger, wenn ich gerade mal wieder ein außergewöhnliches Basketballereignis erlebt habe. So zum Beispiel nach Moritz' Draft-Sause. Da konnte ich den ersten »Lakers-Bagel« erst am frühen Nachmittag des nächsten Tages essen. Noch schlimmer war es nach Franz' Draft: Frühmorgens auf dem Flug von New York nach Orlando war mir so übel, dass mein erster Flug im Privatjet komplett an mir vorbeigegangen ist. Und auch in Orlando angekommen, war es noch nicht besser. Franz flitzte mit mir quer durch das Fünf-Sterne-Hotel zur Toilette. Er kannte den Weg. Danach schlappte er entspannt und mit einer Arschruhe zurück zur Lobby, wo die ganze Chefetage der Orlando Magic zur Begrüßung auf ihn wartete.

Als unser Bus die Einfahrt des Spielerhotels verlässt, steht die gesamte Belegschaft des Hilton vor der Tür, alle Angestellten winken zum Abschied. Auf der Straße davor stehen 50 weitere Menschen, die meisten Fans. Alle gucken zum Bus hoch, lachen, winken. Wir winken zurück – auch wenn sich das für mich komisch anfühlt. Schließlich sind wir ja nur der Nachklapp. Also der zweite Bus mit den Spielerfrauen, Eltern, Kindern und ein paar Teammitarbeitern. Die Spieler sind längst vor uns im ersten Bus Richtung Flughafen verschwunden. Aber was soll's, die Japaner hier kennen das so. Sie stehen überall in Reih und Glied, murmeln vor sich hin und verneigen sich dazu. Wer mir winkt, dem winke ich zurück.

Auf dem Weg zum Flieger lasse ich die Bilder aus Okinawa an meinem geistigen Auge vorüberziehen. Mir kommt eine lustige Situation in den Sinn. Axel und ich schlendern entspannt über die Promenade nahe dem Teamhotel. Unsere Kinder sind nicht in der Nähe. Plötzlich bildet sich eine Traube japanischer Kinder und Jugendlicher um Axel. Sie halten ihm Bälle, Sammelkarten, T-Shirts entgegen. Axel ist mit 1,96 Meter ein großer weißer Mann. Und kommt sportlich daher. So weit, so richtig. Das heißt aber noch nicht, dass er Profibasketballer ist, oder? Das sehen die Kids hier offensichtlich anders. »Can you sign, please?«, fragen die Kids im Chor. »What, me?«, antwortet Axel überrumpelt.

Er überlegt einen Moment. Dann beugt er sich zu seinen neuen Fans, greift zum Stift und unterschreibt. Mit »Schulz«, was sein Nachname ist. (Wir wollten bei der Hochzeit beide unsere Nachnamen behalten, das kommt dabei raus.) Dass es in keinem Team hier bei der WM einen Basketballspieler mit dem Namen Schulz gibt: geschenkt! Dass Axel bereits ergraut ist: geschenkt! »Was hätte ich ihnen erklären sollen?«, sagt der Ex-Handballer. »Dass sie sich geirrt haben, dass ich gar keiner der Spieler bin? Viel komplizierter, als einfach zu unterschreiben.« Ich hab mich amüsiert. Übrigens glaube ich, dass es die neue, wunderbar rote Badehose war, die alle getäuscht hat. Aber auch das: geschenkt! Es war ein Fest.

Am Flughafen stellen wir uns hinter unsere Nationalspieler in die Schlange. Um uns herum überall Männer mit dunkelblauen Jordan-T-Shirts mit hellblauer Aufschrift »Slo«. Ich ahne Bizarres. Meine Vermutung bestätigt sich: Als wir den Flieger besteigen, sitzen zunächst vorne links im Businessbereich unsere Spieler mit ihren langen Gräten. Links dahinter das deutsche Team samt Anhang. Die gesamte rechte Seite besetzt das slowenische Team. Also genau die Jungs, die am Abend zuvor gegen Deutschland verloren haben.

Die Stimmung ist schräg. Man ignoriert, wer da gegenübersitzt. Viele schlafen gleich ein. Oder bestellen, vor allem auf der rechten Seite, Rotwein. Auch Luka Dončić' Frau ist mit an Bord. Im Jogginganzug sieht sie anders aus als auf Instagram. Ich ertappe mich dabei, dass mich das beschäftigt, jetzt, da die junge Frau fast neben mir sitzt. Ich stelle mir das Leben an der Seite dieses Superstars vor. Der Blonden scheint es zu gefallen. Unter dem beigen Oversize-T-Shirt vermute ich ein Babybäuchlein.

Wir landen in Manila. Steigen die Gangway hinab. Ein Schwall heißer Luft drückt sich in mein Gesicht. Eine philippinische Delegation empfängt uns wie politische Staatsgäste. Auch sie stehen wieder brav in Reih und Glied, nicken freundlich, hängen uns eine traditionelle Schärpe um den Hals. Dann geht's mit dem Bus direkt von der Landebahn ins Hotel. Kein Zoll, keine Gepäckausgabe. Aus allen Fenstern der Flughafengebäude winken uns wie wild Menschen zu. Sie haben mitbekommen, wer gerade gelandet ist. Die Filipinos sind verrückt nach Basketball.

Wer nach Manila fährt, braucht einen handfesten Grund. Freiwillig macht das niemand. Mit rund 23 Millionen Menschen ist Manila einer der weltweit am dichtesten besiedelten Moloche. Die Stadt ist eine einzige Reizüberflutung. Überall Menschen, Müll, Gehupe und eine unerträglich feuchte Hitze, morgens wie nachts. Flüchtet man sich in eine Mall, ein Hotel oder die Arena, friert man durch die Klimaanlage. In der Schwüle draußen beschlagen sofort die Brillengläser. Und alle schwitzen sichtbar um die Wette. Manila ist eine riesige Dampfsauna, nur mit Klamotten an. Auch die Gerüche sind gewöhnungsbedürftig. Überall drängt sich ein unausweichlicher Mix aus Kloake, stockigem T-Shirt, Urin und Chicken süßsauer auf. Am besten man atmet die ganze Zeit durch den Mund.

Die Stadt ist gigantisch groß und voller Kontraste. Wir sitzen im Bus, fahren durch die Straßen. Überwiegend hausen die Menschen in Hütten oder Verschlägen. Sie ziehen bis unters Dach mit Gemüse beladene Karren hinter sich her. Sitzen mit leerem Blick und barfuß mitten auf der Straße. Hängen ihre Wäsche zum Trocknen über die Leitplanke. Fischen in der dickflüssigen Brühe der Manila Bay. Am Horizont glitzern indes in der Sonne die Wolkenkratzer von Makati, dem Wirtschafts- und Finanzviertel der Hauptstadt. Die Gegensätze dieses aufstrebenden Schwellenlandes sind nur schwer zu ertragen.

Trotzdem bin ich heilfroh, dass auch wir in einem der besser entwickelten Bezirke, der Pasay City, am »Seaside Park« wohnen. Wir haben nur eins im Sinn: uns auf die Spiele konzentrieren. Uns um die Jungs kümmern, wenn gewünscht. Wir bekommen, was wir suchen: möglichst wenig zusätzliche Reize, möglichst wenig Überraschung. In unserem Hotel ist es ruhig. Wir ziehen uns in unser Zimmer zurück oder gehen aufs Dach an den Pool. Wir sind im WM-Endrunden-Tunnel. Die Aufregung vor und nach den Spielen verbraucht all unsere Kraft.

Manchmal kommt eine SMS von den Jungs: »Was macht ihr? Lust auf KaffeeKuchen (in dieser Schreibweise ein feststehender Begriff in unserer Familie), halbe Stunde?« Dann marschieren wir los, zu Fuß durch die Mall of Asia. Sie liegt genau zwischen unserem Hotel und dem Conrad, wo alle Teams untergebracht sind. Die Mall of Asia ist ein riesiger Luxustempel, eine der größten Malls auf dem asiatischen Kontinent. Weiß glänzender Fußboden, Kronleuchter, kilometerlange Rolltreppen, Temperaturen wie im Kühlschrank, alles vollgestopft mit Fast Food, amerikanischen Ketten und Technikshops. Und jede Menge Menschen. Dabei fragt man sich, wer hier überhaupt einkaufen gehen kann? Der gesetzlich festgelegte, tägliche Mindestlohn der Filipinos liegt bei knapp acht Euro.

Auch die Arena, in der unsere Jungs sich hoffentlich bis ins Finale kämpfen werden, liegt in der Mall. Sie ist die Bühne für unsere letzten drei Spiele. Sie ist die Bühne für ein seit Tagen erwartetes Comeback: Im Viertelfinale gegen Lettland ist Franz wieder dabei! Und wie. Nach einer kurzen Eingewöhnung spielt er, als hätte es die Verletzung nie gegeben. Ihn auf dem Court zu sehen, ist einfach wunderbar. Es fällt eine große Last von mir ab.

Doch das Spiel ist schwierig. Die Jungs schaffen es nicht, sich abzusetzen. Kämpfen sich von Punkt zu Punkt, viele Würfe fallen nicht. Dann sind es nur noch wenige Sekunden auf der Uhr. Deutschland führt mit zwei. Der lettische Dreierschütze Davis Bertans wirft. Wir halten den Atem an. Der Ball fliegt und fliegt. Sieht so aus, als wenn der Dreier reingeht. Die Zeit steht still. Doch der Ball geht nicht rein. Das Spiel ist aus. Deutschland gewinnt. Die deutsche Mannschaft steht – seit 21 Jahren zum ersten Mal wieder – im Halbfinale gegen die USA. Sie sind, das ergibt sich durch den Sieg der Kanadier gegen Slowenien am Abend, für die Olympischen Spiele 2024 in Paris nominiert. Wir rasten aus. Wir heulen. Wir schreien. Sechstes Spiel. Sechster Sieg. Only two more!

Doch die sind nicht ohne. Im Halbfinale warten die USA. Alle freuen sich auf dieses sicher außergewöhnliche Duell. Niemand erwartet, dass unsere Spieler den ewigen Favoriten schlagen. Doch es wird ein Spiel, das in die Geschichte des deutschen Basketballs eingehen soll. Vergleichbar mit dem gegen Griechenland bei der EM 2022. Starke Offensive auf beiden Seiten, atemberaubend schnell, super starke Bank, ein irres Teamplay, allein 30 Assists[32], viele Offensiv-Rebounds[33]. Als nur noch eine halbe Sekunde auf der Uhr steht – die USA hatten auf zwei Punkte verkürzt –, bekommt Schröder den Ball, feuert ihn in die Luft. Deutschland gewinnt 113:111.

Wir stehen im Finale der Basketball-WM 2023! Absolute Ekstase im deutschen Team. Alle sind fertig, alle sind sprachlos, alle sind glücklich. Es fließen wieder Tränen, auch bei uns hinter der Bank. Axel und ich halten uns im Arm, alle um uns herum schreien, heulen. Historische Momente, die wir (auch als Eltern) nie vergessen werden. Nach dem Spiel eilen wir in das Hotel der Jungs. Wollen sie kurz treffen. Das klappt nicht, die Jungs sind mit sich beschäftigt. Egal, wir besorgen uns einfach noch irgendwo Bier – und feiern zu Hause in unserem Hotel. Es ist gut, hier auch runterzukommen. Es ist alles viel zu krass. Und wir sind ja noch nicht am Ende. Only one more!

Dann kommt der 10. September 2023, der Morgen des WM-Finales, in dem die deutsche Nationalmannschaft gegen Serbien antreten wird. Noch nie stand das deutsche Basketballteam in einem WM-Finale. Schon das ist außergewöhnlich. Viele Nachrichten aus der Heimat erreichen uns. Auch zu Hause sind alle vorbereitet, haben sich zum Spielgucken verabredet, wünschen den Jungs viel Glück. Axel und mich macht das sehr dankbar. Wie viele Menschen uns gerade verbunden sind, wie viele mitfiebern, das bewegt genauso wie der Fakt, dass unsere Kinder beide bei diesem einzigartigen Ereignis dabei sein werden. Wir stehen im Hotelzimmer vor dem großen Panoramafenster, schauen auf die Manila Bay, kneifen uns, fallen uns in die Arme. Fragen uns: Ist das alles real?

Ja, ist es. Moritz und Franz sind heute mit am Start, wenn Head Coach Gordon Herbert mit seinem Team die Goldmedaille gewinnen will. Schon allein das werden wir nie vergessen, ganz egal, wie das Spiel ausgehen wird. Nichts daran ist selbstverständlich. Das wurde letztes Jahr klar, als Moritz überraschenderweise verletzungsbedingt nicht an der EM teilnehmen konnte. Das wurde dieses Jahr in Okinawa klar, als Franz gegen Japan im letzten Viertel umknickte.

Heute sind beide dabei. Gesund. Motiviert. Quietschfidel. Zusammen als Brüder. Gemeinsam mit einem Team, das auf dieser Reise schon jetzt durch sein außergewöhnliches Zusammenspiel, seinen Teamspirit, den unbedingten Willen und eine beeindruckende mentale Stärke weltweit von sich reden gemacht hat. Alle Jungs stehen heute auf dem Court, um die erste WM-Goldmedaille für Deutschland überhaupt im Basketball zu holen. Sie wollen das Spiel ihres Lebens spielen.

Was machen Eltern an so einem Tag? Wir gehen unserer Routine nach. Wir haben nämlich auch eine entwickelt, hier in Asien in den letzten Wochen. Sie hilft uns über die Stunden bis zum Anpfiff: Ausschlafen, Früchte, Joghurt, Ei essen, kein philippinisches Frühstück mit Garlic Reis. Danach eine Runde im Pool auf dem Dach. Am Buch weiterschreiben, lesen. Die Beine vertreten auf einem kleinen Spaziergang. Ausgiebig nappen und meditieren. In das Outfit schlüpfen, ein bisschen Schminke ins Gesicht für die Kameras. Mit der Deutschlandfahne um den Hals in dem immergleichen Laden um die Ecke Ramen Soup schlürfen. Zu Fuß in die Arena laufen. Keine unnötigen Telefonate, kein Sightseeing.

Axel ist seit dem frühen Morgen aufgeregt. »Ich versuche einfach, Zeit rumzukriegen«, sagt er. »Hier auf dem Dach sitzen und deine Texte redigieren, das ist wunderbar.« Bei mir geht es noch. Von Stunde zu Stunde schlägt mein Herz auch schneller. Jede zu laute Musik macht mich jetzt unruhig. Jede Frage, die ich nicht beantworten kann, ebenso. Ich überlasse in den Stunden vor wichtigen Spielen – aus Erfahrung – nichts dem Zufall. Mein Outfit liegt bereit. Meine Handtasche ist gepackt. Ich weiß genau, wann wir das Hotelzimmer verlassen.

Zwischendrin kommt eine kurze SMS von Moritz. »Dann mal bis heute Abend.« Angehängt ein N-TV Beitrag mit der Headline »Die Eltern von Moritz und Franz haben längst Kultstatus erreicht«. Aha. Wir werden sehen. Kultstatus im Anfeuern, Rumschreien, nehme ich an? Das wird nicht zu verhindern sein. Wir können nicht anders. Seit Jahren nehmen wir uns vor, ruhiger zu sein am Spielfeldrand. Einfach zuschauen, die anderen sich aufregen lassen. Klappt aber nicht. Wir sind eben euphorisch. Es sind unsere Kinder.

Die Mall of Asia scheint heute besonders gut besucht. Wir arbeiten uns durch die überfüllten Flure des Konsumtempels, blenden den anstrengenden Kaufhaus-Soundteppich aus, erreichen die Arena. Die Luft flimmert, überall strahlen uns Menschen an. Hallo hier, hallo da! Alle sind aufgeregt. Wir reden gar nicht viel mit den Leuten, sehen einfach nur zu, dass wir unsere Reihe A erreichen. Wir setzen uns auf Platz 5 und 6. Stehen wieder auf. Die Nationalhymne ertönt. Dann geht es los!

Es ist das Spiel um Gold. Eine Chance für die Jungs, die sie vielleicht nur einmal im Leben haben. Im ersten Viertel scoren beide Teams. Der Start ins zweite Viertel ist beidseits nervös, Serbien macht viel Druck. Doch fast alle Bälle gehen rein, kein Team kann sich absetzen, ständig wechselt die Führung. Nach der Halbzeit verbessern unsere Jungs ihre Abwehr. Sie setzen sich mit zehn Punkten ab. Die Serben kommen wieder ran auf drei Punkte. Am Ende, nur noch zwölf Sekunden auf der Uhr, bekommt Schröder zwei Freiwürfe. Er macht beide. Es reicht. Das Spiel ist aus. Deutschland ist Weltmeister mit 83:77.

Was dann passiert, heißt bei uns nur noch kurz der Weltmeistermoment. Wir springen auf, weinen. Liegen uns mit den Spielerfrauen, Kindern, Fans um uns herum in den Armen. Es ist ein riesiger Tumult auf den Rängen. Alle tanzen, singen, umarmen sich. Nach der Siegerehrung lassen wir alles liegen, springen über die Bande, stürmen auf den Court. Wir küssen unsere Kinder. Ich umarme alle Spieler, die ich zu fassen kriege. Ich heule, lache, schaue an meinem roten Kleid hinab zu den Füßen. Stehe wie angewurzelt auf den goldenen Schnipseln, die zuvor aus Kanonen übers Feld geschossen wurden. Fasse es einfach nicht. Dann hab ich ein Mikrofon vor der Nase. Axel und ich und Benni Zander von Magenta Sport. Die Welt da draußen, die das auf ihren Bildschirmen live sieht: Ich nehme sie im Moment nicht wahr. Dass unsere Worte auch viele Menschen zu Hause in Deutschland vor den Fernsehern erreicht haben, berührt mich später sehr.

Es wird kein Interview im eigentlichen Sinne, eher ein toller Austausch. Wir sind wie im Rausch. Alles fühlt sich leicht an. Alles ist stimmig. Axel und ich sprechen aus dem Herzen. Ich spüre eine tiefe Verbundenheit zu meinem Mann, zu dem Vater meiner Kinder. Denn dann kommt der Moment, den ich schon einmal beschrieben habe, den ich nicht müde werde, immer wieder zu beschreiben. »Ja klar, glitzert der Pokal«, sagt Axel. »Was für uns doch aber viel wichtiger ist, das ist der Glanz in den Augen unserer Kinder. Deine Augen, Schatz! Wenn du glücklich bist.« Er dreht sich in meine Richtung, schaut mich an und lacht. Mir wird ganz warm. Ich bin unfassbar berührt. Es hat sich alles gelohnt, denke ich. Die Aufregung, die Strapazen, die Ängste, die Krisen. Nur für diesen Moment. »Der Glanz in ihren Augen.«

Die Final-Nacht wird lang. Es gibt eine große Party. Nach dem Spektakel in der Arena bringt uns ein Shuttle in ein feines Hotel nach Makati. Funktionäre, Freunde, Familie: Alle sind schon da. Als wenig später unsere frischgebackenen Weltmeister den Clubraum betreten – geduscht, mit Sonnenbrillen, einem breiten Grinsen im Gesicht und die Medaillen um den Hals –, gibt es kein Halten mehr. Der DJ dreht voll auf, die Musik der jungen Leute, Hip-Hop, Rap, genauer kann ich es nicht sagen. Alle singen mit, liegen sich in den Armen, wippen im Takt. Die Medaillen machen die Runde, jeder darf mal den Pokal halten. Wir kippen Shots an der Bar. Wir essen Schokotorte mit den Fingern. Gegen vier Uhr fallen Axel und ich im Hotel ins Bett. Die Deutschlandflagge lugt noch aus meiner Handtasche. Ich dämmere in den Schlaf, mit einem letzten Gedanken an den Glanz in ihren Augen.

TEIL 4
Wenn alles zusammenkommt

Glückliche Fügung

Das Event findet in der sechsten Etage des Amway Centers statt. Hoch oben über dem Basketballcourt, wo die Spieler der Orlando Magic am Abend gegen die Utah Jazz spielen und wir Mütter – von Kameras begleitet – ihnen nach dem Einlaufen High Five geben werden. Durch die bodentiefen Fenster erstreckt sich der Blick weit über den achtspurigen Highway I-4 Richtung Osten. Er führt uns nach den Spielen nach Hause in Winter Park. Jetzt ist früher Nachmittag, der Highway ist voller Autos. Rund um das Podium im Saal hängen weiße, Magic-blaue und silberne Luftballons. Auf der Bühne stehen fünf Sessel mit sperrigen Lehnen in einer Reihe. Dahinter Magic-Logos auf einem schwarzen Vorhang.

Hinten im Raum geht es trubelig zu. Mehrere gestylte Frauen in High Heels und Business-Outfit stehen um blau eingedeckte Stehtische. Sie halten angeregt Small Talk. Insgesamt werden rund 120 Frauen erwartet. Die Franchise der Orlando Magic hat die weiblichen Führungskräfte aus Finanzen, Gesundheit und weiteren Branchen aus Zentralflorida anlässlich des Women's History Month eingeladen. In den USA gibt es nicht nur einen Frauentag wie in Deutschland. Seit 1987 zelebriert man hier den ganzen März über in verschiedenen Veranstaltungen die zum Beispiel von Susan B. Anthony, Sojourner Truth und Rosa Parks erkämpften Frauenrechte.

Auf dem heutigen »Orlando Magic Gamechang(her) Empowerment & Leadership Summit« soll es um weibliche Führung, Mentoring, Diversity und persönliches Wachstum gehen. Ich sitze vorne links in der zweiten Reihe und rutsche nervös auf meinem Stuhl hin und her. Nach den CEOs der NBA, von PepsiCo, National City Bank und der Gesundheitscompany AdventHealth, die gerade sprechen, steht das »Playmake(her)«-Panel mit fünf Orlando Magic Moms auf der Agenda. Ich bin eine von ihnen.

Wow, beeindruckend! Das dachte ich sofort, als ich vor Wochen zu dem Event eingeladen wurde. Ein eigenes Mütter-Panel. Muttersein als Leadership-Job Nummer 1! Mütter sind die neuen Top-Führungskräfte. Das kenne ich aus Deutschland nicht. So habe ich es selbst auch noch nie gesehen. Ich finde die Idee für ein eigenes Mütter-Panel aber sehr inspirierend. Klar, in den USA versteht man sich darauf, aus allem ein Thema zu machen und das gut zu vermarkten. Ich fühle mich trotzdem geehrt.

Es sind immer noch die Mütter, die täglich, über Jahre, unermüdlich und wie selbstverständlich oft gleichzeitig mehrere Schiffe durch stürmische Zeiten lenken. Die die nächste Generation an den Start bringen. Die alles am Laufen halten. Die gerade in schwierigen Phasen Führungsstärke beweisen. Spätestens die Pandemie hat gezeigt: Mutter sein ist ein krasser Job. Ganz gleich, ob es Elternzeit oder Vätercafés gibt: Mütter haben in den meisten Familien immer noch den größten Einfluss darauf, wie es ihren Kindern geht. Sie verbringen die meiste Zeit mit der Brut. Sie wissen, was diese braucht. Ob mal ein Basketballspieler daraus wird oder nicht. Obwohl uns Frauen das weder ein Einkommen noch eine gute Rente beschert. Nur eine Zahl zum Thema: Die unbezahlte Care-Arbeit, die pro Jahr zum Beispiel in Deutschland geleistet wird, ist insgesamt 825 Milliarden Euro wert. Übernommen wird sie einer Studie zufolge doppelt so häufig von Frauen wie von Männern.[34]

In Deutschland würde man wohl fragen: Wo ist die Leistung? Gehören diese Magic Moms auf ein Podium, nur weil sie sechs talentierte, junge Männer großgezogen haben, die vor allem eines im Sinn haben: Täglich schneller, höher und weiter zu kommen? Sollte man Frauen interviewen, deren Söhne für eine Sportlaufbahn ihr Studium abgebrochen haben? Deren Söhne Millionen Dollar verdienen, einzig weil sie einen Ball besser als andere in einen Korb werfen können? In den USA ist das keine Frage. Wir Magic Moms werden heute gefeiert. Wir sind – sag ich mal frech – das Highlight des Nachmittags.

Nach den CEOs tritt die geballte Mütterkraft auf die Bühne. Schon rein physisch sind wir fünf Frauen eine Ansage. Ich bin nicht, wie sonst üblich, die Größte in der Runde. Selten habe ich mich, wie jetzt, fast zart gefühlt. Wir setzen uns. Die Moderatorin stellt uns vor. In der Mitte in einem grünen Blusenkleid, hohen Schuhen und zielstrebigem Blick sitzt Crystal McCrary. Die Mutter des Guards Cole Anthony ist Filmemacherin und Autorin aus New York. Sie war lange mit einem NBA-Spieler verheiratet, fühlt sich sichtbar wohl auf der Bühne und kennt sich aus in der Basketballwelt. Zu ihrer Rechten und neben mir Ebony Fultz. Die Mama von Guard Markelle Fultz ist leiser im Auftreten, hat weiche Gesichtszüge, warme Augen und eine sanfte Stimme. Sie pendelt zwischen Orlando und Washington, D.C. In Florida kümmert sie sich um die junge Familie ihres Sohnes. D.C. ist ihre Heimat, dort ist sie aufgewachsen und hat lange, bis zur NBA-Karriere ihres Sohnes, für die US-Regierung gearbeitet.

Zu Crystals Linken haben die beiden Ex-Basketballerinnen Platz genommen. Kylia Carter trägt rote, wellige Haare und eine große, mit Glitzersteinchen besetzte Brille. Sie ist Wendell Carter Juniors Mutter und ehemalige College-Basketballerin der University of Mississippi. Daneben Rhonda Smith-Banchero. Weißer, schulterfreier Blazer, oranger Lippenstift, das schwarze Haar zu Zöpfchen und Dutt geknotet. Sie war Profibasketballerin in der Women's National Basketball Association. Ihr Sohn Paolo ist in der Halle zwischen ihren Basketballfreundinnen aufgewachsen. Ganz rechts sitze ich: Die einzige Deutsche und Mutter zweier Jungs im Team.

Die Stimmung ist ausgelassen. Die Frauen im Publikum schauen erwartungsvoll in unsere Richtung. Alle Frauen auf dem Podium scheinen – bis auf mich – erfahren darin, öffentlich aufzutreten. Teils auch zu verfänglichen Themen. So ist zum Beispiel Kylia Carter in der Basketballszene eine bekannte Frau. Nicht nur als Mutter von Wendell, sondern vor allem als Kritikerin des College-Systems. Sie spricht mutig über ihre eigenen Erfahrungen als Athletin mit Rassismus. Sie prangert an, dass es College-Basketballern bisher untersagt war, selbst Geld zu verdienen, während Funktionäre, Verbände und Coaches durch die Topleistungen der Spieler Millionen Dollar verdienen. Mittlerweile dürfen College-Athleten sich von Unternehmen bezahlen lassen und Werbeverträge unterschreiben.

Heute geht es um leichtere Themen. Wir Frauen werden trotzdem emotional. Schließlich erzählen wir, wie aus unseren Babys *die* kräftigen, jungen Männer wurden, die später unten auf dem Feld für die Orlando Magic spielen werden. »Fühlt es sich für euch manchmal noch surreal an, dass eure Kinder in der NBA sind?«, fragt die Moderatorin. »O ja. Sehr sogar, immer wieder.« »Beate hat sogar zwei Söhne, die es nicht nur aus Deutschland bis hierher in die beste Liga der Welt geschafft haben, sondern auch noch in ein Team!«, höre ich ihre Stimme.

Ich nicke, atme aus, strecke den Rücken, nehme das Mikrofon, blicke direkt in Richtung all der Führungsfrauen vor mir. Sie schauen gespannt, was jetzt kommt. Ich antworte, was mir einfällt. Es ist ganz leicht, es fließt aus mir heraus, ich muss gar nicht nachdenken. Ich bin weniger aufgeregt, als ich das erwartet habe. Ich freue mich, mittendrin zu sein in einer Diskussion von Frauen, die unterschiedlicher nicht sein können – und doch alle ähnlichen Herausforderungen mit ihren Söhnen gegenüberstehen. Es geht um Kindheit, die Eigenheiten und Persönlichkeiten der Jungs und auch um Aktuelles. Wie wir sie heute auf ihrem Weg begleiten, wie wir sie schützen vor einem Höhenflug und Absturz, vor den Fallstricken rund um das viele Geld. Wie wir helfen können, dass sie trotz des Zirkusses im Außen im Innern verantwortungsbewusste, ehrliche, vielleicht sogar glückliche Menschen werden.

Wir debattieren. Schnell vergeht eine Dreiviertelstunde. Danach sind wir uns einig, dass unsere Jungs nichts Außergewöhnliches brauchen, sondern das, was jeder Mensch sich wünscht: Eine Person, die wirklich zuhört, mit der man über alles sprechen und Lösungen suchen kann, die dich motiviert, die an dich glaubt, die nur da ist. Wir sind uns einig, dass vor allem ein enger Kontakt zur Familie, zu Freunden und Weggefährten für unsere jungen Helden mitunter überlebenswichtig ist. Dass es einen Raum fern des Sportspektakels braucht, in dem sie so sein können, wie sie sind. In dem sie wertgeschätzt werden, mit oder ohne Ball.

Was aber hat die Karrieren eurer Jungs so einzigartig und erfolgreich gemacht, will das Publikum zum Schluss noch wissen. Ich muss kurz innehalten. War das nicht genau das, was ich mir immer gewünscht hatte? Dass es einen Raum gibt, in dem ich darüber sprechen kann, was mich persönlich seit Jahren beschäftigt. Was mich dazu veranlasst hat, nachzuspüren und zu recherchieren. Das interessiert also auch viele andere Menschen, was sich gut anfühlt. Ein bisschen wie Ankommen. Es ist stimmig, jetzt hier auf dem Podium zu sitzen – und zu teilen, was mich umtreibt. Meine Geschichte zu erzählen, die zwischen diesen Buchdeckeln steht.

Tatsächlich haben uns in den letzten Jahren immer mehr Menschen gefragt: Was habt ihr gemacht mit euren Jungs? Was habt ihr ihnen zu essen gegeben? Kein Scherz. Wie habt ihr sie erzogen? Wie habt ihr das geschafft? Oft habe ich dann mit den Schultern gezuckt. Ich hatte keine Antwort. Ich wusste es doch selbst nicht. Vielleicht war da ein vages Bauchgefühl. Wir haben sie immer begleitet, unterstützt, motiviert, ja natürlich. Aber was heißt das schon? Das haben alle unsere Freunde auch gemacht. Das machen hoffentlich mehr oder weniger alle Eltern. Eine wirklich befriedigende Antwort hatte ich nicht parat. Alles traf noch nicht den Kern der Sache. Auch bei uns ist längst nicht alles glattgelaufen. Wir haben Fehler gemacht, mit uns gerungen, wir wussten manchmal nicht besser, wie es geht. Trotzdem haben es beide Jungs dahin geschafft, wo sie immer hinwollten, ihr ganzes (Kinder-)Leben lang. Sie spielen in den USA in der NBA. Sie sind Weltmeister, zum ersten Mal in der deutschen Geschichte des deutschen Basketballs.

Wie ist das gelungen? Ich wollte es selbst wissen. Ich habe mich noch einmal auf die Reise gemacht. Ich bin stolz, dass ich an mein Projekt geglaubt und unsere Geschichte aufs Papier gebracht habe. Dass ich so mutig war, mir die letzten Jahre noch einmal genau anzuschauen. Denn das war auch ein Wagnis. Wie bei jedem Menschen gibt es auch in meinem Leben Geschichten, die in der Vergangenheit gut aufgehoben sind. Ich bin froh, dass sie hinter mir liegen. Andererseits hätte es ja auch sein können, dass ich nichts herausfinde. Dass ich weiterhin keine Antwort habe, wenn mich Leute nach unserem »Geheimrezept« fragen.

Ein Geheimrezept hatten wir nicht, das kann ich gleich sagen. Und doch habe ich eine Antwort gefunden. Sie passt nicht in einen Satz, sondern ist vielschichtiger. Es gibt viele, kleine Mosaiksteinchen, die zusammen ein großes Bild ergeben. Einige Mosaiksteinchen sind wenig überraschend, andere sehr. Einige Faktoren lassen sich kontrollieren, andere nicht.

Dazu gehören sehr viel Glück, große Chancen und passende Fähigkeiten. Der Lebensweg der Jungs ist wie ein Lottogewinn, bei dem zufällige Vorteile, Vererbung, spezifische Situationen und persönliche Begabung die richtige Kombination ergeben haben. Die Geschichte von Moritz und Franz bestätigt, was auch andere Sportler, Musiker, Künstler oder Menschen erlebt haben, die Außergewöhnliches kreieren. Kein Überflieger hebt einfach ab. Niemand kommt aus dem Nichts. Es braucht die richtigen Umstände. Es braucht andere Menschen, die an dich glauben, viele sogar.

Was aber sind nun unsere Mosaiksteinchen? Subjektiv betrachtet kann ich sie sofort aufzählen. Als Wissenschaftsjournalistin hatte ich aber auch den Anspruch, meine Erlebnisse durch objektive Fakten zu stützen. Gibt es vielleicht doch ein Geheimrezept für Erfolg? Viele Experten haben dieses Phänomen recherchiert, die eigene Formel gefunden, Naturgesetze definiert, Studien ausgewertet. Was haben sie herausgefunden? Ich habe das Material gesichtet und die wichtigsten Ergebnisse zusammengetragen. Erfolg entsteht weder linear noch ist er gerecht verteilt. Erfolg ist etwas, das wir nicht kontrollieren können.

In den 1960er-Jahren prägte zum Beispiel der Soziologe Robert Merton den Begriff des Matthäus-Effektes. Im Matthäus-Evangelium 25:29 heißt es: »Wer hat, dem wird gegeben. Und er wird in Fülle haben. Wer aber nicht hat, dem wird auch das, was er hat, genommen.« Es gibt also immer einige wenige Wissenschaftler, Künstler, Sportler, die viel Aufmerksamkeit bekommen und andere keine. Auch im Basketball gibt es den Matthäus-Effekt. Das belegt eine Studie, die 2023 in dem Fachmagazin *American Sociological Review* veröffentlicht wurde[35]. Darin analysieren drei Soziologen die Karrieren von 1829 NBA-Spielern zwischen 1983 und 2016. Sie konnten anhand der Statistiken – wie häufig also ein Angreifer den Korb gemacht oder ein Center den entscheidenden Pass gegeben hat – zeigen: Auf den ersten Blick stimmt die Vorstellung, dass Leistung über Karriereerfolge bestimmt. Zum All Star gewählt werden tatsächlich überdurchschnittlich gute Spieler. Klar wurde in der Studie aber auch: Ruhm verselbstständigt sich mit der Zeit und zwar erheblich.

Der Matthäus-Effekt zeigt sich also zum Beispiel darin, dass eine frühere All-Star-Nominierung die Chancen der Superstars auf eine erneute Nominierung verbessert. Teils, weil die Spieler – angefeuert durch die Auszeichnung – tatsächlich besser spielen. Teils aber eben auch, weil die Bewertungen der Wähler auch direkt durch den bereits erlangten Status eines Spielers beeinflusst werden. Wer also schon berühmt ist, wird eher wieder nominiert, einfach aufgrund seines Namens. Die Chancen für bereits nominierte All Stars, wieder gewählt zu werden, steigen kumulativ. Soll heißen: Der Ruhm wird immer entscheidender, die Leistung immer weniger wichtig.

Doch wie kommt man überhaupt dahin, dass der Matthäus-Effekt greifen kann? Dass andere deinen Namen kennen? Dass den Wagner-Brüdern bei Günther Jauchs TV-Sendung *Wer wird Millionär?* eine Frage gewidmet wird? Was war die Mischung bei uns? Antworten fand ich auch in Malcolm Gladwells Bestseller *Überflieger*. Der Journalist und Autor wollte wissen, wie Erfolg entsteht, und hat den Weg verschiedener Genies, Stars und Ausnahmetalente analysiert. Auch seine Recherche widerlegt die weitverbreitete Vorstellung, Erfolg sei maßgeblich in der Persönlichkeit, Intelligenz und dem Talent des Einzelnen begründet. Gladwell geht eher davon aus, dass sich Erfolg durch viele, oft zufällige Einzelaspekte ergibt, und er dekliniert diese durch.

Unbestritten zählt zu diesen Einzelaspekten zunächst eine große Portion eigene Leistung. Ohne Fleiß kein Preis, das ist eine Binse. Wie intensiv man aber ackern muss, um besser zu werden als andere, das hat der schwedische Psychologe Karl Anders Ericsson 1993 gezeigt. Er definierte die sogenannte 10 000-Stunden-Regel.[36] Sie besagt: Wer in Kunst, Musik, Wirtschaft oder Sport wirklich etwas erreichen will, muss sehr lange und sehr intensiv dafür trainieren. Er muss fleißig sein, Ausdauer zeigen, immer weitermachen. Zusammen mit zwei deutschen Professoren analysierte der Wissenschaftler damals die Arbeit von Musikstudenten der Berliner Hochschule der Künste. Alle Violinisten hatten mit etwa fünf Jahren angefangen, ihr Instrument zu spielen. Die potenziellen Weltklassemusiker unter ihnen begannen jedoch – im Unterschied zu den anderen – spätestens mit neun Jahren intensiver zu üben. Mit 20 Jahren hatten sie etwa 10 000 Stunden Geige geübt. Die anderen kamen auf gerade mal 2000 Übungsstunden.

Haben Moritz und Franz – so wie die Weltklassegeiger – auch erst mit 20 Jahren mehr als 10 000 Stunden in der Halle angehäuft? Ich würde vermuten, dass es nicht so lange gedauert hat. Ob sie in ihrem Leben schon 100 000 Körbe geworfen haben? Vermutlich auch das. Sie werfen seit mindestens 15 Jahren ununterbrochen den Ball durch irgendwelche Reusen, frühmorgens noch vor der Schule, heute spätabends nach dem Spiel. Egal, ob sie gesund sind oder verletzt. Wir erinnern uns an den verletzten Franz: Er war nicht davon abzubringen, neun Monate lang im Sitzen auf den Korb zu werfen.

Ein weiteres Mosaiksteinchen auf dem Weg zum Überflieger sind außergewöhnliche Möglichkeiten und Umstände. Auch die gab es bei uns zuhauf. Zunächst hatte Basketball seit Jahren mit die oberste Priorität in unserer Familie, nur Essen war wichtiger. Egal ob in Berlin oder in Südfrankreich: Unsere Jungs wollten werfen. Wenn wir im Sommer an irgendeinem Urlaubsort angekommen waren, stiegen wir als Erstes in der Dunkelheit über Schulzäune, um nach einem Korb zu suchen. Fanden wir keinen, haben die Jungs täglich Krafttraining gemacht. Wir hatten immer eine Mappe dabei, in der die Trainingspläne für mehrere Wochen abgeheftet waren.

Einmal haben wir irrtümlich sogar fast einen Marathon hingelegt. Ich wollte mit Moritz und Franz nur eine kleine Runde durch die uns unbekannten Wälder rund um Sanary-sur-Mer an der Côte d'Azur joggen. Wir liefen durch die knorrigen Olivenhaine, der Boden unter den Schuhen fühlte sich weich an. Es war ein milder Abend, die Sonne ging in einem satten Orange am Horizont unter. Nach spätestens einer halben Stunde war es dunkel – und wir hatten uns schwer verirrt. Erst gegen Mitternacht fand Axel uns, müde und durstig an irgendeiner Ausfallstraße stehend, wieder. Die Spaghetti, die er Stunden zuvor für uns gekocht hatte, waren die besten, die ich nach unserer Heimkehr je in einer Sommernacht auf der Terrasse gegessen habe.

Außergewöhnlich waren auch die zig Wegbegleiter unserer Jungs, im Kindergarten, in der Schule, bei Alba Berlin, in Michigan, im Nationalkader, in den Anfängen der NBA und jetzt bei den Orlando Magic. Unzählige Coaches, Mediziner, Physiotherapeuten, Osteopathen, Athletiktrainer, Mental Coaches, Agenten und Freunde haben unzählige Stunden an Arbeit, Hirnschmalz, Kilometer und Nerven investiert, um unsere Kinder professionell, hochmotiviert, entspannt, zugewandt und oft selbstlos zu begleiten. Egal, wo auf der Welt die Jungs einen Schlüssel für die Halle brauchen, eine Behandlung, einen guten Rat oder eine Massage: Sie werden das alles finden.

Und dann ist da unser Zuhause. Es klingt banal, aber es hatte seinen Wert, dass die Jungs in Prenzlauer Berg aufgewachsen sind und nicht auf dem Dorf. Sonst hätten sie ihre Nachmittage wohl auf dem Fußballplatz verbracht und nie den Weg in die Alba-Jugendhalle gefunden. So aber brauchten sie nur fünf Minuten mit dem Fahrrad zum Training oder auf den Freiplatz. Das war auch gut für mich. Sie jeden Nachmittag mit dem Auto zum Training fahren, wenn wir zum Beispiel im Süden der Stadt gewohnt hätten? Das wäre nicht meins gewesen. Da bin ich ehrlich. Und Alba ist nicht irgendein Verein, sondern ein europäischer Top-Club. Die Jungs wurden praktisch einen Steinwurf von ihrem Kinderzimmer entfernt zu professionellen Basketballern ausgebildet.

Was neben dem (kulturellen) Umfeld wohl die Basis für Basketballer ist: das persönliche Erbe einer stattlichen Größe. Moritz misst 2,11 Meter, Franz 2,08 Meter. Schon im Geburtshaus hielten beide über Wochen ihren ersten Rekord als größtes Baby. Doch es ist nicht die Körpergröße allein. Ein Spieler mit 2,08 Meter ist nicht automatisch besser als einer, der nur 1,98 Meter groß ist. Aus unseren Jungs wurden auch deshalb Profis, weil sie zusätzliche Skills wie Beweglichkeit, Ballgefühl, Geschwindigkeit mitbringen. Die beiden waren sogar gezwungen, diese zu perfektionieren. Als körperliche Spätentwickler, wie typisch für unsere Familie, lagen sie nämlich körperlich zunächst hinter ihren Teamkollegen. Wollten Moritz und Franz dranbleiben, mussten sie die fehlende Athletik zum Beispiel durch Wurftechnik, Spielinstinkt und Basketball-IQ ausgleichen. Dazu hatten beide den nötigen Willen, etwas wirklich verstehen zu wollen. Malcolm Gladwell zufolge sind das Menschen, die bereit sind, im Schnitt 22 Minuten an einem Problem zu tüfteln, das andere nach 30 Sekunden hinschmeißen.[37]

Es gab also viele kleine Aspekte, die zusammen etwas Großes begünstigten. Was ich spannend finde: Selbst dass Moritz und Franz Europäer sind, erwies sich am Ende als Vorteil. Ich habe immer gedacht: Wer Basketballer werden will, schafft das wohl am ehesten in den USA. Bei uns war es umgekehrt. Im Vergleich zu US-amerikanischen Teamkollegen mussten sich unsere Jungs nämlich weder der riesigen Konkurrenz auf der Highschool stellen – noch hatten sie einen vergleichbaren Druck. Die sportliche Karriere von Moritz und Franz war, anders als bei vielen amerikanischen Kindern, nie mit einem Auftrag verknüpft: Werde erfolgreich, dann kommst du ans College und später in die NBA. Unsere Jungs konnten einfach Basketball spielen, weil sie wollten. Sie haben selbst über ihren Weg entschieden.

Zu guter Letzt ist da noch eine Tatsache, die wie keine andere zeigt, dass Erfolg nicht kontrollierbar ist. Wie alle Branchen musste auch die NBA in den vergangenen Jahren international neue Märkte erschließen. Die Liga öffnete sich mehr und mehr gegenüber nicht US-amerikanischen Spielern. Heute ist die Profiliga mit 120 internationalen Spielern aus 40 Ländern und sechs Kontinenten bunter denn je. Moritz und Franz sind im richtigen Jahrzehnt geboren. Sie haben einen historischen Moment erwischt. Die Chance, dass sie als internationale Spieler in der NBA erfolgreich sein können, war nie größer, als sie jetzt gerade ist.

Wie sie ihr Schicksal selbst sehen, erklärten mir die beiden an einem sonnigen Morgen in unserem Lieblings-Frühstücksrestaurant Briar Patch in Orlando. Da die Tische draußen alle besetzt waren, setzen wir uns in den weiß getünchten, minimalistisch eingerichteten, immer kalten Gastraum. Die Floridians lieben ihre Klimaanlage. Es geht lebendig zu, der Laden ist voll. Wir bestellen so viel French Toast, Avocado, Eier und Lachs, dass die Teller nur schwer auf den Tisch passen. Es schmeckt köstlich. Dass es laut ist, stört mich gerade nicht. Denn während wir essen, entwickelt sich eine der bewegendsten Diskussionen, die ich je mit meinen Kindern hatte. Ich erzähle ihnen von meiner Recherche. Die Jungs hören genau zu. Sie fragen nach, sie sind streng, wenn ich nicht exakt formuliere. Dann halten sie inne. »Du musst auf jeden Fall schreiben, dass wir uns dessen bewusst sind, dass nicht nur wir selbst dafür verantwortlich sind, wie der Weg verlaufen ist«, sagt Franz. »Es muss so viel zusammenpassen. Du musst die Chancen bekommen. Es muss das richtige Timing sein. Du brauchst die richtigen Trainer um dich herum, du brauchst das richtige Mindset. Es gibt so viele Leute, die uns helfen und geholfen haben. Es gehört so viel Glück dazu. Wenn man das versteht, erkennt man, dass viele Sachen richtig laufen müssen, die man nicht kontrollieren kann. Das hilft mir, normal zu bleiben.« Moritz ergänzt: »Was es so besonders macht, ist genau das: Du kannst es nicht kontrollieren. Und da wir es nicht kontrollieren können, lässt sich schlecht sagen: Das waren wir. Da ist etwas entstanden. Das ist ein großes Glück. Wie ein Lottogewinn.«

Ich sitze vor meinem French Toast. Ich lausche und spüre, wie meine Augen feucht werden. Das sollen die Jungs nicht sehen. Ich starre weiter auf den Teller. Würde ich aufschauen und den Glanz in ihren Augen sehen, würde ich direkt losheulen. Vor Glück über diese Jungs. Ich bin immer wieder beeindruckt, wie reflektiert sie sind. Wie bescheiden auf eine Art. Wie wichtig es ihnen ist, dass ich verstehe, dass nichts daran gewöhnlich oder logisch ist, dass wir hier zusammen bei diesem prächtigen Frühstück sitzen. Sie sind auf der Hut, dass ich mit jeder Zelle meines Körpers verstehe, was für ein Glück wir haben. Dass ich bloß nicht denke, wir hätten das verdient oder es wäre gar unser Werk. Es ist ein besonderer Moment. Er erinnert mich an das Frauenpower-Podium wenige Tage zuvor. Da war es ähnlich. Die Diskussion war gerade vorüber. Es wurde kurz noch einmal still im Raum. Dann erhoben sich alle und klatschten. Ich schaffte es gerade so aus meinem Sessel. Meine Knie zitterten. Meine Kehle war trocken. Ich hatte auch Tränen in den Augen. Es war genau dieser besondere Moment. Das alles ist keine Selbstverständlichkeit, sondern ein Riesenglück.

Epilog

Geschichten sind Rundreisen. Kreise, die sich schließen. Diese Geschichte endet, wo sie vor gut zwei Jahren ihren Anfang genommen hat: zu Hause in unserer Berliner Wohnung. Ich wollte damals ein Buch schreiben. Ich hatte zunächst nur eine vage Idee davon, was genau drinstehen sollte. Um die Jungs sollte es gehen, ja klar. Aber was erzähle ich konkret? Wie baue ich das Ganze auf? Was will ich herausfinden?

Besser konnte ich mir den Rahmen vorstellen, die Klammer für meine Geschichte. Denn auch, wenn meine Kinder noch jung sind – ich würde nur einen Ausschnitt aus ihrem und meinem Leben herausgreifen. Dieser Ausschnitt sollten ihre beiden gemeinsamen NBA-Saisons sein. Ich wollte diese besondere Phase beschreiben, in der Moritz und Franz wieder zusammen wohnen, erstmals in einem NBA-Team miteinander spielen, in der sie die Europa- und Weltmeisterschaft mitgestalten sollten.

Heute sind es nur noch wenige Tage bis zur Abgabe des Buches. Zwischenzeitlich ist viel passiert. Ich habe mir ein Journalistenvisum besorgt, damit ich zwei Saisons in Florida verbringen konnte. Ich habe mithilfe meiner Literaturagentin einen Verlag gefunden, in dem die Leute an meine Geschichte glauben und das Leben zweier junger Männer mit und ohne Basketball spannend finden. Ich war noch einmal über zwei Jahre nahe dran an den Kindern.

In dieser Zeit habe ich kleine und große Geschichten niedergeschrieben, an die ich mich aus ihrer Kindheit erinnerte und die wir zusammen erlebt haben. Ich habe viel gelernt. Die letzten Wochen habe ich nun Stunde um Stunde damit zugebracht, all das in eine abschließende Form zu gießen. Ich habe die Zeit überwiegend in diesen vier Wänden verbracht. Mein lieber Mann hat mich von morgens bis abends bekocht. Meine Haare habe ich nur ab und zu gewaschen. Das Haus verließ ich nur für kurze Spaziergänge.

Dafür weiß ich heute, wie es sein kann, dass es zwei deutsche Berliner Jungs so weit in der amerikanischen Profibasketballliga geschafft haben. Und warum zum Beispiel der Riesenerfolg der Nationalmannschaft bei der WM – das Wunder von Manila – meiner Meinung nach ganz ähnlich funktioniert hat wie der persönliche Erfolg von Moritz und Franz.

Mit dem WM-Sieg hat die Nationalmannschaft ganz Deutschland verzaubert. Zum einen all die Basketballfans, die es jahrzehntelang nicht für möglich gehalten haben, was jetzt passiert ist. Zum anderen Millionen Menschen, die zum ersten Mal beim Basketball mitfieberten und über ihre eigene Euphorie erstaunt waren. Die WM hat sie alle zusammen mitgerissen. Denn unsere Spieler haben etwas zutiefst Bewegendes geschafft. Sie haben uns berührt, sie haben unsere Herzen erreicht.

Die deutschen Basketballer haben eine unfassbar starke Teamleistung gezeigt. So stand es in den Medien. Und genau das haben alle gespürt, wir am Spielfeldrand und die Zuschauer zu Hause. Es ist etwas Großes entstanden, weil die Basketballer Spaß daran hatten, etwas zusammen zu schaffen. Jeder im Team hat dafür sein Ego zurückgestellt, die eigene Rolle erkannt, angenommen und der großen Situation untergeordnet.

So zusammenzuwachsen, ist natürlich keine Sache von vier Wochen. Unter der Leitung des Ausnahme-Coachs Gordon Herbert ist das Team schon länger gemeinsam auf einem Weg. Wie aber hat er es geschafft, die Jungs – die als Sportler auch immer große Einzelkämpfer sind – dahin zu bekommen, dass sie alle »all in« gegangen sind und das »Sich einbringen in den Prozess« nicht als einen Kompromiss empfunden haben?

Schließlich war auch Gordon Herbert während des gesamten Turniers anzusehen, wie sehr ihn die ganze Sache selbst mitnahm, wie tief er im WM-Tunnel steckte. Es gibt ein ikonisches Foto, das ihn nach dem Sieg auf dem Boden in einer Ecke sitzend zeigt, den Kopf in die Hände gestützt. Das Foto steht für seine unglaubliche Leistung, für die des ganzen Teams. Das Miteinander des deutschen Teams hat funktioniert, so denke ich zumindest, weil keiner der Jungs das Gefühl hatte, auf etwas verzichten oder etwas lassen zu müssen. Die Magie des Teamerfolgs war, dass jeder seine Rolle ausfüllte, ohne sich eingeschränkt zu fühlen. Es gab keinen Gegensatz zwischen dem Ich und dem Wir, zwischen Individualität und Teamzugehörigkeit. Die Teamleistung war die Auflösung dessen. Durch diese Haltung konnte das große Ganze wachsen und auch jeder Einzelne.

Gordi und die Jungs haben uns über Wochen vor allem eines gezeigt: Wer seine Einzelleistung einem gemeinsamen Ziel unterordnen kann, wird sich miteinander und einzeln verwirklichen. Die Basketballer haben uns gezeigt, wie bewegend es ist, gemeinsam einen Weg zu gehen. Sich mit anderen Menschen zu verbinden und sich dadurch selbst zu spüren. Das ist eine Sehnsucht, die uns Menschen eint. Sie haben uns ein Bedürfnis gespiegelt, das wir alle haben. Und das als Beziehungsthema auch alle Menschen angeht. Schließlich sind wir Herdentiere. Davon bin ich überzeugt. Und im Sport spiegeln sich alle Lebensgefühle wider. Unsere Weltmeister haben Millionen Menschen mit ihrem Erfolg nicht nur begeistert, sondern im Innersten berührt.

Genau diese bewegende Teamleistung gab es auch in dem Kosmos von Moritz und Franz. Von den Lehrern, die die Kinder für das Frühtraining vom normalen Sportunterricht befreiten, über all die unterschiedlichen Teams, in denen sie spielten, die vielen Coaches, Physiotherapeuten, Ärzte, Agenten bis hin zu Freunden: Der Zauber des Erfolgs ist, dass alle zusammen ein Umfeld geschaffen haben, in das die vielen einzelnen Mosaiksteinchen eingebettet waren, aus denen sich ihr Glück zusammensetzt. Alle zusammen haben einen geschützten Raum geschaffen, in dem sich Moritz und Franz ausprobieren und entfalten konnten – und der auch alle anderen vielleicht inspiriert hat.

Die beiden haben Menschen um sich herum, mit denen sie verbunden sind, mit denen sie sich austauschen – wo diese Verbundenheit alle persönlich bereichert. Moritz und Franz hatten das Glück, ihre Kraft aus der Nähe zu anderen schöpfen zu können. Sie sind fest verbunden mit ihrer Welt, tief verwurzelt und immer im Kontakt. Egal ob in der Facility in Orlando, in ihrer Brüder-WG, in der Nationalmannschaft oder hier zu Hause. »Wenn du verstehen willst, warum eine Eiche so kraftvoll wächst, schau dir an, wo sie gewachsen ist.«[38] So fasste es der Journalist Gladwell in *Überflieger* zusammen. Und so will ich es auch weiterhin tun. Ich werde schon bald wieder aufbrechen nach Florida und mir genau anschauen, was da in dem neuen Haus der Jungs so im Vorgarten wächst.

Dank

Ich danke all den Kolleginnen und Kollegen, die mich auf dem Weg zu diesem Buch unterstützt haben. Meinen drei »Here comes the sun«-Freundinnen, dass sie mich mitfühlend die letzten Jahre begleitet haben. Meiner Kollegin Judka Strittmatter, die mich bestärkt hat, meine Geschichte aufzuschreiben. Andrea Walter, die ihre Expertise als Reportage- und Porträtjournalistin mit mir teilte. Meiner Literaturagentin Barbara Wenner, die an meine Buchidee geglaubt und sie verkauft hat. Unserem Hausanwalt Dr. Markus Nauheim für seine Rechtsberatung in allen Lebenslagen. Unserem Agenten Ingo Sauer, der mich professionell und mit einem Lächeln auf den Lippen durch Krisenmomente geleitet hat. Meinem Fotografen Edgar Rodtmann, der so lange geshootet hat, bis ich mir endlich gefiel. Der Grafikerin Jana Kiewitt, die das Cover maßgeblich mit gestaltet hat. Elizabeth Blonzen, Schauspielerin und Drehbuchautorin, die meinen Text ehrlich und bis ins Detail kritisiert und korrigiert hat. Dem Regisseur und Drehbuchautor Thomas Pletzinger, durch den die Schreibe endlich flüssig und die Geschichte irgendwann rund wurde. Meiner Lektorin Michaela Ruis, die auch Basketball liebt und geduldig die Coverdiskussionen moderiert hat.

Meinem Sohn Moritz, der an mich geglaubt, mir viel Kraft für dieses Projekt gegeben und mich durch seine authentische Art immer wieder auf den richtigen Pfad zurückgebracht hat. Meinem Sohn Franz, der mich mit seinem präzisen Verstand und seiner professionellen Arbeit bis zum letzten Satz begleitet und mich mit seiner aufrechten und zugewandten Art innerlich beruhigt hat.

Meinem Mann und heute besten Freund Axel, der mit seinem ganzen Herzen alle Phasen dieses Projektes mitgelebt, sich eingebracht und zum Co-Autor entwickelt hat. Der meine sichere Bank für alle Hard Facts und Emotionen ist und mit dem ich noch lange weiterreisen möchte, um so bei mir und bei uns anzukommen.

Bildnachweis

Fotos: Privatarchiv, Beate Wagner, mit Ausnahme von:

Cover, vorne: Philipp Reinhard.com
Cover, hinten: picture alliance (Tilo Wiedensohler/camera4 | Tilo Wiedensohler)

Bildteil 1:

S. 6 o. li.: Andreas Knopf
S. 11 o.: Fabian Ottawa
S. 13 o.: Imago (xNicolexSweetx 10678717)
S. 13 m.: Tom Wywrot
S. 13 u.: Gettyimages (Rob Carr / Staff)
S. 14 o.: Imago (USA TODAY Network)
S. 14 u.: Imago (Camera 4)
S. 15: Fabian Ottawa

Bildteil 2:
S. 1 o. re.: Gettyimages (Arturo Holmes / Staff)
S. 1 u.: Gettyimages (Mike Stobe / Stringer)
S. 11 o.: Imago (camera4+)
S. 11 u.: Imago (AFLOSPORT)
S. 12 o.: Imago (camera4+)
S. 12 u.: Imago (camera4+)
S. 13 o. re.: Imago (SOPA Images)
S. 13 u.: Basti Sevastos
S. 14 o.: Philipp Reinhard.com
S. 14 u.: Philipp Reinhard.com
S. 15: Edgar Rodtmann
S. 16 o.: Gettyimages (Fernando Medina / Contributor)
S. 16 u.: Gettyimages (David Liam Kyle / Contributor)

Anmerkungen

1 www.hoopsbeast.com/total-nba-players/
2 www.ncaa.org/sports/2015/3/2/estimated-probability-of-competing-in-college-athletics.aspx#:~:text=For%20example%2C%20we%20estimate%20that'at%20the%20Division%20I%20level.
3 www.sportskeeda.com/basketball/what-percentage-college-basketball-players-make-nba-exploring-odds.
4 Bei dieser Veranstaltung der NBA können die Vereine der Liga die Rechte an den verfügbaren Nachwuchsspielern erwerben, die meist direkt vom College kommen.
5 In den Play-offs spielen die ersten sechs Teams jeder Conference gegeneinander. Die Plätze sieben bis zehn jeder Conference spielen anschließend noch die jeweils letzten zwei Teams aus.
6 https://de.statista.com/statistik/daten/studie/167877/umfrage/co-emissionen-nach-laendern-je-einwohner/
7 www.pewresearch.org/religion/religious-landscape-study/compare/party-affiliation/by/income-distribution/
8 www.sportsbusinessjournal.com/Articles/2023/08/03/orlando-magic-ron-desantis-campaign-donation.aspx
9 www.tandfonline.com/journals/rirs20
10 www.spiegel.de/panorama/ian-in-florida-zahl-der-toten-durch-wirbelsturm-steigt-auf-mindestens-44-a-f30b5767-f4a0-4156-af6b-72cc2f3f5fc2
11 https://floridatripguide.com/are-there-sharks-in-new-smyrna-beach/#:~:text=As%20of%20December%2021 %2C%202022,by%20a%20shark%20while%20fishing.
12 Ein Rebound ist der Ball, der nach einem misslungenen Korbversuch vom Brett oder Ring abprallt.
13 Beim Goaltending versucht ein Spieler unerlaubterweise den Ball zu beeinflussen, nachdem der den höchsten Punkt seiner Wurfparabel erreicht hat.
14 Beim »Behind the back dribbling« führt der Spieler den Ball hinter dem Rücken, um ihn vor dem Gegner zu schützen.
15 www.gq-magazin.de/leben-als-mann/gesundheit/so-gross-sind-deutsche-maenner
16 www.diw.de/de/diw_01.c.10431.de/gehaltszuschlag_fuer_grosse_maenner_neue_studie_belegt_erstmals_zusammenhang_zwischen_koerpergroesse_und_verdienst_in_deutschland.html
17 www.researchgate.net/publication/236874259_Den_Glanz_in_den_Augen_der_Eltern_spiegeln_-_Erste

18 www.kindergartenpaedagogik.de/fachartikel/bildungsbereiche-erziehungsfelder/soziale-und-emotionale-erziehung-persoenlichkeitsbildung/2208/

19 www.annarbor.org/university-of-michigan/michigan-stadium/

20 www.forbes.com/sites/alexkay/2018/03/28/2018-final-four-tickets-average-price-get-in-cost-most-expensive-march-madness-seat-and-more/?sh=21fc632d254e

21 www.nytimes.com/2018/04/02/sports/ncaa-championship-villanova-michigan.html

22 US-amerikanischer Fernsehsender, der ausschließlich Sport-Events sendet.

23 www.espn.com/nba/story/_/id/12702055/nba-sets-attendance-record-nearly-22-million-fans

24 www.sportsbusinessjournal.com/Daily/Issues/2023/02/22/Media/nba-all-star-game-viewership.aspx

25 https://blog.betway.com/de/basketball/bbl-vs-nba-kann-der-deutsche-basketball-mithalten/#:~:text=W%C3 %A4hrend%20die%20NBA%20in%20der,deutlich%20 g%C3 %BCnstigerer%20Ticket%2D%20und%20Bierpreise!

26 www.statista.com/statistics/193467/total-league-revenue-of-the-nba-since-2005/

27 https://de.statista.com/statistik/daten/studie/307500/umfrage/nba-bestbezahlte-spieler

28 www.who.int/news/item/17–06–2022-who-highlights-urgent-need-to-transform-mental-health-and-mental-health-care

29 https://bjsm.bmj.com/content/53/11/700

30 www.theplayerstribune.com/articles/kevin-love-everyone-is-going-through-something

31 Jackson, Phil: *Sacred Hoops: Spiritual Lessons of a Hardwood Warrior;* Westport, 2006

32 Ein Assist ist ein Pass auf einen Spieler, der anschließend direkt einen Korb macht.

33 Bei einem Offensiv-Rebound sichert ein Spieler der angreifenden Mannschaft sich den Ball, nachdem er selbst oder ein anderer Mitspieler erfolglos auf den Korb geworfen hat.

34 www.ndr.de/nachrichten/info/Das-bisschen-Haushalt-Care-Arbeit-ist-Milliarden-wert,weltfrauentag238.html#:~:text=Rund%20380 %20Milliarden%20Euro%2C%20so,viel%20Care%2DArbeit%20wie%20M%C3 %A4nner.

35 https://journals.sagepub.com/doi/10.1177/00031224231159139

36 Gladwell, Malcom: *Überflieger: Warum manche Menschen erfolgreich sind – und andere nicht*; München, 2010

37 Gladwell, Malcom: *Überflieger: Warum manche Menschen erfolgreich sind – und andere nicht*; München, 2010

38 Gladwell, Malcom: *Überflieger: Warum manche Menschen erfolgreich sind – und andere nicht*; München, 2010